工程经济学

(新形态教材)

主　编　苏　舒　黄有亮
副主编　袁竞峰　虞　华　陆　彦
参　编　(以姓氏拼音为序)
　　　　　杜　静　陆　莹　何厚全
　　　　　夏妮妮　张　会

东南大学出版社
SOUTHEAST UNIVERSITY PRESS
·南京·

内容提要

本书系统介绍了工程经济学的基本原理和方法及其在工程中的应用。主要内容包括资金时间价值与现金流量、工程经济要素、工程经济性判断的基本指标、多方案的经济性比选、不确定性分析与风险分析、项目可行性研究、建设项目财务分析、施工设备经济分析、价值工程原理等。书中配套了丰富的数字资源，包括微视频、案例库、课程报告、虚拟仿真实验、在线测试题等，方便教师教学和学生学习。

本书可作为高等院校工程管理专业的专业课以及理工类专业通识课的教学用书，也可以作为相关专业研究生和土建类工程师职业资格考试的参考用书，还可供工程规划、设计、施工、管理等单位和部门的工程技术与工程经济专业人员参考。

图书在版编目(CIP)数据

工程经济学 / 苏舒，黄有亮主编. -- 南京：东南大学出版社，2025.8. -- ISBN 978-7-5766-2280-5

Ⅰ. F062.4

中国国家版本馆 CIP 数据核字第 2025YD7507 号

责任编辑：曹胜玫　　责任校对：子雪莲　　封面设计：毕　真　　责任印制：周荣虎

工程经济学
Gongcheng Jingjixue

主　　编	苏舒　黄有亮	
出版发行	东南大学出版社	
出 版 人	白云飞	
社　　址	南京市四牌楼 2 号(邮编：210096　电话：025-83793330)	
经　　销	全国各地新华书店	
印　　刷	丹阳兴华印务有限公司	
开　　本	787 mm×1092 mm　1/16	
印　　张	17.5	
字　　数	382 千字	
版　　次	2025 年 8 月第 1 版	
印　　次	2025 年 8 月第 1 次印刷	
书　　号	ISBN 978-7-5766-2280-5	
定　　价	49.00 元	

本社图书若有印装质量问题，请直接与营销部调换。电话(传真)：025-83791830

前　言

工程是人类改造自然、创造具有一定使用功能或价值的人造技术系统的造物活动，而经济性分析则是确保工程活动技术经济合理性和可持续发展的重要保障。随着我国持续推进碳达峰碳中和战略、新型基础设施建设和产业转型升级，社会对于具备系统性工程经济分析能力、能够开展技术经济智能决策和资源优化配置的专业人才的需求日益迫切。与此同时，数字化浪潮正深刻重塑教育形态，传统教材单向灌输式的知识传递方式已难以适应学习者对互动性、实践性和场景化学习体验的需求。基于此，我们编写了《工程经济学》新形态数字教材，旨在通过数字赋能构建"理论系统化、方法工具化、案例场景化、内容动态化"的工程经济知识体系，提供更加全面、立体、高效的学习体验，着力提升学生的多维认知与实践能力。

本教材立足工程实践需求，围绕"从理论到应用、从分析到决策"双主线，系统构建工程经济学知识框架，共设9章。作为新形态教材，编写过程中充分考量了学生的知识结构和学习特点，力求内容系统全面且深入浅出，并融入丰富的数字资源，将传统教材内容与多元数字形态有机结合，降低学生认知负荷，帮助学生高效地理解和掌握知识。第1章聚焦"资金时间价值与现金流量"，阐释资金时间价值的内涵、现金流量的表达方式及资金等值的计算逻辑，为后续分析奠定基础；第2章解析"工程经济要素"，深入剖析投资、成本、收入、税金、利润等核心要素的内涵与关系，构建工程经济分析的"基本变量"框架；第3章、第4章围绕"经济性判断与方案比选"，系统性介绍投资回收期、净现值、内部收益率等评价指标，以及互斥方案、独立方案、混合方案的比选方法，培养学生的方案决策能力；第5章探讨"不确定性与风险分析"，通过盈亏平衡分析、敏感性分析与风险应对策略，提升学生在复杂工程环境下的动态决策能力；第6章至第9章转向实践应用，分别阐述项目可行性研究、项目财务分析、施工设备经济性分析及价值工程原理，解决工程项目的立项论证、财务能力评价、设备选购与更新、方案决策等实际问题，实现从理论到具体场景的落地。

作为新形态数字教材，本书在知识传递模式上有三个特色：

（1）深度融合数字资源，构建"认知-拓展-验证-实践"的完整学习闭环。各章节配套了相关微视频，以可视化语言形象表达抽象概念与复杂原理，降低理解门槛，帮助学生掌握相关知识;通过数字化资源拓展知识点,突破传统教材边界,引导学生跟踪学科前沿和行业动态;测验题能够随时检验学习效果,形成"学-测-改"的动态反馈机制;虚拟仿真实验通过沉浸式场景构建,让学生在交互式操作中深度体验理论认知到实践应用的转化,真正实现"做中学"。

（2）强化联动理论与实践,搭建从"知识吸收"到"能力塑造"的桥梁。本教材基于东南大学工程经济学教学团队多年的课程实践,精选"购房资金等值计算""港珠澳大桥决策分析""花店投资财务报告"等不同维度的优秀学生实践报告作为案例,通过源于真实学习过程的成果,让抽象理论落地为可感知的应用场景,既有贴近生活的个人决策场景、小微企业的实操案例,也有国家重大工程的战略视角,以"朋辈示范"的方式激发学生共鸣,引导其从被动接受知识转向主动运用知识解决实际问题,完成从"知"到"行"的思维跃迁。

（3）平衡系统性知识与个性化学习。本教材的9章主体内容遵循"基本概念-核心方法-综合应用"的逻辑脉络,注重学科知识体系的系统性与严谨性,帮助学生构建完整的结构化知识框架;而数字资源的模块化与灵活性打破了线性顺序式学习的局限,支持学生根据自身基础、学习能力、学习目标与学习节奏等,灵活组合不同的内容模块,既可以按知识体系推进系统性深度学习,也能针对薄弱环节进行定向补充和完善,实现"因材施教"与个性化学习,让不同层次的学生都能找到适配自身的学习路径。

本书主要由东南大学教学团队编撰完成,其中苏舒拟定主要章节提纲并统稿,各章分工如下:苏舒和黄有亮撰写第1、2、3章,袁竞峰撰写第5、6章,虞华撰写第7、9章,陆彦撰写第4、8章;此外,杜静、陆莹、何厚全、夏妮妮、张会（南京理工大学紫金学院）等也参与了本书数字教学资源的制作与整理。

随着人类社会的发展,工程日新月异,工程经济学理论与实践仍在不断发展,加之编者水平有限,教材中难免存在疏漏,恳请批评指正,以便我们持续改进。我们将一如既往地关注工程经济学的发展动态,及时更新教材内容,为培养更多优秀的工程技术与经济管理复合型人才贡献力量。

编者

2025年3月

数字资源目录

章	数字资源类型	数字资源内容	页码
第1章 资金时间价值 与现金流量	1-1 微视频	资金的时间价值理论	6
	1-2 知识点拓展	项目资金的时间价值	6
	1-3 知识点拓展	利率	6
	1-4 知识点拓展	项目现金流量分析	6
	1-5 测试	本节测验题	6
	1-6 测试	本节测验题	8
	1-7 微视频	现金流量图与资金等值	22
	1-8 微视频	零存整取与偿债基金	22
	1-9 微视频	整存零取与资本回收	22
	1-10 微视频	资金等值计算与应用	22
	1-11 学生课程报告	购房中的资金等值计算	22
	1-12 测试	本节测验题	22
	1-13 微视频	名义利率与有效利率	24
	1-14 学生课程报告	从最富有的经济学家到破产者	24
	1-15 测试	本节测验题	24
	1-16 虚拟仿真拓展实验	利率与通货膨胀	26
第2章 工程经济要素	2-1 微视频	投资估算概述	35
	2-2 知识点拓展	建设项目总投资	35
	2-3 测试	本节测验题	35
	2-4 微视频	加速折旧法	42
	2-5 知识点拓展	生产成本	42
	2-6 知识点拓展	固定资产折旧	42
	2-7 测试	本节测验题	42
	2-8 微视频	工程总成本与经营成本	46
	2-9 微视频	可变成本、边际成本与沉没成本	46
	2-10 知识点拓展	沉没成本	46
	2-11 学生课程报告	风险决策时非理性判断前景理论	46
	2-12 学生课程报告	生态建筑与传统建筑的全寿命周期成本分析	46
	2-13 测试	本节测验题	46
	2-14 知识点拓展	营业收入	50

续表

章	数字资源类型	数字资源内容	页码
第2章 工程经济要素	2-15 微视频	收入、税金和利润	52
	2-16 知识点拓展	盈余公积金	52
	2-17 学生课程报告	某服装创业项目成本分析	52
	2-18 测试	本节测验题	52
	2-19 微视频	经济要素间关系	54
	2-20 测试	本节测验题	54
第3章 工程经济性 判断的基本 指标	3-1 微视频	投资回收期	62
	3-2 学生课程报告	某公共建筑节能改造技术经济性分析	62
	3-3 测试	本节测验题	62
	3-4 微视频	净现值、净将来值与年值	66
	3-5 学生课程报告	四种动力汽车的经济性比较分析	66
	3-6 测试	本节测验题	66
	3-7 微视频	电子表格中的财务函数	71
	3-8 微视频	内部收益率	71
	3-9 微视频	净现值函数及指标间的关系	71
	3-10 学生课程报告	基于内部收益率的REITS定价分析	71
	3-11 测试	本节测验题	71
	3-12 微视频	基准投资收益率	75
	3-13 知识点拓展	基准收益率	75
	3-14 测试	本节测验题	75
	3-15 虚拟仿真拓展实验	产业投资经营决策	75
第4章 多方案的 经济性比选	4-1 知识点拓展	方案创造的方法——头脑风暴法	79
	4-2 知识点拓展	方法创造的方法——哥顿法	79
	4-3 测试	本节测验题	79
	4-4 微视频	多方案比选	81
	4-5 学生课程报告	港珠澳大桥的决策分析	81
	4-6 微视频	互斥方案比选	89
	4-7 微视频	最小费用法	89
	4-8 学生课程报告	某家庭的财务计划	89
	4-9 测试	本节测验题	89
	4-10 微视频	寿命期不等的互斥方案比选	93

续表

章	数字资源类型	数字资源内容	页码
第4章 多方案的 经济性比选	4-11 测试	本节测验题	93
	4-12 微视频	方案组合法	96
	4-12 测试	本节测验题	98
第5章 不确定性 分析和风险 分析	5-1 知识点拓展	不确定性	106
	5-2 测试	本节测验题	106
	5-3 微视频	风险和不确定性分析（上）	113
	5-4 知识点拓展	盈亏平衡分析	113
	5-5 测试	本节测验题	113
	5-6 测试	本节测验题	119
	5-7 微视频	风险和不确定性分析（下）	128
	5-8 知识点拓展	网络层次分析法	128
	5-9 知识点拓展	蒙特卡洛法	128
	5-10 知识点拓展	社会风险应对	128
	5-11 知识点拓展	经济风险应对	128
	5-12 学生课程报告	印尼巨港电站BOOT项目决策分析	128
	5-13 测试	本节测验题	128
	5-14 虚拟仿真拓展实验	国际工程风险预警与应对	128
第6章 项目可行性 研究	6-1 知识点拓展	工程环境影响评价	139
	6-2 测试	本节测验题	139
	6-3 知识点拓展	项目区域经济影响分析	142
	6-4 知识点拓展	项目宏观经济影响分析	142
	6-5 测试	本节测验题	142
	6-6 测试	本节测验题	147
	6-7 测试	本节测验题	152
	6-8 虚拟仿真拓展实验	行业初创决策	152
第7章 建设项目 财务分析	7-1 知识点拓展	项目融资	158
	7-2 测试	本节测验题	158
	7-3 微视频	财务基础数据调查与测算	159
	7-4 微视频	财务分析基本过程与方法	182
	7-5 知识点拓展	财务报表分析	182
	7-6 测试	本节测验题	182

续表

章	数字资源类型	数字资源内容	页码
第7章 建设项目 财务分析	7-7 知识点拓展	流动比率	189
	7-8 知识点拓展	速动比率	189
	7-9 微视频	辅助报表编制	201
	7-10 微视频	利息、成本与利润等报表编制	201
	7-11 微视频	投资与资本金现金流量表编制	201
	7-12 微视频	财务计划现金流量表与资产负债表编制	201
	7-13 学生课程报告	某花店投资的财务分析报告	201
	7-14 测试	本节测验题	201
	7-15 虚拟仿真拓展实验	财务共享预算及决策	201
第8章 施工设备 经济性分析	8-1 微视频	设备全寿命周期费用及基本构成	205
	8-2 学生课程报告	全寿命期费用视角下某智慧型白蚁检测设备的经济性分析	205
	8-3 测试	本节测验题	205
	8-4 微视频	设备经济寿命	210
	8-5 微视频	原型设备更新	210
	8-6 微视频	新型设备更新	210
	8-7 学生课程报告	GAAS80闪光焊机调查分析报告	210
	8-8 学生课程报告	地铁钢轨维保经济性分析	210
	8-9 测试	本节测验题	210
	8-10 微视频	设备磨损与补偿方式	219
	8-11 知识点拓展	设备现代化改装	219
	8-12 测试	本节测验题	219
	8-13 测试	本节测验题	222
第9章 价值工程 原理	9-1 微视频	价值工程的基本概念及内涵	229
	9-2 测试	本节测验题	229
	9-3 微视频	价值工程对象的选择	232
	9-4 知识点拓展	因素分析法	232
	9-5 测试	本节测验题	232
	9-6 微视频	功能分析与评价	241
	9-7 微视频	产品设计方案评价	241
	9-8 学生课程报告	某办公楼使用功能合理性的分析	241

续表

章	数字资源类型	数字资源内容	页码
第9章 价值工程原理	9-9 学生课程报告	自然生态建筑与人造生态建筑的功能对比分析	241
	9-10 测试	本节测验题	241
	9-11 测试	本节测验题	244
创新实践案例库	创新实践案例1	举办奥运会的经济性评价与分析	246
	创新实践案例2	地铁工程项目经济性分析	246
	创新实践案例3	低碳建筑全周期成本效益分析	246
	创新实践案例4	共享单车的功能经济分析	246
	创新实践案例5	乡村振兴价值工程分析	246
	创新实践案例6	数字建造经济学分析	246

目 录

1 资金时间价值与现金流量

1.1 资金的时间价值 ··· 001
    1.1.1 资金时间价值的概念 ··· 001
    1.1.2 资金时间价值的意义 ··· 002
    1.1.3 资金时间价值的度量 ··· 003
1.2 现金流量和现金流量图 ·· 007
    1.2.1 现金流量 ··· 007
    1.2.2 现金流量图 ·· 007
1.3 资金等值计算与应用 ·· 009
    1.3.1 资金等值 ··· 009
    1.3.2 一次支付的等值换算公式 ··· 010
    1.3.3 等额支付的等值换算公式 ··· 011
    1.3.4 变额支付的等值换算公式 ··· 015
    1.3.5 公式使用中应注意的问题 ··· 020
1.4 名义利率与有效利率 ·· 022
1.5 计息周期与收付周期 ·· 024
习题 ··· 026

2 工程经济要素

2.1 投资与资产 ··· 028
    2.1.1 投资 ··· 028
    2.1.2 资产 ··· 033
2.2 费用与成本的计算 ·· 035
    2.2.1 生产成本的构成 ·· 036
    2.2.2 期间费用的构成 ·· 036

2.2.3 成本费用的计算 ... 037
2.3 成本分类 ... 042
2.3.1 经营成本与总成本 ... 042
2.3.2 固定成本与可变成本 ... 043
2.3.3 平均成本与边际成本 ... 044
2.3.4 沉没成本与机会成本 ... 045
2.3.5 全寿命周期成本 ... 045
2.4 收入、营业税金及附加 ... 046
2.4.1 收入的概念及计算 ... 046
2.4.2 营业税金及附加 ... 047
2.5 利润与企业所得税 ... 050
2.5.1 利润总额 ... 050
2.5.2 所得税 ... 050
2.5.3 净利润的分配 ... 051
2.6 工程经济要素的关系及现金流构成 ... 052
2.6.1 投资、资产和成本的关系 ... 052
2.6.2 营业收入、总成本费用、税金和利润的关系 ... 053
2.6.3 工程投资方案现金流 ... 053
习题 ... 054

3 工程经济性判断的基本指标

3.1 工程经济性评价指标体系 ... 056
3.2 投资回收期 ... 058
3.2.1 静态投资回收期 ... 058
3.2.2 动态投资回收期 ... 060
3.3 净现值 ... 062
3.3.1 概念与计算 ... 062
3.3.2 判别准则 ... 064
3.3.3 净现值函数 ... 064
3.3.4 等价指标 ... 065
3.3.5 优缺点分析 ... 066
3.4 内部收益率 ... 067
3.4.1 概念与计算 ... 067
3.4.2 判别准则 ... 068

3.4.3　净现值和内部收益率的关系 ……………………………………………… 069
　　　3.4.4　内部收益率的几种特殊情况 ……………………………………………… 069
　　　3.4.5　优缺点分析 …………………………………………………………………… 071
　3.5　基准收益率 …………………………………………………………………………… 072
　　　3.5.1　概念与涵义 …………………………………………………………………… 072
　　　3.5.2　需要考虑的因素 ……………………………………………………………… 072
　　　3.5.3　常见测算方法 ………………………………………………………………… 073
　习题 ……………………………………………………………………………………………… 075

4　多方案的经济性比选

　4.1　方案的创造和制订 …………………………………………………………………… 076
　　　4.1.1　提出和确定备选方案的途径 ……………………………………………… 076
　　　4.1.2　方案创造的方法 ……………………………………………………………… 077
　4.2　多方案之间的关系类型及其可比性 ……………………………………………… 079
　　　4.2.1　多方案之间的关系类型 …………………………………………………… 079
　　　4.2.2　多方案的可比性 ……………………………………………………………… 080
　4.3　寿命相等互斥方案的经济性比选 ………………………………………………… 081
　　　4.3.1　价值型评判指标的直接比选方法 ………………………………………… 081
　　　4.3.2　增量方案比选法 ……………………………………………………………… 083
　　　4.3.3　最小费用法 …………………………………………………………………… 086
　4.4　寿命无限或寿命期不等的互斥方案比选 ………………………………………… 089
　　　4.4.1　寿命无限的互斥方案比选 ………………………………………………… 089
　　　4.4.2　寿命期不等的方案比选 …………………………………………………… 090
　4.5　独立方案的比选 ……………………………………………………………………… 093
　　　4.5.1　方案组合法 …………………………………………………………………… 093
　　　4.5.2　效率型指标排序法 ………………………………………………………… 094
　4.6　混合方案的比选 ……………………………………………………………………… 096
　　　4.6.1　混合方案的主要形式 ……………………………………………………… 096
　　　4.6.2　混合方案比选方法 ………………………………………………………… 097
　习题 ……………………………………………………………………………………………… 099

5　不确定性分析与风险分析

　5.1　不确定性与风险概述 ………………………………………………………………… 101
　　　5.1.1　不确定性与风险的含义 …………………………………………………… 101

5.1.2　不确定性与风险的分类 ·· 102
　　　5.1.3　不确定性与风险的关系 ·· 105
　5.2　盈亏平衡分析 ··· 106
　　　5.2.1　销售收入、产品成本和产品产量的关系 ······················ 107
　　　5.2.2　线性盈亏平衡分析 ·· 108
　　　5.2.3　非线性盈亏平衡分析 ··· 110
　　　5.2.4　优劣平衡分析 ··· 111
　5.3　敏感性分析 ·· 113
　　　5.3.1　敏感性分析的目的和步骤 ······································· 114
　　　5.3.2　单因素敏感性分析 ·· 115
　　　5.3.3　多因素敏感性分析 ·· 117
　　　5.3.4　优缺点分析 ·· 118
　5.4　风险分析 ··· 119
　　　5.4.1　风险分析的过程 ··· 120
　　　5.4.2　风险识别 ··· 120
　　　5.4.3　风险评估 ··· 121
　　　5.4.4　风险应对 ··· 126
习题 ·· 128

6　项目可行性研究

　6.1　可行性研究概述 ··· 130
　　　6.1.1　可行性研究的概念 ·· 130
　　　6.1.2　可行性研究的阶段划分 ·· 131
　　　6.1.3　可行性研究的内容 ·· 132
　　　6.1.4　可行性研究报告编写大纲 ······································· 134
　6.2　项目区域经济与宏观经济影响分析 ································ 139
　　　6.2.1　概述 ··· 139
　　　6.2.2　原则和内容 ·· 140
　　　6.2.3　评价指标体系 ··· 141
　6.3　项目社会评价 ·· 142
　　　6.3.1　概念与范围 ·· 142
　　　6.3.2　主要内容 ··· 143
　　　6.3.3　步骤和常见方法 ··· 146
　6.4　项目后评价 ··· 148

  6.4.1　概念与分类 …………………………………………………………… 148
  6.4.2　主要内容 ……………………………………………………………… 148
  6.4.3　常见方法 ……………………………………………………………… 149
习题 ……………………………………………………………………………………… 152

7　建设项目财务分析

7.1　财务分析的内容与类型 ………………………………………………………… 153
  7.1.1　财务分析的内容 ……………………………………………………… 153
  7.1.2　融资前分析和融资后分析 …………………………………………… 154
  7.1.3　新设法人项目财务分析和既有法人项目财务分析 ………………… 156
7.2　财务分析的基本步骤 …………………………………………………………… 158
7.3　财务分析报表 …………………………………………………………………… 160
  7.3.1　财务分析辅助报表 …………………………………………………… 160
  7.3.2　财务分析基本报表 …………………………………………………… 172
  7.3.3　辅助报表与基本报表的关系 ………………………………………… 180
7.4　财务分析的主要指标 …………………………………………………………… 182
  7.4.1　财务分析指标体系构成及其与基本报表的关系 …………………… 182
  7.4.2　盈利能力分析指标 …………………………………………………… 183
  7.4.3　偿债能力分析指标 …………………………………………………… 186
  7.4.4　财务生存能力分析指标 ……………………………………………… 188
7.5　财务分析示例及电子表格应用 ………………………………………………… 189
  7.5.1　示例项目基础数据 …………………………………………………… 189
  7.5.2　财务分析报表编制与指标计算 ……………………………………… 191
  7.5.3　财务效益分析结论 …………………………………………………… 198
习题 ……………………………………………………………………………………… 201

8　施工设备经济性分析

8.1　施工设备及其经济性 …………………………………………………………… 203
  8.1.1　施工设备的综合效益 ………………………………………………… 203
  8.1.2　施工设备的全寿命周期费用 ………………………………………… 203
8.2　施工设备寿命及其经济寿命计算 ……………………………………………… 205
  8.2.1　施工设备寿命类型 …………………………………………………… 205
  8.2.2　施工设备经济寿命计算 ……………………………………………… 206
  8.2.3　资金时间价值对施工设备经济寿命的影响 ………………………… 207

  8.3 施工设备磨损及其补偿形式的经济分析 ……………………………………… 210
    8.3.1 施工设备磨损 …………………………………………………………… 210
    8.3.2 施工设备磨损的补偿形式 ……………………………………………… 212
    8.3.3 施工设备修理的经济分析 ……………………………………………… 213
    8.3.4 施工设备更新的经济分析 ……………………………………………… 215
    8.3.5 施工设备现代化改造的经济分析 ……………………………………… 218
  8.4 施工设备租赁及其经济分析 ……………………………………………………… 219
    8.4.1 设备租赁概述 …………………………………………………………… 219
    8.4.2 设备租赁的选型原则 …………………………………………………… 220
    8.4.3 设备租赁的经济分析 …………………………………………………… 221
  习题 ……………………………………………………………………………………… 223

9 价值工程原理

  9.1 价值工程的概念 …………………………………………………………………… 224
  9.2 价值分析的基本思路 ……………………………………………………………… 227
  9.3 价值工程的工作程序与方法 ……………………………………………………… 229
  9.4 价值工程对象的选择 ……………………………………………………………… 229
  9.5 功能分析 …………………………………………………………………………… 232
    9.5.1 功能定义 ………………………………………………………………… 232
    9.5.2 功能整理 ………………………………………………………………… 233
    9.5.3 功能评价 ………………………………………………………………… 235
  9.6 方案创造与评价 …………………………………………………………………… 241
  9.7 价值工程应用中应注意的问题 …………………………………………………… 243
  习题 ……………………………………………………………………………………… 244

创新实践案例库 ………………………………………………………………………… 246

参考文献 ………………………………………………………………………………… 247

附录　复利系数表 ……………………………………………………………………… 250

1 资金时间价值与现金流量

资金时间价值与现金流量是工程经济活动中决策分析的核心基础,无论是投资评估、贷款规划还是经济效益分析,都离不开对不同时点资金价值的科学计算与比较。合理运用资金时间价值理论与科学管理现金流量是优化资源配置、提升经济效益的关键。本章系统阐述了资金时间价值基本原理及计算方法,讲解现金流量图的绘制,旨在为工程经济分析管理和科学决策提供理论指导与工具。

1.1 资金的时间价值

1.1.1 资金时间价值的概念

资金的时间价值是指资金在生产经营及其循环、周转过程中,随着时间的变化而产生的增值。当资金以储藏的形式保存,其名义数值不会随时间的推移而发生变化。资金的作用体现在流通中,当货币作为社会生产资金参与再生产的过程即会得到增值、带来利润,也被称为"时间就是金钱"。

对于资金的时间价值,可以从生产者和消费者两个角度深化理解:

一方面,资金是属于商品经济范畴的概念,在商品经济条件下,资金是不断运动的。资金的运动伴随着生产与交换的进行,生产与交换活动会给投资者带来利润,表现为资金增值。资金增值的实质是劳动者在生产过程中创造了剩余价值。从投资者的角度来看,资金的增值特性使资金具有时间价值。

值得注意的是,资金具有时间价值并不意味着资金本身能够增值,而是因为资金代表一定量的物化产物,并在生产与流通过程中与劳动相结合,才会产生增值。资金的增值过程示意图如图 1.1 所示。

在明确识别产品的市场需求潜力后,首要任务是筹集一笔初始资金(G),用以购置厂房与生产设备,这些构成了企业运营的固定资产基础。此外,还需预先垫付适量

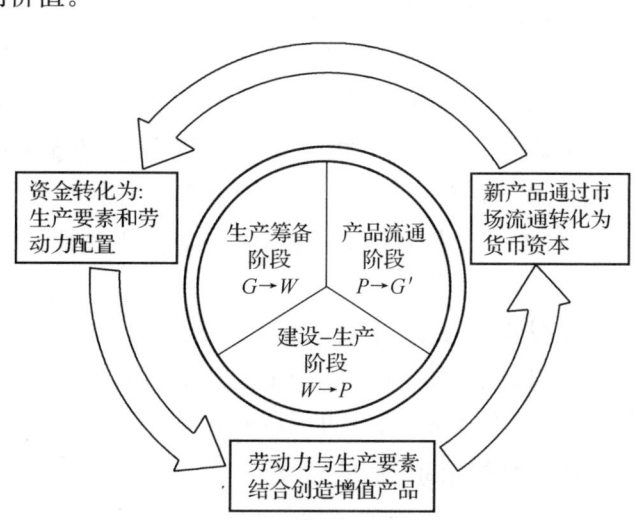

图 1.1 (G-P-G')资金增值过程示意图

的流动资金,以采购生产所需的专业技术、原材料、辅助材料、燃料等各类生产要素,并妥善安排工人薪酬,确保劳动力资源的优化配置。随后,资金(G)被转化为一整套用于生产的要素(W),包括知识产权、生产资料、劳动对象等有机构成,为后续的生产活动奠定物质基础。在生产环节中,劳动力借助先进的生产资料对生产要素进行加工转化,创造出蕴含更高价值量的新产品(P)。这些新产品相较于最初的资金投入(G),在价值上实现了显著提升,体现了生产过程中劳动创造的价值增值。最终,这些承载着新增价值的产品(P)通过高效的市场流通机制,成功实现向消费者的销售转化,从而实现从商品形态(P)到增值后货币资本形态(G')的转变。在此过程中,G'不仅涵盖了初始投入资金(G),还额外包含了由劳动者在生产过程中创造并嵌入产品中的价值增量(ΔG),即$G'=G+\Delta G$。这一转化标志着劳动者在生产活动中所创造并实现的价值增值部分(ΔG)得到了市场的认可与实现,完成了"G-P-G'"这一循环所描述的资金增值全过程。此过程不仅体现了资本的运动规律,也深刻揭示了价值创造与实现的内在机制,展现了经济活动中的价值增值逻辑。

另一方面,资金是一种稀缺资源,一旦用于投资,就不能用于现期消费,所以资金的时间价值是使用稀缺资源的一种机会成本。牺牲现期消费是为了能在将来得到更多的消费,个人储蓄的动机和国家积累的目的都是如此。从消费者的角度来看,资金的时间价值体现为对放弃现期消费的损失所应做的必要补偿。

可见,资金的时间价值来源于资金的运动,来源于生产与交换活动,并非来源于时间本身。

资金时间价值的大小取决于多方面的因素,主要因素分析如下:

(1)资金的使用时间。在单位时间内资金增值率一定的条件下,资金的使用时间越长,资金的时间价值就越大;反之,就越小。

(2)资金参与一次流通过程所能取得的利润率。资金的利润率是资金时间价值的基本体现,决定资金时间价值的高低。

(3)资金投入和回收的特点。在总投资一定的情况下,前期投入的资金越多,资金的负效益(对资金各种有害的影响)越大;反之,资金的负效益越小。在资金回收额一定的情况下,距投入期较近时回收的资金越多,则资金的时间价值越大;反之,距投入期较远时回收的资金越多,则资金的时间价值就越小。

(4)资金的周转速度。资金的周转速度越快,在一定时间内等量资金的时间价值越大;反之,就越小。

从投资者角度来看主要有三个方面的影响因素:一是投资收益率,即单位投资能够获得的收益率;二是通货膨胀率,即对因货币贬值带来的损失所应给予的补偿;三是风险因素,即对因风险的存在可能造成的损失应给予的补偿。

1.1.2 资金时间价值的意义

资金的时间价值原理在生产实践中有广泛的应用,其意义主要表现在以下两个方面：

（1）促进合理有效地利用资金

当决策者认识到资金具有时间价值时，就会努力使资金流向更加合理和易于控制，从而达到有效利用资金的目的。例如，在工程项目建设过程中，企业必须充分考虑资金的时间价值，尽量缩短建设周期，加速资金周转，提高资金的使用效率。一项工程若能早一天建成投产，就能多创造一天的价值，延迟一天竣工就会延迟一天生产，造成一笔损失。当企业积累了一笔资金时，若把它投入生产或存入银行，就会带来一定的利润或利息收入，不及时利用就会失去一笔相应的收入。

（2）促进形成科学的投资决策

任何一个工程建设项目从规划、建设到投入使用均需要经过一段时间，尤其是大型工程项目，投资数额大、建设周期长，在进行科学的投资决策时必须考虑资金的时间价值。

资金的时间价值是经济活动中的一个重要概念，当长期投资决策涉及不同时点的货币收支时，不同时点的等量货币在价值量上是不相等的。只有在考虑货币时间价值的基础上将不同时点的货币量换算成某一共同时点上的货币量，这些货币量才具有可比性。因此，长期投资决策必须考虑货币的时间价值。

1.1.3 资金时间价值的度量

衡量资金时间价值的尺度可分为两种：一为绝对尺度，即利息、盈利或收益；二为相对尺度，即利率、盈利率或收益率。工程经济分析时，利息、盈利、收益、利率、盈利率或收益率是不同的概念。在分析资金信贷时，常使用利息或利率的概念；在研究某项投资的经济效果时，则常使用收益（或盈利）或收益率（盈利率）的概念。项目投资通常要求其收益大于应支付的利息，即收益率大于利率。收益与收益率是研究项目经济可行性必要的指标。

1）利息

利息是货币资金借贷关系中借方（债务人）支付给贷方（债权人）的报酬，一般用符号 I 来表示。即：

$$I = F - P \tag{1.1}$$

式中：I——利息；

F——借款期结束时债务人应付总金额（或债权人应收总金额）；

P——借款期初的借款金额，称为本金。

工程经济分析时，利息被看作是资金的机会成本，相当于债权人放弃了资金的使用权利而获得的补偿。

2）利率

（1）利率的概念

利率是指在一定时间内所得利息额与原投入资金的比例，也称为使用资金的报酬

率。它反映了资金随时间变化的增值率,是衡量资金时间价值的相对尺度,一般用百分数表示,即:

$$i=\frac{I}{P}\times 100\% \tag{1.2}$$

式中:i——利率;
　　I——单位时间内所得利息;
　　P——原借贷资金。

用于表示计算利息的时间单位称为计息期,有年、季、月或日等不同的计息长度。因为计息期不同,表示利率时应注明时间单位,只说利率为多少是没有意义的。通常年利率以"%"表示,月利率以"‰"表示。例如,现借得一笔资金 10 000 元,一年后利息为 800 元,则年利率为(800÷10 000)×100%=8%。

利率是国民经济发展的主要晴雨表之一。利率的高低受如下因素的影响:

① 经济增长速度。经济处于快速增长期,利率上升;发展处于新旧动能转换的调整期,经济会处于低速增长期,利率下降。

② 行业平均利润率。在通常情况下,利息来自利润,所以利率要受到行业平均利润率的制约,行业平均利润率越高,往往利率也随之提高。但行业平均利润率是利率的最高界限。如果利率高于利润率,银行获得利息后,投资人无利可图,投资者就不会去贷款了。

③ 资金供求状况。在平均利润率不变的情况下,利率作为资金的价格,是金融市场供求状况的反映。借贷资本供过于求,利率便下降;反之,利率便上升。

④ 投资风险。投资有风险,投资风险的大小影响利率的高低。风险越大,利率越高。

⑤ 通货膨胀率。通货膨胀对利率的波动有直接影响,通货膨胀率高,往往推动利率升高,以防资金贬值使实际利率成为负值。

⑥ 资金回收期限。投资或借款期限长,不可预见因素多,风险大,利率也就高;反之,利率就低。

⑦ 产业对环境的影响程度。产业对环境破坏的程度越高,说明产业的获利程度越高,相应的利率也越高。

(2)利率在工程经济活动中的作用

① 利率是以信用方式动员和筹集资金的动力。以信用方式筹集资金的一个重要特点是自愿性,而自愿性的动力在于回报率。对投资者而言,只有认为投资某项目的回报高于其他项目,他才可能给这个项目投资。

② 利率促进企业加强经济核算,节约使用资金。企业借款需付利息,增加支出,这就促使企业必须精打细算,减少借入资金的占用量和占用时间,以少付利息。

③ 利率是国家调控宏观经济的重要杠杆。国家在不同的时期制定不同的利率政策,对不同地区、不同行业规定不同的利率标准,对整个国民经济产生调控影响。如对于限

制发展的行业和企业,利率规定得高一些;对于鼓励发展的部门和企业,利率规定得低一些,从而引导部门和企业的生产经营服从国民经济发展的总方向。对于基础性、公益性项目,贷款利率低;对于商业性项目,贷款利率高。对产品适销对路、质量好、信誉高的企业,在资金供应上给予低息支持;反之,贷款利率较高。

3) 单利法

计算资金的时间价值即是计算利息或利益。利息有单利法和复利法两种计息方式。

单利法以本金为基数计算资金的时间价值(即利息),计算利息时不将前期利息计入本金,利息本身不再生息。所获利息与本金、时间、计息周期数成正比。在第 n 期期末累计利息 $I_n=Pni$。因此,单利法的第 n 期期末本利和公式为:

$$F_n = P + I_n = P(1+ni) \tag{1.3}$$

式中:i——单利利率;

n——计息周期数;

P——本金;

I_n——利息;

F_n——本利和,即本金与利息之和。

【例 1.1】 某人借入一笔资金 10 000 元,双方约定以单利法计息,第三年末偿还,年利率为 5%,试计算各年利息及本利和。

解:计算过程和计算结果列于表 1.1。

表 1.1 例 1.1 单利方式利息计算表   单位:元

年份 (n)	借款本金 (P)	当年利息 (I)	年末本利和 ($F=P+I$)	最终偿还额 (F_n)
0	10 000			
1		10 000×5%=500.00	10 500.00	0.00
2		10 000×5%=500.00	11 000.00	0.00
3		10 000×5%=500.00	11 500.00	11 500.00

由上例可见,单利的年利息额都仅由本金产生,利息并不会在下一个周期产生新的利息,即"利不生利"。单利法在一定程度上考虑了资金的时间价值,但并不全面,不符合客观的经济发展规律,没有反映资金可能随时都在"增值"的客观现实。因此,工程经济分析中一般不采用单利计息的计算方法,单利计息通常只适用于短期投资及不超过一年的短期贷款。

4) 复利法

复利法是以本金和累计利息之和为下一计息期的本金计算利息的方法,也就是通常所说的"利生利""利滚利"的方法。根据复利法的定义,复利计算公式的推导见表 1.2。

表 1.2　复利计算公式推导过程表

年份(n)	年初本金(P)	年末利息(I)	年末本利和(F_n)
1	P	Pi	$P+Pi=P(1+i)$
2	$P(1+i)$	$P(1+i)i$	$P(1+i)+P(1+i)i=P(1+i)^2$
…	…	…	…
n	$P(1+i)^{n-1}$	$P(1+i)^{n-1}i$	$P(1+i)^{n-1}+P(1+i)^{n-1}i=P(1+i)^n$

因此,复利法的第 n 期期末本利和计算公式为:

$$F_n=P(1+i)^n \tag{1.4}$$

式中：i——复利利率；

n——计息周期数；

P——本金；

F_n——本利和,即本金与利息之和。

【例 1.2】　数据同例 1.1,若按复利法计息,则得表 1.3。

表 1.3　例 1.2 复利方式利息计算表　　　　　　　　　　单位:元

年份(n)	借款本金(P)	当年利息(I)	年末本利和($F=P+I$)	最终偿还额(F_n)
0	10 000			
1		10 000×5％=500.00	10 500.00	0.00
2		10 500×5％=525.00	11 025.00	0.00
3		11 025×5％=551.25	11 576.25	11 576.25

从表 1.1 和表 1.3 可以看出,同一笔借款,在利率和计息期均相同的情况下,复利法的利息金额比单利法计算出的利息金额大,两者相差 76.25 元(11 576.25－11 500.00)。本金越大、利率越高、计算期越长,两者差距也就越大。由于利息是资金时间价值的体现,而时间是连续不断的,所以利息也是不断地发生的。从这个意义上来说,复利法能够较为充分地反映资金的时间价值,比较符合资金在社会再生产过程中的运动规律,在实践中得到了广泛的应用。如我国现行财税制度规定:投资贷款实行差别利率并按复利计息。因此,在经济研究中通常采用复利计息的计算方法。

―――――――――――――― 数字资源 ――――――――――――――

1-1 微视频

资金的时间价值理论

1-2 知识点拓展

项目资金的时间价值

1-3 知识点拓展

利率

1-4 知识点拓展

项目现金流量分析

1-5 测试

本节测验题

1.2 现金流量和现金流量图

1.2.1 现金流量

在进行工程经济分析时,通常需要将分析对象视为一个整体系统,这个系统可以是某一建设项目、一个企业,甚至是一个地区或国家。分析的主要任务是依据该系统的预期目标和可用资源条件,对不同方案的货币收入与支出进行计算和比较,从而选择能够实现最大经济效益的最优方案。具体而言,方案涉及的货币支出称为现金流出(CO),用"－"表示,而货币收入则称为现金流入(CI),用"＋"表示,两者的代数和即为净现金流量。现金流入、现金流出及净现金流量统称为现金流量。

现金流量的内涵和构成因工程经济分析的范围和方法不同而异。在工程项目财务评价时,使用从项目的角度出发、按现行财税制度和市场价格确定的财务现金流量,有关现金流量构成参见第7章有关内容。在工程项目国民经济评价时,使用从国民经济角度出发,按资源优化配置原则和影子价格确定的国民经济效益费用流量,有关现金流量构成参见第6章有关内容。

1.2.2 现金流量图

对于一个经济系统,其现金流量的流向(流入或流出)、数额及发生时点都不尽相同。为正确进行经济评价,通常需要借助现金流量图。现金流量图是一种直观反映经济系统中资金运动状态的图示,通过将现金流入和流出绘制在同一时间坐标轴上,表示出各现金流入、流出与相应时间的对应关系。运用现金流量图,能够全面、形象地表达经济系统的资金运动状态。现金流量图清晰显示了资金在不同时间点的流入与流出情况,为经济分析提供了直观有效的支持,是进行工程经济分析与决策的重要工具。

一个完整的现金流量图包含三个要素:时间轴、流入或流出的现金流和利率。图 1.2 所示为某方案的现金流量图。

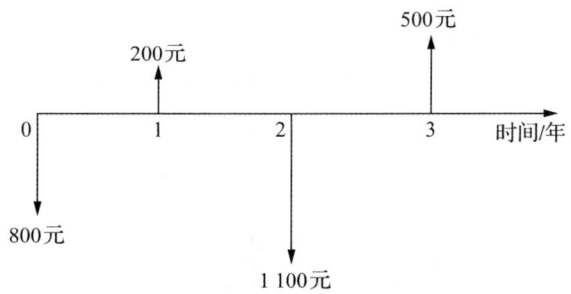

图 1.2　某方案的现金流量图

此图表示在方案开始时,即第 1 年年初支出现金 800 元,在第 2 年年初(第 1 年年末)收入现金 200 元,在第 2 年年末支出现金 1 100 元,第三年年末收入现金 500 元。

现以图 1.2 说明现金流量图的作图方法和规则:

(1) 以横轴为时间轴,向右延伸表示时间的延续,轴上每一刻度表示一个时间单位,可取年、半年、季或月等;每个计息期的终点为下一计息周期的起点,而下一计息周期起点为上一期的终点,各个时间点称为节点。第一个计息期的起点为零点,表示投资起始点或评价时刻点。

(2) 相对于时间坐标的垂直箭线代表不同时点的现金流量,在横轴上方的箭线表示现金流入,即表示效益;在横轴下方的箭线表示现金流出,即表示费用或损失。

(3) 现金流量图因借贷双方"立脚点"不同,理解不同。贷方的收入即是借方的支出,贷方的支出即是借方的收入。从借款人角度出发和贷款人角度出发所绘制现金流量图不同。如将 1 000 元钱以三年期整存整取的方式存入银行,假定银行三年定期存款利率 1.50%,储蓄人和银行的现金流量图如图 1.3 所示:

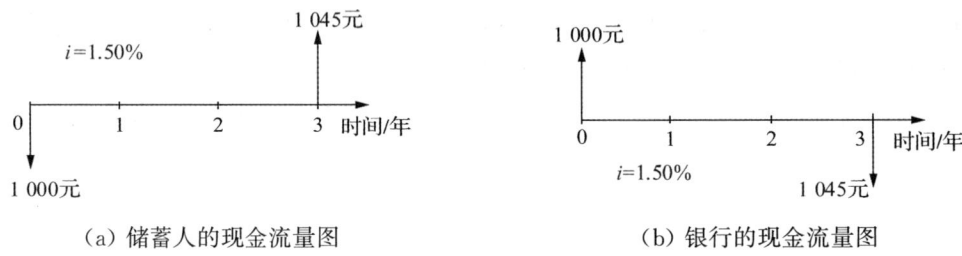

(a) 储蓄人的现金流量图 　　　　(b) 银行的现金流量图

图 1.3　储蓄人和银行的现金流量图

(4) 在现金流量图中,箭线长短与现金流量数值大小本应成比例。但由于经济系统中各时点现金流量的数额常常相差悬殊而无法成比例绘出,故在现金流量图绘制中,箭线长短只是示意性地体现各时点现金流量数额的差异,并在各箭线上方(或下方)注明其现金流量的数值即可。

(5) 箭线与时间轴的交点即为现金流量发生的时点。现金流量发生的时点可服从年末习惯法或年初习惯法。在绘制现金流量图时,为简便起见,若没有明确规定,一般投资放在期初,经营过程中的收入和支出放在期末。

总而言之,要正确绘制现金流量图,必须把握好现金流量的三要素,即现金流量的大小(资金数额)、方向(资金流入或流出)和作用点(资金的发生时点)。

═══════ 数字资源 ═══════

1-6 测试

本节测验题

1.3 资金等值计算与应用

资金参与生产和流通的循环过程中，往往需要经历较长的时间。因此，一个项目的资金投入和资金回收会在不同的时间点形成一个时间序列，考虑到资金时间价值的作用，各时间点单位资金的价值存在差异，这使得不同时间点的资金流量无法直接进行比较和运算，难以准确评估项目的经济性。因此有必要把在不同时间点上的资金按照某一利率折算至某一相同的时间点上再进行比较，这种计算过程称为资金的等值计算。

1.3.1 资金等值

"等值"是指在时间因素的作用下，在不同的时间点绝对值不等的资金具有相同的价值。例如，现在的 100 元，与一年后的 106 元，虽然绝对数量不等，但如果在年利率为 6% 的情况下，价值是"等值"的，即等值是指价值量相等，而不是数量值相等。

影响资金等值的因素有三个：金额、金额发生的时间、利率。其中，利率是资金等值的关键因素，在处理资金等值问题时必须以相同利率作为比较计算的依据。

资金等值的特点是，在利率大于零的条件下，资金的数额相等，发生的时间不同，其价值肯定不等；资金的数额不等，发生的时间也不同，其价值却可能相等。

理解等值概念时应注意以下几方面的内容：

(1) 等值仅是一种尺度，即为在同一利率下评价不同现金流量方案的一种度量。等值本身并不具有购置、筹款投资和再投资等手段的含义；

(2) 等值并不意味着具有相等的用途；

(3) 进行等值计算时，换算期数的时间单位要与利率的时间单位一致。如果期数按月计算，那么换算利率就是月利率；

(4) 不同方案有相同的时间价值（等值），并不意味着方案本身是相等的。

在资金等值的计算中，常用的几个概念介绍如下：

1) 时值与时点

资金的数值由于计算利息随时间的延长而增值，在每个计息周期期末的数值是不同的。现金流量图上，时间轴上的某一点称为时点。某个时间点上对应的资金的值称为资金的时值。

2) 计息期数（n）

计息期数，即计息次数，广义指方案的寿命期。

3) 折现率（i/r——discount rate）

将将来某时点处资金的时值折算为现值即对应零时值的过程称为折现。折现时使用的利率称为折现率或贴现率。

(1) 用在计算存款/贷款的现金流量时，称为利率（i——interest rate）

(2) 用在计算其他投资的现金流量时，称为收益率（r——rate of return）

4) 现值（P——present value）

将任一时点上的资金折算到时间序列起点处的资金值称为资金的现值。时间序列的起点通常是评价时刻的点，也称"现在时刻"点，即现金流量图的零点处。

5) 终值（F——future/final value）

终值，又称为未来值，指资金发生在（或折算为）某一特定时间序列终点时的价值。

6) 年金（A——annuity）

年金是指一定时期内每期有相等金额的收付款项，又称为年值或等额支付序列。折旧、租金、利息、保险金、养老金等通常都采取年金形式。年金有普通年金、预付年金和延期年金之分。

相对于第一期期初，年金的收款、付款方式有多种：

（1）每期期末收款、付款的年金称为后付年金，即普通年金。

（2）每期期初收款、付款的年金称为预付年金或先付年金。

（3）距今若干期以后发生的每期期末收款、付款的年金称为延期年金。

普通年金、预付年金和延期年金之间的关系如下：

（1）普通年金是每期期末收付的年金，是最常用的年金形式。资金时间价值计算公式的推导都是以普通年金为基础的。

（2）预付年金是每期期初等额收付的款项，所以预付年金计算要以普通年金为基础，并考虑款项提前收付的时间差异。

（3）延期年金是距今若干期以后等额收付的款项，所以计算时要考虑款项延期收付时间对货币资金价值的影响。

资金等值计算均考虑复利计息，按不同的支付方式分为一次支付、等额支付序列、变额支付序列等形式的等值换算公式，后续的章节将分别进行介绍。

1.3.2　一次支付的等值换算公式

一次支付又称整付，是指所分析系统的现金流量，无论是流入还是流出，均在一个时点上一次发生，如图1.4所示。

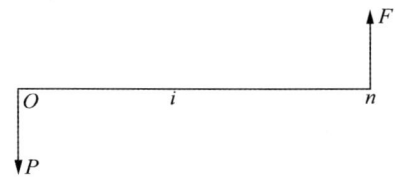

图1.4　一次支付现金流量图

1) 一次支付终值公式（已知P，求F）

一次支付终值是指在某一时点上的一笔资金P，计息期利率为i，复利计息时，这笔资金在第n期期末的值。可见，一次支付终值即为复利计算的本利和，一次支付终值公式为

$$F=P(1+i)^n \qquad (1.5)$$

一次支付终值公式,又称为一次支付复利公式,常简称为复利公式。式中$(1+i)^n$称为一次支付复利系数,通常用符号$(F/P,i,n)$表示。

【例1.3】 某人以一年期整存整取的方式在2024年1月1日存入银行18万元,年利率1.5%,到期自动转存。那么他在2027年1月1日从银行可取出本利和共多少钱?

解: $F=P(F/P,i,n)=18(F/P,1.5\%,3)=18\times(1+1.5\%)^3=18\times1.04567838=18.82$(万元)。

2) 一次支付现值公式(已知F,求P)

一次支付现值是指将某一时点(非零点)的资金F换算成现值(零点处的值)P。若F为已知,则由式(1.5)得出一次支付现值公式,即:

$$P=F\frac{1}{(1+i)^n} \qquad (1.6)$$

式(1.6)可以表示为:$P=F(P/F,i,n)$ 式中$\frac{1}{(1+i)^n}$及$(P/F,i,n)$称作一次支付现值系数。

【例1.4】 某企业投资形成的固定资产在10年后的余值为1 000万元,年利率$i=5\%$,复利计息,试问这1 000万元贴现后的现值是多少?

解法一:

$$P=F(P/F,i,n)=1\ 000(P/F,5\%,10)$$

从附录中查出系数$(P/F,5\%,10)=0.6139$,代入式中得:

$$P=1\ 000\times0.613\ 9=613.9(万元)$$

解法二:

$$P=1\ 000\times\frac{1}{(1+5\%)^{10}}=613.9(万元)$$

1.3.3 等额支付的等值换算公式

1) 年金终值公式(已知A,求F)

年金终值公式的含义是在一个时间序列中,在计息期利率为i的情况下,连续在每个计息期的期末收入(或支出)一笔等额的资金A,求n年后由各年的本利和累计而成的总额F,即已知A、i、n,求F。类似于银行的"零存整取"储蓄方式,其现金流量图如图1.5所示。

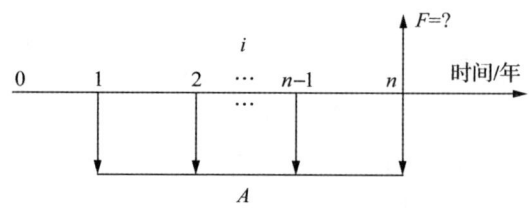

图 1.5 年金终值现金流量图

各期期末年金 A 相对于第 n 期期末的年金复利终值可用表 1.4 表示：

表 1.4 普通年金复利终值计算表

项目	期数					
	1	2	3	...	$n-1$	n
每期末年金	A	A	A	...	A	A
n 期末年金终值	$A(1+i)^{n-1}$	$A(1+i)^{n-2}$	$A(1+i)^{n-3}$	...	$A(1+i)$	A

$$F=A(1+i)^{n-1}+A(1+i)^{n-2}+A(1+i)^{n-3}+\cdots+A(1+i)+A$$

则：

$$F=A\times\frac{(1+i)^n-1}{i} \qquad (1.7)$$

式(1.7)即为年金复利终值（未来值）公式，也可表示为 $F=A(F/A,i,n)$。式中 $\frac{(1+i)^n-1}{i}$ 或 $(F/A,i,n)$ 称作年金复利终值系数，简称年金终值系数或年金未来值系数。

【**例 1.5**】 假设某家长从儿子 13 岁起，每年春节将儿子的 10 000 元压岁钱存入银行，供儿子 18 岁上大学用。假设年利率始终为 1%，复利计息，那么第 5 年年末可从银行连本带利取出多少钱？

解法一：

$$F=A(F/A,i,n)=10\ 000(F/A,1\%,5)$$

从附录中查出 $(F/A,1\%,5)$ 为 5.101 0，代入式中得：

$$F=10\ 000\times 5.101\ 0=51\ 010(元)$$

解法二：

$$F=A\times\frac{(1+i)^n-1}{i}=10\ 000\times\frac{(1+1\%)^5-1}{1\%}=51\ 010(元)$$

2) 偿债基金公式（已知 F，求 A）

偿债基金是指为了在约定的未来某一时点清偿某笔债务或积聚一定数额资金而必

须分次等额提取的存款准备金。每次提取的等额存款金额类似年金存款,它同样可以获得按复利计算的利息,因而应清偿的债务(或应积聚的资金)即为年金终值,每年提取的偿债基金即为年金。

偿债基金公式的含义是为了筹集未来 n 年后所需要的一笔资金,在年利率为 i 的情况下,求每个计息期末应等额存入的资金额,即已知 F、i、n,求 A,类似于日常商业活动中的分期付款业务,其现金流量图如图1.6所示。

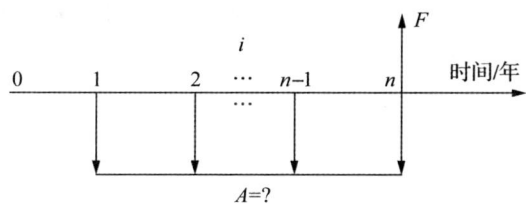

图1.6 偿债基金现金流量图

由公式(1.7) $F = A \times \dfrac{(1+i)^n - 1}{i}$ 可得:

$$A = F \times \dfrac{i}{(1+i)^n - 1} \tag{1.8}$$

式(1.8)即为偿债基金公式,可以表示为 $A = F \times (A/F, i, n)$。式中 $\dfrac{i}{(1+i)^n - 1}$ 或 $(A/F, i, n)$ 称作偿债基金系数,它与年金终值系数互为倒数。

【例1.6】 某人打算在5年后还清10 000元债务,计划从现在起每年末等额存入银行一笔款项,假设银行存款利率始终为1%,复利计息,则每年需要存入多少钱?

解法一:

$$A = F \times (A/F, i, n) = 10\ 000 (A/F, 1\%, 5)$$

从附录中查出 $(A/F, 1\%, 5)$ 为0.1960,代入式中得:

$$A = 10\ 000 \times 0.196\ 0 = 1\ 960(元)$$

解法二:

$$A = 10\ 000 \times \dfrac{1\%}{(1+1\%)^5 - 1} = 1\ 960(元)$$

3) 年金现值公式(已知 A,求 P)

年金现值公式的含义是在 n 年内每年等额收支一笔资金 A,在年利率为 i 的情况下,求此等额年金收支的现值总额,即已知 A、i、n,求 P,类似于银行的"整存零取"储蓄方式。其现金流量图如图1.7所示。

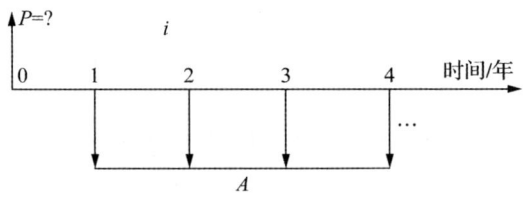

图 1.7 年金现值现金流量图

类似于年金终值的计算推导,年金现值公式的计算可以利用数列求和得出,也可以利用年金终值公式与折现的概念,直接由年金终值公式推导得出。

由式 $F=A\times\dfrac{(1+i)^n-1}{i}$ 及式 $P=F\dfrac{1}{(1+i)^n}$ 可得:

$$P=A\times\frac{(1+i)^n-1}{i}\times\frac{1}{(1+i)^n}=A\times\frac{(1+i)^n-1}{i(1+i)^n} \tag{1.9}$$

式(1.9)为年金现值公式,也可表示为:$P=A\times(P/A,i,n)$,式中 $\dfrac{(1+i)^n-1}{i(1+i)^n}$ 或 $(P/A,i,n)$ 称作年金现值系数。

【例1.7】 某人打算今后5年内每年年末能从银行取出10 000元以支付房租,银行年利率为1.0%,复利计息,他现在应该向银行里存入多少钱?

解法一:

$$P=A\times(P/A,i,n)=10\ 000\times(P/A,1.0\%,5)$$

从附录中查出 $(P/A,1.0\%,5)$ 为4.853 4,代入式中得:

$$P=10\ 000\times4.853\ 4=48\ 534(元)$$

解法二:

$$P=A\times\frac{(1+i)^n-1}{i(1+i)^n}=10\ 000\times\frac{(1+1.0\%)^5-1}{1.0\%\times(1+1.0\%)^5}=48\ 534(元)$$

4) 资金(资本)回收公式(已知 P,求 A)

资金(资本)回收公式的含义是指在期初一次投入资金数额为 P,欲在 n 年内全部收回,则在年利率为 i 的情况下,求每年年末应等额回收的资金,即已知 P、i、n,求 A。其现金流量图如图1.8所示。

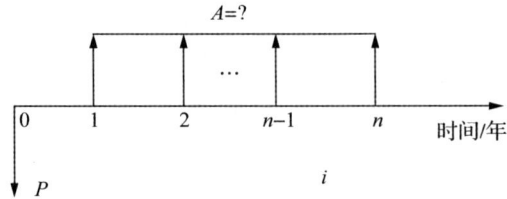

图 1.8 资金(资本)回收现金流量图

资金回收公式可由年金现值公式直接反算得出。由年金现值公式 $P=A\times\dfrac{(1+i)^n-1}{i(1+i)^n}$ 可知：

$$A=P\times\dfrac{i(1+i)^n}{(1+i)^n-1} \qquad (1.10)$$

式(1.10)称作资金(资本)回收公式,可表示为：$A=P(A/P,i,n)$,式中 $\dfrac{i(1+i)^n}{(1+i)^n-1}$ 或 $(A/P,i,n)$ 称作资金回收系数。

【例1.8】 某家庭向银行申请购房贷款500万元,分30年每年还本付息,银行购房贷款5年以上利率为3.1%,为计算方便假设年利率为3%,那么该家庭每年的还款额是多少？

已知 $P=500$ 万元,$i=3\%$,$n=30$,求 A。

解法一：

$$A=P(A/P,i,n)=500\times(A/P,3\%,30)$$

从附录中查出 $(A/P,3\%,30)$ 为 0.051 0,代入式中得：

$$A=500\times 0.051\ 0=25.5(万元)$$

解法二：

$$A=P\dfrac{i(1+i)^n}{(1+i)^n-1}=500\times\dfrac{3\%(1+3\%)^{30}}{(1+3\%)^{30}-1}\approx 500\times 0.051\ 0=25.5(万元)$$

1.3.4 变额支付的等值换算公式

每期收支数额不同的现金,这种现金流量序列称为变额现金流量序列,在实际生活中经常发生。按照现金流量的变化规律,变额现金流量序列可分为两种情况。其一为一般情况,无规律可循；其二为特殊情况,常见的包括等差和等比(或等百分比)现金流两种情况。

1) 一般变额支付序列

若每期期末的现金收支不等,且无一定的规律可循,可利用复利公式 $F=P(1+i)^n$ 或 $P=F(1+i)^{-n}$ 分项计算后求和。

例如,有一变额现金流量序列,各期期末现金流量分别为 $K_1,K_2,K_3,\cdots,K_{n-1},K_n$,分别求其现值资金总额和终值资金总额,如图1.9所示。

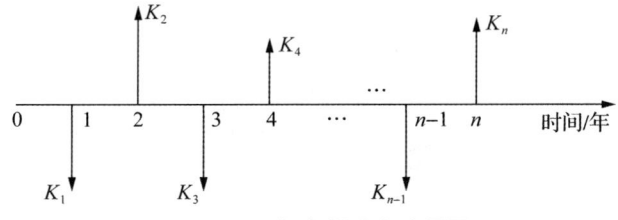

图1.9 一般变额现金流量图

现值资金总额以 P 表示。终值资金总额以 F 表示,则

$$P=\frac{K_1}{(1+i)}+\frac{K_2}{(1+i)^2}+\cdots+\frac{K_{n-1}}{(1+i)^{n-1}}+\frac{K_n}{(1+i)^n}=\sum_{i=1}^{n}\frac{K_i}{(1+i)^i} \quad (1.11)$$

$$F=K_1(1+i)^{n-1}+K_2(1+i)^{n-2}+\cdots+K_{n-1}(1+i)+K_n=\sum_{i=1}^{n}K_i(1+i)^{n-i}$$
(1.12)

式中,K_i 有正负之分,为表示方便而未标出。

2) 等差支付序列

等差支付序列即每期期末收支的现金流量序列是成等差变化的,其现金流量图如图 1.10 所示。

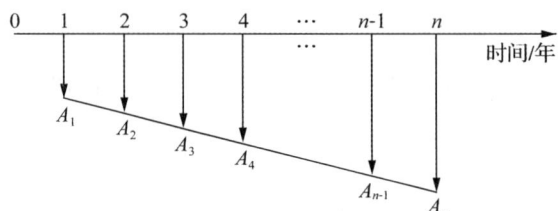

图 1.10 等差现金流量图

每期期末现金支出分别为 $A_1,A_2,A_3,\cdots,A_{n-1},A_n$,并且它们是一个等差序列,公差为 G(又称为等差因子或梯度因子),令 $A_1=A,A_2=A+G,A_3=A+2G,A_4=A+3G$,$\cdots,A_{n-1}=A+(n-2)G,A_n=A+(n-1)G$。

显而易见,图 1.10 显示的现金流量可分解为两个部分:第一部分是由第 1 期期末现金流量 A_1 构成的等额支付序列现金流量图,如图 1.11 所示;第二部分是由等差变额 G 构成的递增等差序列现金流量图,如图 1.12 所示。

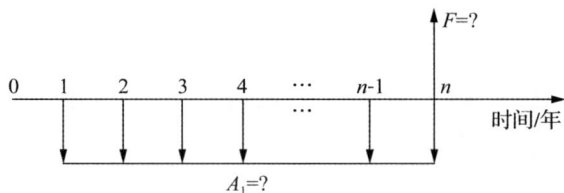

图 1.11 等额值为 A_1 的等额支付序列现金流量图

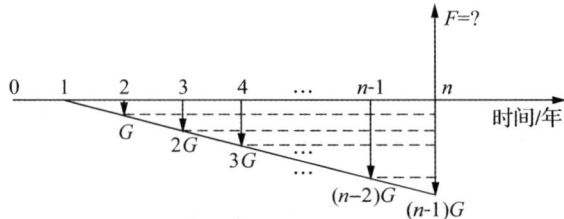

图 1.12 等差变额为 G 的递增等差序列现金流量图

根据前述收支总额的复利终值概念，若以 F 表示总额复利终值，则

$$\begin{aligned}
F &= A(1+i)^{n-1} + (A+G)(1+i)^{n-2} + \cdots + [A+(n-2)G](1+i) + [A+(n-1)G] \\
&= [A(1+i)^{n-1} + A(1+i)^{n-2} + A(1+i)^{n-3} + \cdots + A(1+i) + A] + [G(1+i)^{n-2} \\
&\quad + 2G(1+i)^{n-3} + \cdots + (n-2)G(1+i) + (n-1)G] \\
&= A\frac{(1+i)^n - 1}{i} + G\sum_{k=1}^{n}(k-1)(1+i)^{n-k}
\end{aligned} \tag{1.13}$$

式中，$G\sum_{k=1}^{n}(k-1)(1+i)^{n-k} = F_G$，表示变额资金部分复利终值；$A\frac{(1+i)^n - 1}{i} = F_A$，表示等额年金部分复利终值。推导 F_G 的表达式为

$$\begin{aligned}
F_G &= G\sum_{k=1}^{n}(k-1)(1+i)^{n-k} \\
&= G\left[\frac{(1+i)^{n-1} - 1}{i} + \frac{(1+i)^{n-2} - 1}{i} + \cdots + \frac{(1+i)^2 - 1}{i} + \frac{(1+i)^1 - 1}{i} + \frac{(1+i)^0 - 1}{i}\right] \\
&= \frac{G}{i}\left[(1+i)^{n-1} + (1+i)^{n-2} + \cdots + (1+i)^2 + (1+i)^1 + 1\right] - \frac{nG}{i} \\
&= \frac{G}{i} \cdot \frac{(1+i)^n - 1}{i} - \frac{nG}{i}
\end{aligned} \tag{1.14}$$

也即

$$F_G = G\left[\frac{1}{i} \cdot \frac{(1+i)^n - 1}{i} - \frac{n}{i}\right] \tag{1.15}$$

式(1.15)可表示为 $F_G = G(F/G, i, n)$，式中 $\frac{1}{i} \cdot \frac{(1+i)^n - 1}{i} - \frac{n}{i}$ 或 $(F/G, i, n)$ 称作等差支付序列终值系数。

因此，有

$$F = F_A + F_G = A(F/A, i, n) + G(F/G, i, n) \tag{1.16}$$

由式(1.15)进一步可得

$$A_G = F_G(A/F, i, n) = G\left[\frac{1}{i} \cdot \frac{(1+i)^n - 1}{i} - \frac{n}{i}\right] \cdot \frac{i}{(1+i)^n - 1} = G\left[\frac{1}{i} - \frac{n}{i} \cdot \frac{i}{(1+i)^n - 1}\right]$$

也即

$$A_G = G\left[\frac{1}{i} - \frac{n}{i} \cdot (A/F, i, n)\right] \tag{1.17}$$

式中 $\left[\frac{1}{i} - \frac{n}{i} \cdot (A/F, i, n)\right]$ 称为梯度系数，通常用 $(A/G, i, n)$ 表示。

式(1.16)经相应变换后可分别求得等差变额情况下的现值 P 和 A。同 F 一样，P

和 A 都是由等额部分(年金)和变额部分组成的,即:

$$P = P_A + P_G \tag{1.18}$$

$$A = A_A + A_G \tag{1.19}$$

式(1.18)和式(1.19)是等额递增序列的等值换算公式,对于等额递减序列[即 $A_1 = A$,$A_2 = A-G$,$A_3 = A-2G$,$\cdots$,$A_n = A-(n-1)G$]的情况,只需将 G 变成负值代入公式即可。

【例 1.9】 有一机械设备,在使用期五年内,其维修费在第1、2、3、4、5年年末的金额分别为5 000元、6 000元、7 000元、8 000元和9 000元。若年利率以1%计,试计算费用的终值、现值及对应增额部分的现值和年金。

解:由题意画出现金流量图,如图 1.13 所示。

$$\begin{aligned}
F &= \left(A + \frac{G}{i}\right) \cdot \frac{(1+i)^n - 1}{i} - \frac{nG}{i} \\
&= \left(5\,000 + \frac{1\,000}{1\%}\right) \times \frac{(1+1\%)^5 - 1}{1\%} - \frac{5 \times 1\,000}{1\%} \\
&\approx 35\,605(元)
\end{aligned}$$

其对应的现值为

$$P = F(1+i)^{-n} = 35\,605 \times (1+1\%)^{-5} \approx 33\,876.94(元)$$

对应每个期末发生的增额 G 这部分的现值 P_G 和对应的增值年金 A_G 计算如下:

$$\begin{aligned}
P_G &= F_G(1+i)^{-n} \\
&= \left[\frac{G}{i} \cdot \frac{(1+i)^n - 1}{i} - \frac{nG}{i}\right] \cdot (1+i)^{-n} \\
&= \frac{G}{i} \cdot (F/A, i, n)(P/F, i, n) - \frac{nG}{i} \cdot (P/F, i, n) \\
&= \frac{1\,000}{1\%} \times (F/A, 1\%, 5)(P/F, 1\%, 5) - \frac{5\,000}{1\%} \times (P/F, 1\%, 5) \approx 9\,610.15(元)
\end{aligned}$$

$$\begin{aligned}
A_G &= G\left[\frac{1}{i} - \frac{n}{i} \cdot (A/F, i, n)\right] \\
&= 1\,000\left[\frac{1}{1\%} - \frac{5}{1\%} \cdot (A/F, 1\%, 5)\right] \\
&= 1\,980(元)
\end{aligned}$$

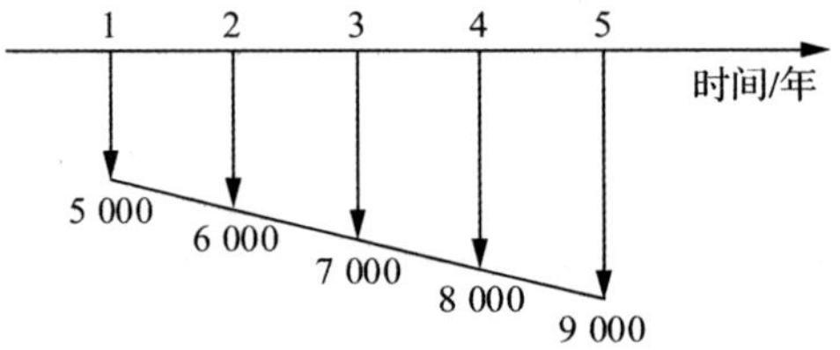

图 1.13 例 1.9 现金流量图(单位:元)

【例 1.10】 某人考虑购买一块尚未开发的城市土地,价格为 2 000 万元,该土地所有者第一年应付地产税 40 万元,据估计以后每年地产税比前一年增加 4 万元。如果把该地买下,必须等到 10 年后才有可能以一个好价钱将土地出卖掉。如果他想取得每年 15% 的投资收益率,则 10 年后该地至少应该要以多少万元出售?

解: 由题意画出现金流量图,如图 1.14 所示。

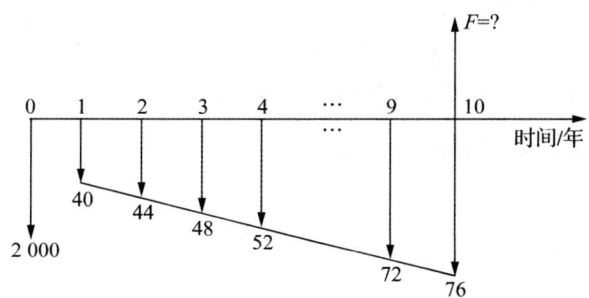

图 1.14 例 1.10 现金流量图(单位:万元)

$$F = 2\,000 \times (F/P, 15\%, 10) + 40(F/A, 15\%, 10) + 4(F/G, 15\%, 10) = 9\,178.11(万元)$$

3) 等比支付序列

等比支付序列即每期期末发生的现金流量序列成等比变化的数列,假设等比因子为 q,其现金流量图如图 1.15 所示。

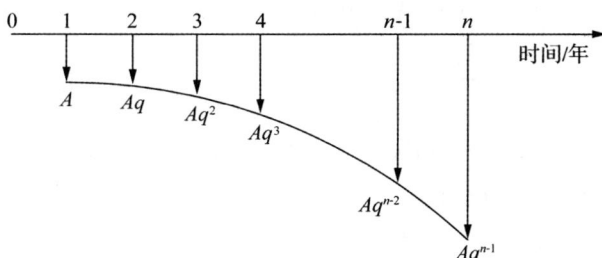

图 1.15 等比现金流量图

则此现金流量序列的现值为

$$\begin{aligned}
P &= \frac{A}{1+i} + \frac{Aq}{(1+i)^2} + \frac{Aq^2}{(1+i)^3} + \cdots + \frac{Aq^{n-2}}{(1+i)^{n-1}} + \frac{Aq^{n-1}}{(1+i)^n} \\
&= \frac{A}{1+i} \cdot \sum_{t=1}^{n} \left(\frac{q}{1+i}\right)^{t-1} \\
&= \frac{A}{1+i} \cdot \frac{1 - \left(\frac{q}{1+i}\right)^n}{1 - \frac{q}{1+i}} \\
&= A \frac{1 - \left(\frac{q}{1+i}\right)^n}{1+i-q}
\end{aligned}$$

令 $q=1+s$，则有：

$$P=A\frac{1}{i-s}\left[1-\left(\frac{1+s}{1+i}\right)^n\right] \quad (1.20)$$

式(1.20)即为等比支付序列现值公式，同理可求得终值和年金。

【例 1.11】 某项目第 1 年年初投资 700 万元，第 2 年年初又投资 100 万元，第 2 年获净收益 500 万元，至第 6 年净收益逐年递增 6%，第 7~9 年每年获净收益 800 万元，若年利率为 10%，求与该项目现金流量等值的现值与终值。

解：1~9 年内现金流量图如图 1.16 所示。

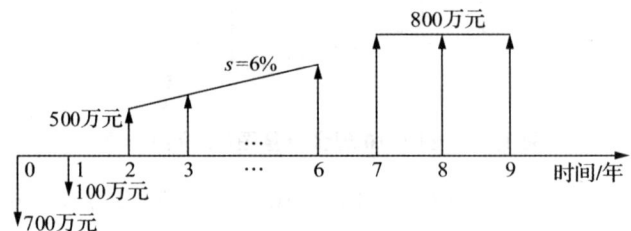

图 1.16　例 1.11 现金流量图

查附录可得，

$(P/F,10\%,1)=0.909\,1, (P/A,10\%,3)=2.486\,9, (P/F,10\%,6)=0.564\,5$

$$\begin{aligned}P &= -700-100\times(P/F,10\%,1)+500\times\frac{1}{10\%-6\%}\times\left[1-\left(\frac{1+6\%}{1+10\%}\right)^5\right]\\&\quad \times(P/F,10\%,1)+800\times(P/A,10\%,3)\times(P/F,10\%,6)\\&=-700-100\times0.909\,1+500\times4.226\,7\times0.909\,1+800\times2.486\,9\times0.564\,5\\&\approx 2\,253.42(万元)\end{aligned}$$

则该现金流量序列的终值为

$$\begin{aligned}F &= P(F/P,i,n)=P(1+i)^n=2\,253.42\times(1+10\%)^9\\&\approx 2\,253.42\times2.357\,9\approx 5\,313.34(万元)\end{aligned}$$

1.3.5　公式使用中应注意的问题

表 1.5 汇总了资金时间价值计算的公式，应熟练掌握一次支付终值公式、一次支付现值公式、年金终值公式、年金现值公式、偿债基金公式、资金回收公式 6 个基本公式，变额现金流量序列复利公式是在上述公式基础上的应用与推广。在具体运用公式时应注意下述问题：

(1)方案的初始投资假定发生在方案的寿命期内，即"零点"处；方案的经常性支出假定发生在计息期末。

(2) P 在当前年度开始(零时点)发生，F 在当前以后第 n 年年末发生，A 在考察期间各年年末发生。当资金包括 P 和 A 时,序列的第一个 A 是在 P 发生后一年的年末发生;当资金包括 F 和 A 时,序列的最后一个 A 和 F 同时发生。P_G 发生在第一个 G 的前两期;A_1 发生在第一个 G 的前一期。

(3) 等差序列公式中,第一个 G 发生在序列的第 2 年年末。

(4) 梳理清楚公式的来龙去脉,灵活运用。复利系数之间存在以下关系:

① 倒数关系:$(F/P,i,n)=1/(P/F,i,n)$

$(A/P,i,n)=1/(P/A,i,n)$

$(A/F,i,n)=1/(F/A,i,n)$

② 乘积关系:$(F/A,i,n)=(P/A,i,n)(F/P,i,n)$

$(F/P,i,n)=(A/P,i,n)(F/A,i,n)$

③ 其他关系:$(A/P,i,n)=(A/F,i,n)+i$

$(F/G,i,n)=[(F/A,i,n)-n]/i$

$(P/G,i,n)=[(P/A,i,n)-n(P/F,i,n)]/i$

$(A/G,i,n)=[1-n(A/F,i,n)]/i$

掌握各系数之间的关系,便于进行等值换算。但应注意,只有在 i、n 等条件相同的情况下,上述关系才成立。

(5) 利用公式进行资金的等值计算时,要充分利用现金流量图。现金流量图不仅可以清晰准确地反映现金收支情况,而且有助于准确确定计息期数,不致发生计算错误。

表 1.5 复利计算公式一览表

支付方式	复利系数		已知	所求	复利计算公式
一次支付序列	终值系数	$(F/P,i,n)$	P	F	$F=P(1+i)^n$
	现值系数	$(P/F,i,n)$	F	P	$P=F\dfrac{1}{(1+i)^n}$
等额支付序列	年金终值系数	$(F/A,i,n)$	A	F	$F=A\times\dfrac{(1+i)^n-1}{i}$
	年金现值系数	$(P/A,i,n)$	A	P	$P=A\times\dfrac{(1+i)^n-1}{i(1+i)^n}$
	偿债基金系数	$(A/F,i,n)$	F	A	$A=F\times\dfrac{i}{(1+i)^n-1}$
	资金回收系数	$(A/P,i,n)$	P	A	$A=P\times\dfrac{i(1+i)^n}{(1+i)^n-1}$

续表

支付方式		复利系数	已知	所求	复利计算公式
变额支付序列	等差支付	等差变额支付梯度系数	$(A/G,i,n)$	G	A	$A=G\left[\dfrac{1}{i}-\dfrac{n}{i}(A/F,i,n)\right]$
	等比支付	等比支付复利终值系数		A	P	$P=A\dfrac{1}{i-s}\left[1-\left(\dfrac{1+s}{1+i}\right)^n\right]$

数字资源

1-7 微视频	1-8 微视频	1-9 微视频	1-10 微视频	1-11 学生课程报告	1-12 测试
现金流量图与资金等值	零存整取与偿债基金	整存零取与资本回收	资金等值计算与应用	购房中的资金等值计算	本节测验题

1.4 名义利率与有效利率

在复利计算中,利率周期通常以年为单位,但在实际应用中,计息可能更加频繁,可能每半年、每季度或每月计息一次。同样的年利率,由于计息期数不同,本金所产生的利息也不同,因此有名义利率和有效利率之分。通常所说的年利率是名义利率。名义利率是指按年计息的利率,即计息期为 1 年;有效利率是指在计息期小于 1 年时,每个计息期的实际利率。

假设名义利率用 r 表示,计息期有效利率用 i 表示,一年中计息期数为 m,则 i 和 r 的关系为:

$$i=\frac{r}{m} \tag{1.21}$$

例如,设名义利率为 8%,计息期为半年,则半年的有效利率为 4%。

当计息期小于 1 年时,假设年初本金为 P,年名义利率为 r,一年计息 m 次,一年后的本利和为

$$F=P\left(1+\frac{r}{m}\right)^m$$

则年有效利率为

$$i=\frac{F-P}{P}=\frac{P\left(1+\dfrac{r}{m}\right)^m-P}{P}$$

那么,年有效利率计算公式为:

$$i=\left(1+\frac{r}{m}\right)^m-1 \qquad (1.22)$$

从式(1.22)中看出,当计息期为1年时,年有效利率等于名义利率;当计息期小于1年时,年有效利率高于名义利率。

现设年名义利率为 $r=10\%$,则以年、半年、季、月、日计息的有效利率如表1.6所示。

表1.6 实际利率与名义利率的关系

年名义利率(r)	计息期	年计息次数(m)	计息期利率 $i=r/m$	年有效利率(i)
10%	年	1	10%	10%
	半年	2	5%	10.25%
	季	4	2.5%	10.38%
	月	12	0.833%	10.47%
	日	365	0.027 4%	10.52%

从上表可以看出,每年计息期 m 越多,年有效利率 i 与名义利率 r 相差越大。在工程经济分析中,名义利率不能直接进行比较,除非它们在一年中的计息次数相同;必须转化为以相同计息期数为基准的利率水平,然后进行比较。通常以1年为比较基准年限,即比较年有效利率。

【例1.12】 某人花费10万元购买某理财产品,该理财产品回赎期10年,年利率为8%,按季计息,那么10年后一次性赎回本息为多少?

解法一:

由题意可知,每年计息4次,10年则计息40次,计息期的有效利率为 $8\%\div4=2\%$ 可查复利系数表,得 $(F/P,2\%,40)=2.208\ 0$

根据复利公式求得10年年末的终值为

$F=P(F/P,i,n)=100\ 000\times(F/P,2\%,40)=100\ 000\times2.208\ 0=220\ 800(元)$

解法二:

名义利率为8%,年计息4次,年有效利率为

$$i=\left(1+\frac{8\%}{4}\right)^4-1=8.243\ 2\%$$

$F=P(F/P,i,n)=100\ 000\times(F/P,8.243\ 2\%,10)=100\ 000\times(1+8.243\ 2\%)^{10}$

$\approx100\ 000\times2.208\ 0=220\ 800(元)$

当每期计息时间趋于无限小,则一年(利率周期常为一年)内计息次数趋于无限大,

即 $m \to \infty$,此时可视没有时间间隔的计息方式为连续复利。则年实际利率为:

$$i_\infty = \lim_{m \to \infty}\left[\left(1+\frac{r}{m}\right)^m - 1\right] = e^r - 1 \tag{1.23}$$

e 是自然对数的底,其值为 2.718 28。

1.5 计息周期与收付周期

在工程经济分析中,计息周期和收付周期是两个重要的概念。计息周期用于表示计算利息的时间单位,称为计息期,有年、季、月或日等不同的计息长度。收付周期是指现金流量的流入或流出所发生的时间间隔,通常反映的是实际的资金支付或收取的时间点。在实际应用中,计息周期与收付周期可能不完全一致,因此需要进行相应的调整和转换,以确保计算结果的准确性。

1) 计息周期小于支付周期

在实际的工程经济分析中,计息周期短于支付周期的情况十分常见。例如,银行的利息可能按季度计算,而支付周期可能是按年或半年进行。这种情况下,利息的计算频率高于本金和利息的支付频率,利息并不是在支付周期结束时一次性计算并支付的,而是在更短的计息周期内多次计算,并可能根据具体情况进行累积或计入账户。这就要求我们在进行现金流的现值或终值计算时,必须考虑如何将短周期内计算的利息转换为与支付周期相匹配的金额,确保计算结果的准确性。

下面以例题来说明此类情景下的求解方法。

【例 1.13】 年利率为 1%,每季度计息一次,从现在起连续 3 年的等额年末存款为 1 000 元,与其等值的第 3 年的年末借款金额是多少?

解法一:根据题意画出现金流量图,如图 1.17 所示。

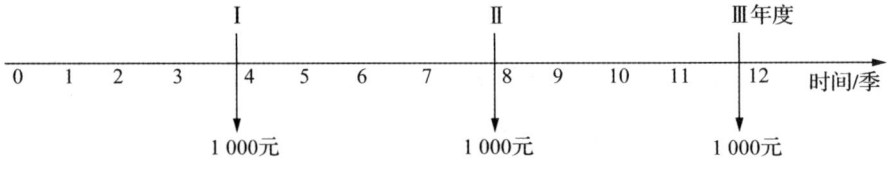

图 1.17 例 1.13 解法一现金流量图

求支付周期下的实际利率

先求出支付期的有效利率,支付期为 1 年,则年有效利率为

$$i = \left(1+\frac{r}{m}\right)^m - 1 = \left(1+\frac{1\%}{4}\right)^4 - 1 \approx 1.0038\%$$

则

$$F = A \times \frac{(1+i)^n - 1}{i} = 1\,000 \times \frac{(1+1.0038\%)^3 - 1}{1.0038\%} \approx 3\,030(元)$$

解法二:取一个循环周期,使这个周期的年末支付转变成等额支付系列,现金流量图如图 1.18 所示。

图 1.18　例 1.13 解法二现金流量图

将年度支付转换为计息期末支付

$$r = 1\%, n = 4, 则\ i = 1\% \div 4 = 0.25\%$$

$$A = F \times \frac{i}{(1+i)^n - 1} = 1\,000 \times \frac{0.25\%}{(1+0.25\%)^4 - 1} \approx 249.06(元)$$

$$F = A(F/A, i, n) = A \times \frac{(1+i)^n - 1}{i} = 249.06 \times \frac{(1+0.25\%)^{12} - 1}{0.25\%}$$

$$\approx 249.06 \times 12.1664 = 3\,030(元)$$

解法三:把等额支付的每一个支付看作为一次支付,求出每个支付的将来值,再求和计算。

$$F = 1\,000(F/P, 0.25\%, 8) + 1\,000(F/P, 0.25\%, 4) + 1\,000$$
$$= 1\,000(1+0.25\%)^8 + 1\,000(1+0.25\%)^4 + 1\,000$$
$$\approx 1\,000 \times 1.0202 + 1\,000 \times 1.0100 + 1\,000$$
$$= 3\,030(元)$$

2)计息周期大于支付周期

当计息期长于支付期时,由于计息期内有不同时刻的支付,通常规定存款必须存满一计息期时才计利息,即在计息期内存入的款项在该期不计算利息,要在下一期才计算利息。因此,原财务活动的现金流量图应按以下原则进行整理:相对于投资方来说,计息期存款放在期末,计息期的提款放在期初,计息期分界点处的支付保持不变。投资项目

经济评价实践中,一般对此更为简化,即处于计息期中间的现金流量,无论是流入还是流出,均可假设发生在计息期期末。

数字资源

1-16 虚拟仿真拓展实验

利率与通货膨胀

习题

1. 什么是资金的时间价值?结合实际例子说明为什么在工程经济分析中需要考虑资金的时间价值。

2. 如何理解资金等值的概念?列举常见的资金等值计算场景,并说明适用的公式及其含义。

3. 影响利率的因素有哪些?试分析这些因素如何导致利率的变化,并结合当前经济现象举例说明。

4. 名义利率和有效利率的区别是什么?在不同计息周期下,如何计算有效利率?结合实际投资场景说明二者的应用差异。

5. 请写出一次支付、等额支付的 6 个常见等值换算公式。

6. 某企业计划投资 600 万元建设一个综合物流园区,预计该项目在未来 4 年内,每年可实现运营收入 400 万元,运营支出 200 万元,项目期末预计残值为 50 万元。假设企业要求的最低投资回报率为 10%,试回答:

(1) 该项目的净现值是多少?

(2) 根据数据绘制现金流量图,以直观表示项目的资金流动情况。

7. 计算下列终值的等额支付是多少?

(1) 某企业计划每年年末存入一笔固定金额,以便在 8 年后累计存到 16 000 元用于技术升级。假设年利率为 11%,每年计息一次,求每年需要存入的金额。

(2) 某人计划为退休储蓄,每年年末存入一笔固定金额,连续存款 10 年。假设年利率为 7%,每半年计息一次,10 年期末预计累计存款本利和为 500 000 元,求每年需要存入的金额。

8. 2022 年年初,某企业计划引进一套智能生产设备,有以下四种付款方案可选:

方案一:2024 年年初一次性支付 120 万元。

方案二:2022 年至 2024 年每年年初支付 35 万元。

方案三:2023 年至 2026 年每年年初支付 28 万元。

方案四：2024年至2028年每年年初支付25万元。

已知企业的期望报酬率为8%，请计算四种付款方式下支付价款的现值，并选择对企业最有利的付款方式。

9. 下列情况下，计算年末等额偿还金额：

（1）某人计划分期购买一辆汽车，第一年年末贷款15 000元，以后3年每年年末贷款金额递增1 500元。银行提供的贷款年利率为6%，计算在贷款期内每年末需要等额偿还的金额。

（2）某企业计划引进一台设备，第一年年末贷款8 000元，以后9年每年末贷款金额递减400元。贷款年利率为9%，计算企业每年末需等额偿还的金额。

（3）某人计划装修房屋，第一年年末贷款25 000元，以后3年每年末贷款金额递增2%。贷款年利率为5%，计算装修贷款的年末等额偿还额。

（4）某公司计划扩大生产线，第一年年末贷款50万元，以后6年每年末贷款金额为上一年的1.1倍。贷款年利率为7%，计算该生产线扩建项目的年末等额偿还金额。

10. 某企业计划以1 200万元的价格购买一处工业园区内的厂房用于生产扩建。厂房价款需在2年内分3次支付（第一年年初、第一年年末、第二年年末），比例分别为30%、30%和40%。第3年年初投入300万元进行厂房改造与设备安装后投入生产，预计第3年年末的经营收入为200万元，运营成本为60万元。此后，经营收入每年平均增长5%，运营成本每年比前一年增加10万元。企业计划在第20年年末将厂房出售，预计售价为1 500万元，并需支付70万元的相关处置费用。不考虑税收因素，假设企业的投资收益率为10%，分别计算所有收入现值和支出的现值，并评估投资的经济可行性。

11. 某人每月末存入2 000元用于子女的教育储蓄，存款期限为6年，年利率为1%，每季度复利一次。试分别按单利和复利计算，在第6年年末他能够获得的本利和是多少。

12. 某公司于第一年年初获得一笔15万元的长期贷款，每年年末等额还本付息，每年偿还额为3.5万元，计划在6年内还清。试计算该笔贷款的年利率。

13. 某人计划在2018年1月1日存入一笔资金5万元，作为5年后的创业启动资金。假设投资的年收益率为6%，要求计算：

（1）若按每年复利一次，2023年1月1日账户余额是多少？

（2）若按每季度复利一次，2023年1月1日账户余额是多少？

14. 证明下列等式：

（1）$(P/A,i,n)=(P/A,i,n-1)+(P/F,i,n)$

（2）$(A/P,i,n)-i=(A/F,i,n)$

（3）$(F/A,i,n)+(F/P,i,n)=(F/A,i,n+1)$

2 工程经济要素

工程经济分析评价主要就是对工程方案投入运营后预期的盈利性做出评估,为投资决策提供依据。因此,工程经济分析评价需要首先确定所处的特定环境下工程方案的投资、成本、销售收入、利润和税金等方面的基础数据,这些构成了工程经济分析的基本经济要素。

2.1 投资与资产

2.1.1 投资

1) 投资的概念

投资是指有目的的经济行为,即以一定的资源投入某项计划,以获得所期望的报酬的过程。投资是人们在社会经济活动中为实现某种预定的目标而预先垫付的资金。在工程经济学中,投资作为一种工程经济要素,主要是指完成设备、设施或建设项目等工程方案实施,并达到使用要求或生产条件的投资性费用,不包括工程运营所花费的费用。投资必须具备投资主体、投资客体、投资目的和投资方式等要素。

2) 建设项目投资构成

生产性建设项目总投资包含建设投资和流动资金投资两部分,非生产性建设项目总投资不含流动资金投资。根据中华人民共和国住房和城乡建设部 2017 年颁布的《建设项目总投资费用项目组成(征求意见稿)》(建办标函〔2017〕621 号),建设项目总投资构成见图 2.1 所示。工程造价是指工程项目在建设期预计或实际支出的建设费用,为税前造价,即工程费用要素均按不含增值税(可抵扣进项税额)价格计算的工程造价。增值税是指应计入建设项目总投资内的增值税额,包括工程费用、工程建设其他费用和预备费的增值税(参见 2.4.2 节)。资金筹措费是指在建设期内应计的利息和在建设期内为筹集项目资金发生的费用,包括各类借款利息、债券利息、贷款评估费、国外借款手续费及承诺费、汇兑损益、债券发行费用及其他债务利息支出或融资费用。流动资金是指运营期内长期占用并周转使用的营运资金,不包括运营中需要的临时性营运资金。在生产经营活动中,流动资金以现金、存货、应收及预付款项等形式出现。项目投资需要量和体现项目投资效益的总资金是建设投资总额与全部流动资金需要量之和。

特别强调的是,在工程经济分析时,如无特别说明,凡涉及"建设投资"之处均指不含增值税和建设期利息的建设投资。

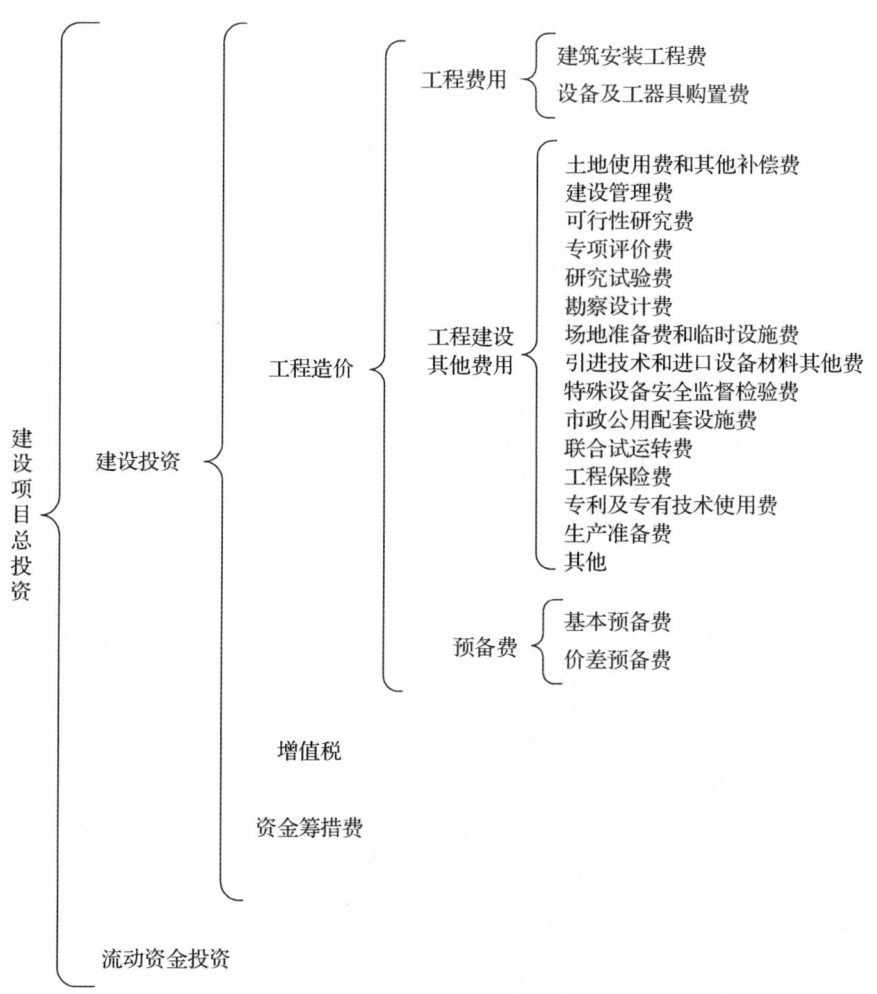

图 2.1 建设项目总投资构成

其中,工程造价具体包括工程费用(包含建筑安装工程费和设备及工器具购置费)、工程建设其他费用(参见图 2.1)和预备费(包含基本预备费和价差预备费),接下来分别进行介绍。

(1) 工程费用

① 建筑安装工程费

建筑安装工程费由建筑工程费和安装工程费两部分组成。建筑安装工程费的构成如图 2.2、图 2.3 所示。安装工程费包括各种机电设备装配和安装工程费用;与设备相连的工作台、梯子及其装设工程费用;附属于被安装设备的管线敷设工程费用;安装设备的绝缘、保温、防腐等工程费用;单体试运转和联动无负荷试运转费用等。安装工程费通常按行业或专业机构发布的安装工程定额、取费标准和指标估算投资。具体计算可按安装费率、每吨设备安装费或者每单位安装实物工程量的费用估算。

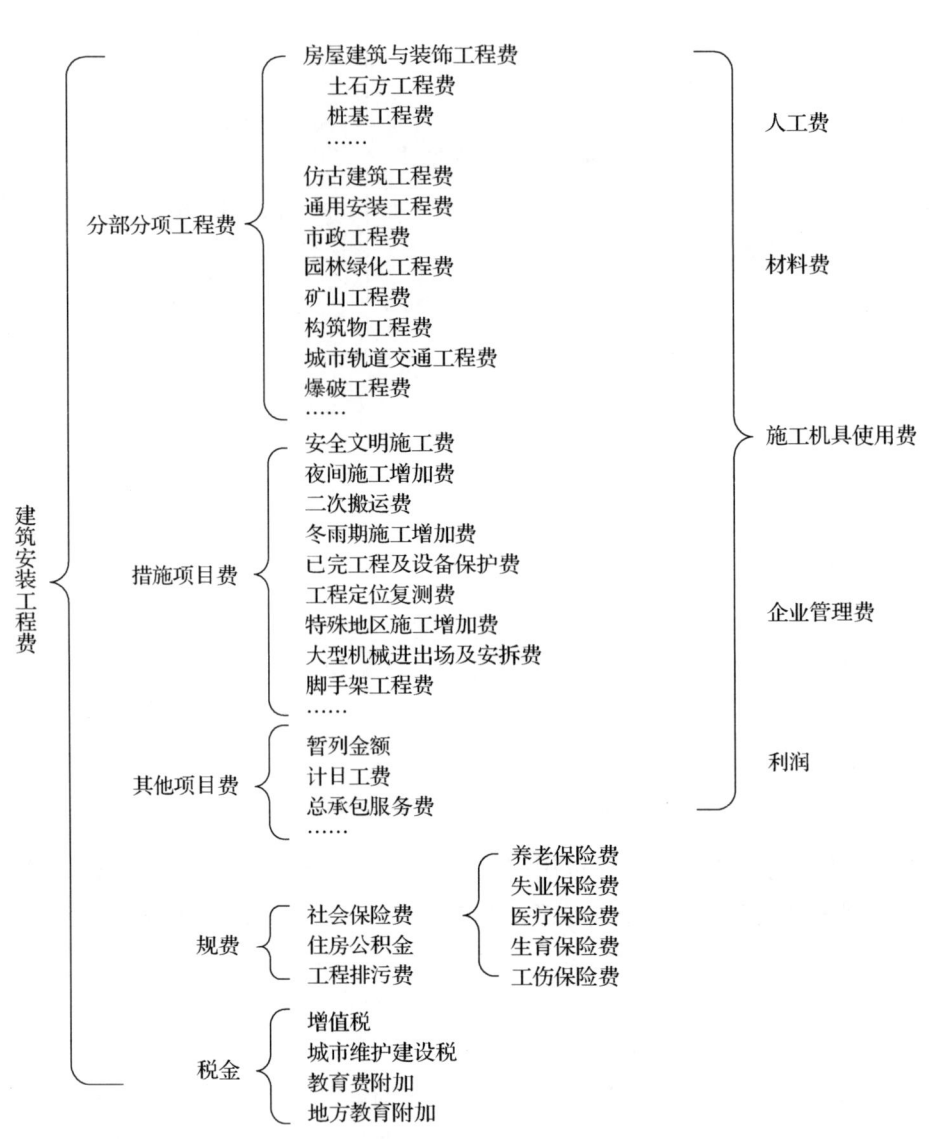

图 2.2 建筑安装工程费构成图（按造价形成划分）

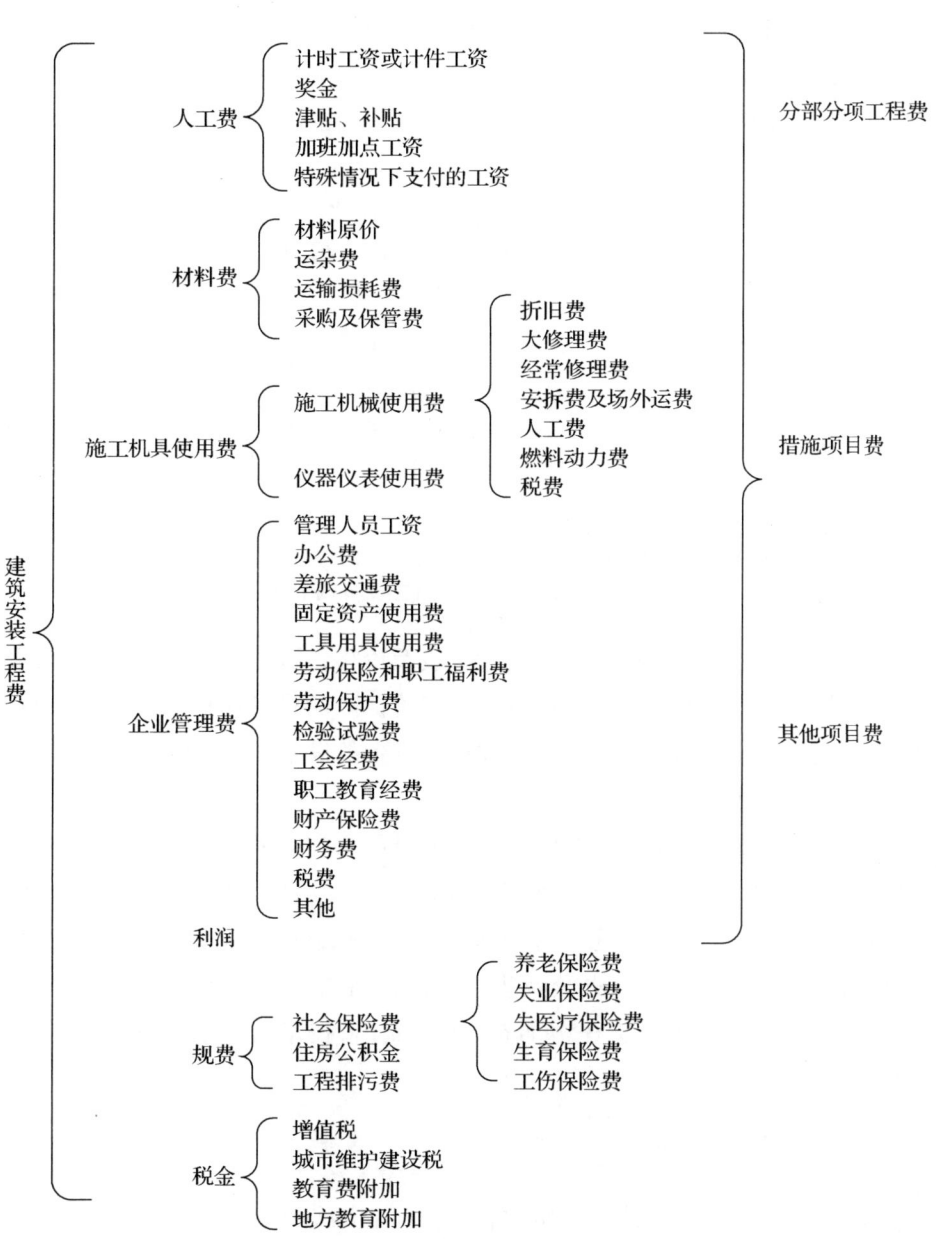

图 2.3 建筑安装工程费构成图(按费用构成要素划分)

② 设备及工器具购置费

设备及工器具购置费由设备购置费和工器具、生产家具购置费组成,如图 2.4 所示。设备购置费是指为建设项目购置或自制的达到固定资产标准的设备、工具、器具的费用。固定资产的标准是:使用年限在一年以上,单位价值在规定的限额以上。工器具及生产家具购置费是指新建项目或扩建项目初步设计规定所必须购置的不够固定资产标准的设备、仪器、工卡模具、器具、生产家具和备品备件的费用。

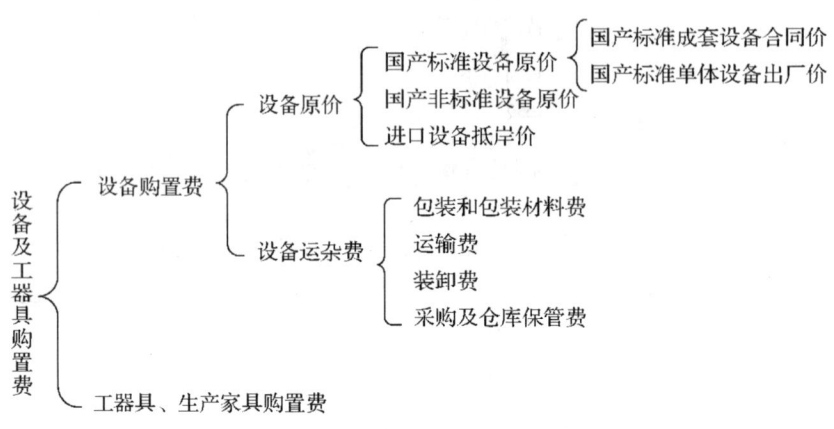

图 2.4 设备及工器具购置费

设备购置费估算应根据项目主要设备表及价格、费用资料编制。工器具及生产家具购置费一般按设备费的一定比例计取。对于价值高的设备应按单台(套)估算购置费;价值较小的设备可按类估算。国内设备和进口设备的设备购置费应分别估算。

(2) 工程建设其他费用

工程建设其他费用,指属于整个建设项目所必需花费而又不能包括在单项工程建设投资中的费用,如土地使用费及其他补偿费、建设管理费、勘察设计费、科学研究试验费、样品样机购置费、引进技术和进口设备材料其他费、出国经费、场区绿化费、联合试运转费、生产职工培训费、办公及生活用具购置费等。此外,建设过程中的临时设施费、施工机构迁移费、远征工程增加费、劳保支出、技术装备费等也包括在工程建设其他投资中。

(3) 预备费

① 基本预备费

基本预备费是指投资估算预留的,由于工程实施中不可预见的工程变更及洽商、一般自然灾害处理、地下障碍物处理、超规超限设备运输等而可能增加的费用,亦可称为不可预见费。费用内容包括:在批准的初步设计范围内,技术设计、施工图设计及施工过程中所增加的工程和费用;设计变更、局部地基处理等所增加的费用;一般自然灾害所造成的损失和预防自然灾害所采取措施的费用;竣工验收时为鉴定工程质量对隐蔽工程进行必要的挖掘和修复的费用。

② 价差预备费

价差预备费是指投资估算预留的,建设项目在建设期间由于利率、汇率或价格等因素变化而可能增加的费用,亦称为价格变动不可预见费。包括人工、设备、材料、施工机械的价差费,以及建筑安装工程费及工程建设其他费用调整,利率、汇率调整等增加的费用。价差预备费以建筑安装工程费、设备工器具购置费之和为计算基数。

2.1.2 资产

工程投资完成后就形成企业的资产,依据资产的特性,可分为固定资产、无形资产、流动资产和其他资产。图2.5所示是生产性建设项目投资所形成的资产,可结合图2.1来理解。特别要注意的是,对于一般纳税人(绝大多数企业均是这一类纳税人),投资构成中的增值税(购置固定资产进项税)不形成固定资产原值。

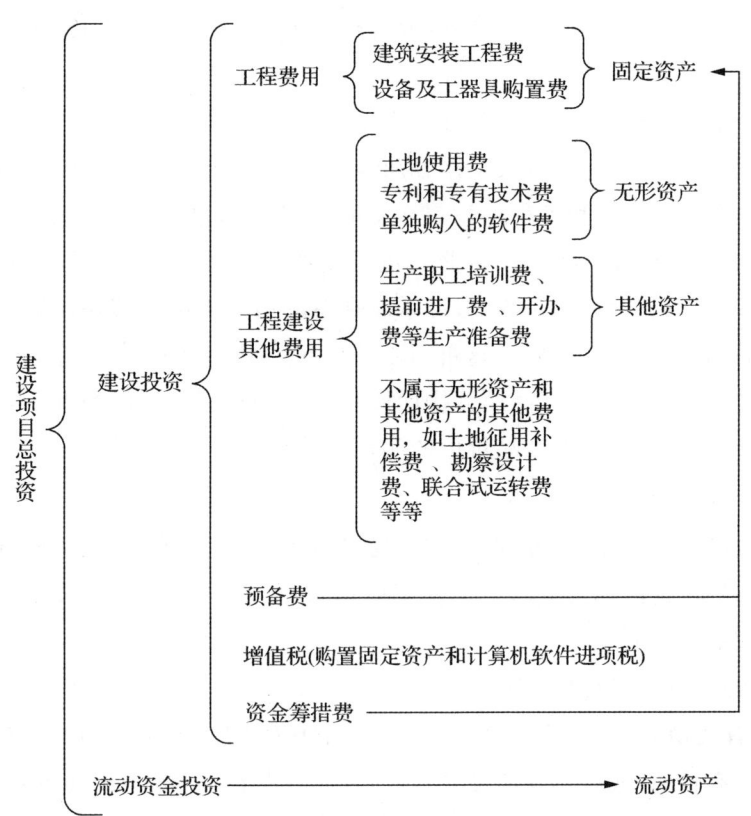

图2.5 投资构成与所形成资产关系图

1) 固定资产

固定资产是企业生产和经营过程中不可缺少的物质条件(劳动资料)。由于劳动资料的单项价值高低悬殊,使用时间也不相同,为便于管理和核算,通常按照劳动资料的单项价值、经济用途、使用时间等标准进行划分。凡达到规定标准的,作为固定资产进行管理和核算;不够规定标准的,作为低值易耗品进行管理和核算。固定资产是指单位价值较高、使用期限较长,并在使用过程中保持原有物质形态的资产。一般来说,企业使用期限超过1年(不含1年)的房屋、建筑物、机器、运输工具及其他与生产、经营有关的设备、器具、工具等资产,均应作为固定资产;不属于生产、经营主要设备的物品,使用期限超过2年的,也作为固定资产管理。固定资产具有以下基本特征:

① 使用期限超过1年且在使用过程中保持原来的物质形态不变;

② 使用寿命是有限的,其价值随着其磨损,以折旧形式逐渐转移到产品中去,并随产品价值的实现分次得到补偿;

③ 用于生产经营活动而不是为了出售,这一特征是区别固定资产与商品等流动资产的重要标志。

2) 流动资产

流动资产是指企业可以在1年内或者超过1年的营业周期内变现或者耗用的资产,属于生产经营过程中短期置存的资产,是企业资产的重要组成部分。流动资产在企业的再生产过程中以各种不同的形态同时存在,具体包括货币资金(如必要的现金、各种存款)、应收及应付款项(包括应收票据、应收账款、其他应收款、预付账款、待摊费用等)、存货和短期投资等。现金和各种存款是企业在生产经营过程中停留于货币形态的那部分资产,它具有流动性强的特点。企业要进行生产经营活动,首先必须拥有一定数量的现金和各种存款,以支付劳动对象、劳动手段和劳动活动方面的费用。通过生产经营过程,将劳动产品销售出去,又获得了这部分资金。流动资产中存货的价值占有较大的比重,它包括企业为销售或制造产品所耗用而储备的一切物资。一般情况下,其价值一次性转移到产品成本中去,并随着产品价值的实现而得到补偿。

3) 无形资产

无形资产是指企业为生产商品或者提供劳务、出租给他人,或为管理目的而持有,没有实物形态的非货币性长期资产。无形资产包括专利权、非专利技术、商标权、著作权、土地使用权等。

无形资产一般具有以下特征:

① 没有实物形态。无形资产体现的是一种权利或获得超额利润的能力,它不具有实物形态却具有价值,或者具有能使企业获得高于同行业一般水平的盈利能力。不具有实物形态是无形资产区别于其他资产的显著标志。

② 能在较长的时期内使企业获得经济利益。无形资产能在多个生产经营期内使用,使企业长期获益。

③ 持有的目的是使用而不是出售。企业持有无形资产的目的是用于生产商品,或提供劳务、出租给他人,或为了管理目的,而不是为了对外销售。脱离了生产经营活动,无形资产就失去了其经济价值。

④ 无形资产能够给企业提供未来经济效益,其产生效益的大小具有较大不确定性,其

经济价值在很大程度上受企业外部因素的影响,预期的获利能力不能准确地加以确定。

4）其他资产

其他资产是指在固定资产、无形资产、流动资产等项目以外的资产,主要包括长期待摊费用和其他长期资产。长期待摊费用是指企业已经支出,但摊销期限在 1 年以上(不含 1 年)的各项费用,包括开办费、租入固定资产的改良支出、固定资产大修理支出、股票发行费用等。其他长期资产是指具有特定用途的、不参加正常生产经营过程的资产,一般包括经国家特批的特准储备物资、银行冻结存款和冻结物资、涉及诉讼中的财产等。

2.2 费用与成本的计算

工程建成后投入使用,即进入运营期。运营期发生的非投资性费用称为年总成本费用,是工程计价分析中的一个基本经济要素,各年的成本费用由生产成本和期间费用组成。

费用和成本都是企业为达到生产经营目的而发生的支出,体现为企业资产的减少或负债的增加,并需要由企业生产经营实现的收入来补偿。企业在一定会计期间内所发生的生产费用是构成产品成本的基础,产品成本是企业为生产一定种类和数量的产品所发生的生产费用的汇集,两者在经济内容上是一致的,并且在一定情况下可以互相转化。成本有多种不同的概念。对于一般纳税人的企业,各类成本均按不含进项增值税价格计算。

从总成本费用的形成过程看,总成本主要由生产成本和期间费用构成,如图 2.6 所示。其中,生产成本主要由直接材料(含燃料、动力)、直接工资及福利、制造费及其他直接支出等部分构成;期间费用则包含管理费用、财务费用和营业费用等。

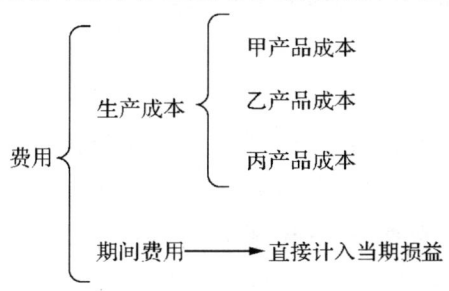

图 2.6 生产成本和期间费用的区别

2.2.1 生产成本的构成

生产成本亦称制造成本,是指企业生产经营过程中实际消耗的直接材料费、直接工资、制造费用、其他直接支出和废品损失。其他直接支出是指直接从事产品生产人员的职工福利费等。其他直接支出和废品损失很少发生,在工程经济分析中一般可以忽略。

1) 直接材料费

直接材料费包括企业生产经营过程中实际消耗的原材料、辅助材料、设备零配件、外购半成品、燃料、动力、包装物、低值易耗品以及其他直接材料费。

2) 直接工资

直接工资包括企业直接从事产品生产人员的工资、奖金、津贴和补贴等。

3) 制造费用

制造费用是指企业各个生产单位(分厂、车间)为组织和管理生产所发生的各项费用,包括生产单位(分厂、车间)管理人员工资、职工福利费、折旧费、维简费、修理费、物料消耗、低值易耗品摊销、劳动保护费、水电费、办公费、差旅费、运输费、保险费、租赁费(含融资租赁费)、设计制图费、试验检验费、环境保护费以及其他制造费用。

2.2.2 期间费用的构成

期间费用是指在一定会计期间发生的、与生产经营没有直接关系或关系不密切的管理费用、财务费用和营业费用。期间费用不计入产品的生产成本,直接体现为当期损益。

1) 管理费用

管理费用是指企业行政管理部门为管理和组织经营活动发生的各项费用,包括:公司经费(工厂总部管理人员工资、职工福利费、差旅费、办公费、折旧费、修理费、物料消耗、低值易耗品摊销以及公司其他经费)、工会经费、职工教育经费、劳动保险费、董事会费、咨询费、顾问费、交际应酬费、税金(指企业按规定支付的房产税、车船税、印花税、城镇土地使用税等)、土地使用费(或海域使用费)、技术转让费、无形资产摊销、开办费摊销、研究发展费以及其他管理费用。

2) 财务费用

财务费用是指企业为筹集资金而发生的各项费用,包括运营期间的利息净支出、汇兑净损失、调剂外汇手续费、金融机构手续费以及在筹资过程中发生的其他财务费用等。

3) 营业费用

营业费用是指企业在销售产品、自制半成品和提供劳务等过程中发生的各项费用以及专设销售机构的各项经费,包括应由企业负担的运输费、装卸费、包装费、保险费、委托代销费、广告费、展览费、租赁费(不包括融资租赁费)和销售服务费用、销售部门人员工资、职工福利费、差旅费、办公费、折旧费、修理费、物料消耗、低值易耗品摊销以及其他经费等。

2.2.3 成本费用的计算

为便于后续计算,在工程经济中将工资及福利费、折旧费、修理费、维简费、摊销费、利息支出进行归并后分别列出,另设一项"其他费用",将制造费用、管理费用、财务费用和营业费用中扣除工资及福利费、折旧费、修理费、摊销费、维简费、利息支出后的费用列入其中。这样,各年成本费用的计算公式为:

$$年成本费用 = 外购原材料成本 + 外购燃料动力成本 + 工资及福利费 + 折旧费 + \\ 修理费 + 维简费 + 摊销费 + 利息支出 + 其他费用 \tag{2.1}$$

外购原材料成本、外购燃料动力成本、修理费及其他费用均按不含进项增值税的价格计算,维简费也只是在矿山类项目经济分析中才涉及。

1) 外购原材料成本计算

原材料成本是成本的重要组成部分,其计算公式如下:

$$原材料成本 = 年产量 \times 单位产品原材料成本 \tag{2.2}$$

2) 外购燃料动力成本计算

燃料动力成本计算公式为:

$$燃料动力成本 = 年产量 \times 单位产品燃料和动力成本 \tag{2.3}$$

3) 工资及福利费计算

如前所述,工资及福利费包括在生产成本、管理费用、营业费用之中。为便于计算和进行经济分析,可将以上各项成本中的工资及福利费单独计算。

(1) 工资

工资的计算可以采取以下两种方法:一是按整个企业的职工定员数和人均年工资额计算年工资总额;二是按照不同的工资级别对职工进行划分,分别估算同一级别职工的工资,然后再加以汇总。一般可分为五个级别,即高级管理人员、中级管理人员、一般管理人员、技术工人和一般工人等。若有国外的技术人员和管理人员,应单独列出。

(2) 福利费

福利费主要包括职工的保险费、医药费、医疗经费、职工生活困难补助以及按国家规定开支的其他职工福利支出,不包括职工福利设施的支出。一般可按职工工资总额的一定比例提取。

4) 折旧费计算

折旧(Depreciation)是指在固定资产的使用过程中,随着资产损耗而逐渐转移到产品成本费用中的那部分价值。将折旧费计入成本费用是企业回收固定资产投资的一种手段。按照国家规定,企业可把已发生的资本性支出转移到产品成本费用中去,然后通过产品的销售,逐步回收初始的投资费用。

根据我国财务会计制度的有关规定，计提折旧的固定资产范围包括：房屋、建筑物；在用的机器设备、仪器仪表、运输车辆、工具器具；季节性停用和修理停用的设备；以经营租赁方式租出的固定资产；以融资租赁方式租入的固定资产。结合我国的企业管理水平，将固定资产分为三大部分、二十二类，按类实行分类折旧。在进行工程项目的经济分析时，可分类计算折旧，也可综合计算折旧，要视项目的具体情况而定。我国现行的固定资产折旧方法，一般采用平均年限法、工作量法、双倍余额递减法和年数总和法。

（1）平均年限法

平均年限法亦称直线折旧法（Straight Line Method），即根据固定资产的原值、估计的准残值率和折旧年限计算折旧。房屋、建筑物和经常使用的机械设备可采用平均年限法计算折旧。其计算公式为：

$$年折旧费 = \frac{原值 - 预计净残值}{折旧年限} = \frac{原值 \times (1 - 预计净残值率)}{折旧年限} \tag{2.4}$$

上式中各项参数的确定方法如下：

① 原值。固定资产原值中除建筑安装工程费、设备工器具购置费外，还包括建设期利息、预备费用以及工程建设其他费用中的土地使用费。

② 预计净残值。《中华人民共和国企业所得税法实施条例》第五十九条规定，企业应当根据固定资产的性质和使用情况，合理确定固定资产的预计净残值。固定资产的预计净残值一经确定，不得变更。预计净残值率是预计的固定资产净残值与固定资产原值的比率，根据行业会计制度规定，固定资产净残值率按照固定资产原值的3%～5%确定。特殊情况，如净残值率低于3%或高于5%的，由企业自主确定，并报主管财政机关备案。在工程项目的经济分析中，由于折旧年限是根据项目的固定资产经济寿命期决定的，因此固定资产的残余价值较大，净残值率一般可选择10%，个别行业，如港口等可选择高于10%的净残值率。

③ 折旧年限。《中华人民共和国企业所得税法实施条例》第六十条规定，固定资产计算折旧的最低年限如下：房屋、建筑物20年；飞机、火车、轮船、机器、机械和其他生产设备10年；飞机、火车、轮船以外的运输工具，为4年；电子设备，为3年。

【例2.1】 某公司购置了一套新型的自动化生产线设备，账面原值为600 000元。依据该设备的技术特性、行业使用经验以及企业的生产规划，预计其可使用年限为5年，预计净残值为30 000元。请使用平均年限法计算该设备每年的折旧额、折旧率，并列出设备使用全过程的折旧计算表。

解： 该项设备年折旧率 $= \dfrac{1 - 30\,000 \div 600\,000}{5} \times 100\% = 19\%$

该项设备年折旧额 = 固定资产原值 × 年折旧率 = 600 000 × 19% = 114 000（元）

其各年折旧费见表2.1所示。

表 2.1 例 2.1 固定资产折旧计算

年限	期初账面净值/元	年折旧率/%	年折旧费/元	累计折旧费/元	期末账面净值/元
1	600 000	19	114 000	114 000	486 000
2	486 000	19	114 000	228 000	372 000
3	372 000	19	114 000	342 000	258 000
4	258 000	19	114 000	456 000	144 000
5	144 000	19	114 000	570 000	30 000

（2）工作量法

工作量法（France Workload Method）是指按实际工作量计提固定资产折旧额的一种方法，弥补了平均年限法只重使用时间，不考虑使用强度的缺点。对于下列专用设备可采用工作量法计提折旧。

① 交通运输企业和其他企业专用车队的客货运汽车，按照行驶里程计算折旧费，其计算公式如下：

$$单位里程折旧费 = \frac{原值 \times (1 - 预计净残值率)}{规定的总行驶里程} \tag{2.5}$$

$$年折旧费 = 单位里程折旧费 \times 年实际行驶里程 \tag{2.6}$$

② 不经营使用的大型专用设备，可根据工作小时计算折旧费，其计算公式如下：

$$每工作小时折旧费 = \frac{原值 \times (1 - 预计净残值率)}{规定的总工作小时} \tag{2.7}$$

$$年折旧费 = 每工作小时折旧费 \times 年实际工作小时 \tag{2.8}$$

【例 2.2】 某运输企业购置了一辆新型货运卡车，入账价值为 800 000 元，预计净残值为 40 000 元。经专业评估，该车预计可行驶总里程为 200 000 km。在投入使用的第一年，实际行驶里程为 40 000 km。请使用工作量法计算该货运卡车第一年的折旧额。

解：

$$单位里程折旧费 = \frac{800\,000 - 40\,000}{200\,000} = 3.8 (元/km)$$

本年折旧费 = 40 000 km × 3.8 元/km = 152 000(元)

（3）双倍余额递减法

双倍余额递减法和年数总和法都属于加速折旧法（Accelerated Depreciation Method），又称递减折旧法，是指在固定资产使用初期提取折旧较多，在后期提取较少，使固定资产价值在使用年限内尽早得到补偿的折旧计算方法。加速折旧的根据是效用递减原理，即固定资产的效用随着其使用寿命的缩短而逐渐降低。因此，当固定资产处于陈旧状态时,效用低,产出小,而维修费用较高,所取得的现金流量较小。这样,按照配比原则的要求,折旧费用应当呈递减的趋势。

双倍余额递减法(Double Declining Balance Method)采用两段式计算。第一段为固定资产使用过程中的前 $n-2$ 年,采用年限平均法折旧率的双倍作为折旧率(公式 2.9),乘以上一年末固定资产的净值得出各年应提的折旧额(公式 2.10);第二段为固定资产使用年限的最后两年,采用直线法,将剩余需要折旧的金额在这两年平均分摊(公式 2.11)。计算公式如下:

1 至 $n-2$ 年

$$年折旧率 = \frac{2}{折旧年限} \times 100\% \tag{2.9}$$

$$年折旧费 = 上年末固定资产净值 \times 年折旧率 \tag{2.10}$$

最后两年(第 $n-1$ 和 n 年)

$$年折旧费 = 剩余固定资产净值/2 \tag{2.11}$$

【例 2.3】 沿用例 2.1,按双倍余额递减法计算折旧。

解:计算双倍直线折旧率:

$$该项设备年折旧率 = \frac{2}{5} \times 100\% = 40\%$$

其余各年折旧费见表 2.2 所示。

表 2.2 例 2.3 固定资产折旧计算

年限	期初账面净值/元	年折旧率/%	年折旧费/元	累计折旧费/元	期末账面净值/元
1	600 000	40	240 000	240 000	360 000
2	360 000	40	144 000	384 000	216 000
3	216 000	40	86 400	470 400	129 600
4	129 600	—	49 800	520 200	79 800
5	79 800	—	49 800	570 000	30 000

(4) 年数总和法

年数总和法(Sum of Years Digits Method),是以固定资产原值扣除预计净残值后的余额作为计提折旧的基础,按照逐年递减的折旧率计提折旧的一种方法。采用年数总和法的关键是每年都要确定一个不同的折旧率。其计算公式为:

$$年折旧率 = \frac{剩余使用年限}{预计使用寿命年数总和} \times 100\% = \frac{折旧年限 - 已使用年数}{折旧年限 \times (折旧年限 + 1) \div 2} \times 100\% \tag{2.12}$$

年折旧费＝(固定资产原值－预计净残值)×年折旧率 (2.13)

在工程项目的经济分析中,一般采用平均年限法通过《固定资产折旧费估算表》计算折旧费。

【例2.4】 仍沿用例2.1,采用年数总和法计算的各年折旧费见表2.3所示。

表2.3 例2.4 固定资产折旧计算

年限	尚可使用年数	原值－净残值/元	变动折旧率	年折旧费/元	累计折旧费/元
1	5	570 000	5/15	190 000	190 000
2	4	570 000	4/15	152 000	342 000
3	3	570 000	3/15	114 000	456 000
4	2	570 000	2/15	76 000	532 000
5	1	570 000	1/15	38 000	570 000

5) 修理费计算

修理费包括大修理费用和中小修理费用。在估算修理费时,一般无法确定修理费具体发生的时间和金额,可按照折旧费的一定比率计算。该比率可参照同行业的经验数据确定。

6) 维简费计算

维简费是指采掘、采伐工业按生产产品数量(采矿按每吨原矿产量,林区按每立方米原木产量)提取的固定资产更新和技术改造资金,即维持简单再生产的资金,简称"维简费"。企业发生的维简费直接计入成本,其计算方法和折旧费相同。这类采掘、采伐企业不计提固定资产折旧。

7) 摊销费计算

摊销费是指无形资产和递延资产在一定期限内分期摊销的费用。计算摊销费采用直线法,并且不留残值。

无形资产是指企业能长期使用而没有实物形态的资产,包括专利权、非专利技术、商标权、商誉、著作权和土地使用权等。递延资产是指应当在运营期内的前几年逐年摊销的各项费用,包括开办费和其他长期待摊费用(包括以经营租赁方式租入的固定资产改良工程支出等)。

8) 运营期利息计算

利息支出是筹集债务资金而发生的费用,包括运营期间发生的利息净支出,即在运营期所发生的建设投资借款利息和流动资金借款利息之和。建设投资借款在运营期发生利息的计算公式为:

每年支付利息＝年初本金累计额×年有效利率 (2.14)

为简化计算,还款当年按年末偿还,全年计息。

银行流动资金贷款按贷款期限分为临时贷款(期限＜3 个月)、短期贷款(3 个月＜期限＜1 年)和中期贷款(1 年＜期限＜3 年)。这里的流动资金主要是用于项目投入运营后正常生产经营中经常性的周转占用和铺底流动资金贷款,因此一般采用中期贷款。在工程经济分析中,如果工程计算寿命期较长,则为简化计算,一般不再考虑中间的流动资金归还和再借,而假定运营初期借入并长期占用,直至工程计算寿命末流动资金退出时归还本金。

流动资金借款利息计算公式为:

$$\text{流动资金利息}=\text{流动资金借款累计金额}\times\text{年有效利率} \tag{2.15}$$

需要引起注意的是,在运营期利息作为当期损益计入工程经济分析的成本费用中,因而当年计算的利息不再参与以后各年利息的计算。

9) 其他费用计算

如前所述,其他费用是指在制造费用、管理费用、财务费用和营业费用中扣除工资及福利费、折旧费、修理费、维简费、摊销费和利息支出后的费用。在工程项目经济分析中,其他费用一般可根据成本中的原材料成本、燃料和动力成本、工资及福利费、折旧费、修理费、维简费及摊销费之和的一定百分比计算,并按照同类企业的经验数据加以确定。

数字资源

2-4 微视频	2-5 知识点拓展	2-6 知识点拓展	2-7 测试

加速折旧法	生产成本	固定资产折旧	本节测验题

2.3 成本分类

2.3.1 经营成本与总成本

(1) 经营成本即运营费用,又称运营成本、付现成本等,是指工程技术方案投入使用后在运行过程中所发生的现金支出,是以现金流量实现为依据的成本耗费。在实际经济分析中,各种方案的经营成本的内容不是一成不变,可根据具体的情况进行确定。对于设备方案来说,经营成本包括运行使用费用(如人工、燃料、动力等)和维修费(如保养、修理等),如果不同型号设备生产相同数量和质量产品所耗用的原材料不同,则可将原材料费用也计入设备经营成本中;对于单纯产品制造方案来说,经营成本包括人工费、原材料费用等;对于如道路、桥梁、房屋等永久性设施方案来说,经营成本包括维护、经常性修补、定期大修等费用;对于综合性的方案,如投资项目,它包含产品、工艺技术、设备、工程等多个方面,其经营成本也是综合性的。

(2)总成本是从企业财务会计角度,核算产品的全部资源耗费,是指在一定时期内(一般为1年)为生产和销售产品或提供服务而发生的全部费用,它由制造成本和期间费用两大部分组成。制造成本是企业生产产品和提供劳务而发生的费用支出,包括直接材料费、直接燃料和动力费、直接工资、其他直接支出和制造费用,直接从企业所取得的产品销售收入中得到补偿。期间费用是指产品销售、企业行政管理和财务管理等方面发生的费用,包括管理费用、财务费用和销售费用三部分,从企业当期的主营业务利润中得到补偿。

投资项目投产后的产品的总成本和经营成本之间的关系见图2.7所示。

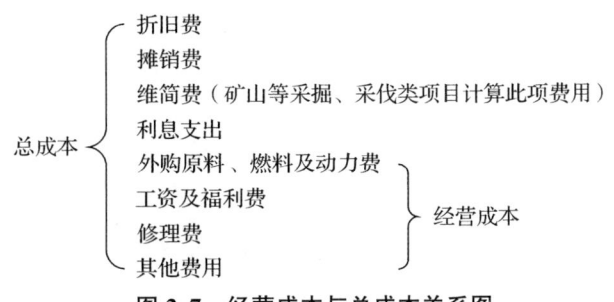

图2.7 经营成本与总成本关系图

产品总成本中包含的固定资产的折旧费、采掘采伐类企业维持简单再生产的维简费和无形资产的摊销费,是对方案初期投资所形成资产的补偿价值。在工程经济分析中,它们并不是现金支出,而只是在方案内部的一种现金转移,由于方案的投资已计入现金流量,如果再将折旧费等计入现金流量,将会发生重复计算。

尽管贷款利息对于企业来说是实际的现金流出,但也没有列入经营成本中。这是因为在不考虑资金来源情况下,考察全部投资(包括资本金投入和负债资金投入)的经济效果时,贷款利息支出属于全部投资内部的现金转移,所以为方便起见,利息支出并不列入经营成本中,当分析中需要考虑利息时,则可在经营成本之外,作为现金流出单独列出。

2.3.2 固定成本与可变成本

从理论上讲,年成本费用可分为固定成本、可变成本和混合成本三大类。固定成本和可变成本的构成见图2.8所示。

(1)固定成本是指在一定生产规模限度内不随产品产量而变动的费用,如工资及福利费(计件工资除外)、修理费、折旧费、维简费、摊销费和其他费用,长期借款利息应视为固定成本,短期借款利息如果用于购置流动资产,可能部分与产品产量相关,其利息可视为半固定半可变,通常为简化计算,也可视为固定成本。

(2)可变成本是指产品成本中随产量变动而变动的费用,亦称为变动成本。它可分为两种情况:一种是随产量变化而呈线性变化的费用,称为比例费用,如原材料费、燃料费等。另一种是随产量变化而呈非线性变化的费用,称为半比例费用,如某些动力费、运输费、计时工资的加班费。

（3）混合成本是指介于固定成本和可变成本之间，既随产量变化又不成正比例变化的成本，又被称为半固定半可变成本，即同时具有固定成本和可变成本的特征。在线性盈亏平衡分析时，要求对混合成本进行分解，以区分出其中的固定成本和可变成本，并分别计入固定成本和可变成本总额之中。在工程项目的经济分析中，为便于计算和分析，可将总成本费用中的原材料费用及燃料和动力费用视为可变成本，其余各项均视为固定成本，为盈亏平衡分析提供前提条件。

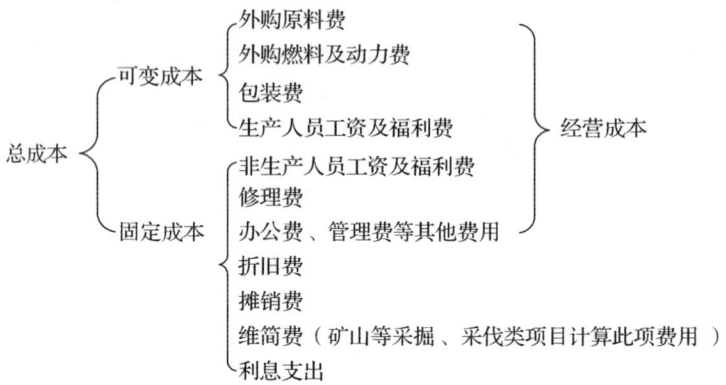

图 2.8　可变成本与固定成本的构成

2.3.3　平均成本与边际成本

（1）平均成本是指产品总成本与产品总产量之比，即单位产品成本。

$$平均成本 = 产品总成本 \div 产品总产量 \tag{2.16}$$

（2）边际成本是经济学上的一个重要名词，是指在一定产量水平下，增加或减少一个单位产量所引起成本总额的变动数，用以判断增减产量在经济上是否合理。由于固定成本与产量增减无关，在短期增减产量决策时，不必考虑固定成本因素，所以边际成本实际上就是产品可变成本。

【例 2.5】　某服装厂主要生产某款时尚 T 恤，3 年前引进了一套先进生产设备，原始购置及调试费用共计 80 万元，按照直线折旧法，年折旧费为 60 000 元。该款 T 恤正常年产量为 30 000 件，生产一件 T 恤的可变成本包含布料、辅料及人工等，总计 25 元/件。目前市场上对该款 T 恤的稳定需求是 20 000 件/年。企业财务核算下来，常规生产条件下每件 T 恤的总成本为 38 元。现有一家电商平台看中这款 T 恤，希望定制一批特供款，出价 30 元/件，订单数量为 8 000 件。但由于特供款需要额外添加一些特殊标识刺绣，这会使每件的可变成本增加 2 元，同时为了赶在电商平台的促销节点前交货，需临时租用一台辅助设备，租金为 10 000 元，仅用于此订单生产。不考虑企业间竞争因素及税收，企业是否应该接受这份订单？

解：首先，计算这份订单的边际成本。

原本生产一件 T 恤的可变成本是 25 元,现在因特供要求增加 2 元,变为 27 元/件,订单量为 8 000 件,所以可变成本增加额为(27×8 000＝216 000)元;再加上临时租用辅助设备的 10 000 元,这份订单的边际成本总计为(216 000＋10 000＝226 000)元。

然后,计算边际收益。

电商平台出价 30 元/件,订单量 8 000 件,边际收益为(30×8 000＝240 000)元。

由于边际收益 240 000 元大于边际成本 226 000 元,所以企业应该接受这份订单。

2.3.4 沉没成本与机会成本

(1) 沉没成本是指本方案实施之前已经发生或者按某种凭证而必须的费用。由于沉没成本是在过去发生的,它并不因为采纳或拒绝某个方案(项目)而改变,因此对决策不应造成影响。例如,已使用多年的设备,其沉没成本是指设备的账面净值与其现时市场价值之差,它与是否选择新设备进行设备更新的决策无关。在进行工程经济方案分析和比选时,不计入沉没成本。

从数量上看,沉没成本可以是整体成本,也可以是部分成本。如果旧资产能变卖出售获得部分价值,那么其账面价值不会全部沉没,只有变现价值低于账面价值的部分才是沉没成本。

(2) 当一种有限的资源具有多种用途时,可能有许多投入这种资源获得相应收益的机会,如果将这种资源置于某种特定用途,必然要放弃其他资源的投入机会,同时也放弃了相应的收益。机会成本就是指将一种具有多种用途的稀缺资源用于该方案放弃的其他用途中的最大收益。例如,一定量的资金用于项目投资,有甲、乙两个项目,若选择甲,就只能放弃乙的投资机会,则乙项目的可能收益即是甲项目的机会成本;一台施工机械用于某工程施工,就失去了出租或用于其他工程的现金收益。工程经济分析中要计入机会成本。

机会成本是在工程方案外部形成的,不能从该工程方案财务上直接表现出来,必须通过经济分析人员的分析工作,才能确定工程方案的机会成本。机会成本虽不是实际支出,但在工程经济分析时应作为一个因素加以认真考虑,才能保证经济决策的正确性。

2.3.5 全寿命周期成本

全寿命周期成本(Life Cycle Cost,LCC)是一种系统的经济分析思想,又称全寿命期费用,是指技术方案在其寿命周期内发生的全部费用,包括初期的方案研究开发、设计制造到使用期间运行费和维护费直至寿命结束时的全部成本支出。如对于房地产项目的成本分析,不仅需要研究建设阶段的一次性成本,而且需要考虑项目竣工验收后,使用阶段的运行、养护以及维修等长期支出。

全寿命周期成本可分为初始成本、经营成本和替换成本三类,每类成本又包含若干子项,其计算公式为:

$$LCC = C_0 + \sum_{t=1}^{n} \frac{1}{(1+i)^t}(C_t + C_r) \qquad (2.17)$$

式中：C_0——初始成本；

C_t——经营成本；

C_r——替换成本；

i——项目的基准收益率；

n——项目的寿命周期。

如某五星级高档酒店项目的初始成本包括土地购买成本、建安费、财务成本等；每年的运营成本包括日常管理成本、设备维护检查成本、维修成本等；替换成本包括主要设备每5年更换一次的成本、系统升级更新成本等。

---数字资源---

2-8 微视频
工程总成本与经营成本

2-9 微视频
可变成本、边际成本与沉没成本

2-10 知识点拓展
沉没成本

2-11 学生课程报告
风险决策时非理性判断前景理论

2-12 学生课程报告
生态建筑与传统建筑的全寿命周期成本分析

2-13 测试
本节测验题

2.4 收入、营业税金及附加

2.4.1 收入的概念及计算

1) 营业收入

营业收入是项目建成投产后收回投资、补偿成本、上缴税金、偿还债务、保证企业再生产正常进行的前提。它是估算利润总额、增值税的基础数据。营业收入是经济分析的重要数据，其估算的准确性极大地影响着项目的经济评价。营业收入的计算既需要正确估计各年生产能力利用率（生产负荷或开工率）基础上的产品年销售量（或服务量），也需要合理确定产品或服务的价格。营业收入的计算公式如下：

$$年营业收入 = 产品销售单价 \times 产品年销售量 \qquad (2.18)$$

在建设项目经济分析中，产品年销售量应根据市场行情，采用科学的预测方法确定。产品销售单价一般采用出厂价格，也可根据需要选用送达用户的价格。

2) 销售价格

估算营业收入，产品销售价格是一个很重要的因素，一般可在以下三种价格中进行选择。

(1) 口岸价格

如果项目产品是出口产品，或者是替代进口产品，或者是间接出口产品，可以口岸价格为基础确定销售价格。出口产品和间接出口产品可选择离岸价格（FOB），替代进口产品可选择到岸价格(CIF)。

（2）市场价格

如果同类产品或类似产品已在市场上销售，并且这种产品既与外贸无关，也不是计划控制的范围，则可选择现行市场价格作为项目产品的销售价格。当然，也可以现行市场价格为基础，根据市场供求关系上下浮动作为项目产品的销售价格。

（3）根据预计成本、利润和税金确定的价格

如果拟建项目的产品属于新产品，则可根据下列公式估算其出厂价格。

$$出厂价格 = 产品计划成本 + 产品计划利润 + 产品计划税金 \quad (2.19)$$

其中

$$产品计划利润 = 产品计划成本 \times 产品成本利润率 \quad (2.20)$$

$$产品计划税金 = \frac{(产品计划成本 + 产品计划利润)}{1 - 税率} \times 税率 \quad (2.21)$$

以上几种情况，当难以确定采用哪一种价格时，可考虑以可供选择方案中价格最低的一种作为项目产品的销售价格。

3）产品年销售量

在工程经济分析中，应首先根据市场需求预测确定项目产品的市场份额，进而合理确定企业的生产规模，再根据企业的设计生产能力确定年产量。在现实经济生活中，产品年销售量不一定等于年产量，这主要是因市场波动而引起的产量与销售量的差别。但在工程项目经济分析中，难以准确地估算出由于市场波动引起的库存量变化。因此，在估算营业收入时，不考虑项目的库存情况，假设当年生产出来的产品当年全部售出，根据项目投产后各年的生产负荷确定各年的销售量。

2.4.2 营业税金及附加

税金是指企业投资活动和经营活动过程中向国家交纳的税收，是国家为满足社会公众需要，依据其社会职能，按照法律规定，强制地、无偿地参与社会产品分配的一种方式。

营业税金主要有增值税、消费税、城市维护建设税、资源税等。附加是指教育费附加和地方教育附加，其征收的环节和计费的依据类似于城市维护建设税。

1）增值税

增值税是对我国境内销售货物、进口货物以及提供加工、修理修配劳务的单位和个人，就其取得货物的销售额、进口货物金额、应税劳务收入额计算税款，并实行税款抵扣制的一种流转税。

对一般纳税人而言，纳税人销售货物、劳务、有形动产租赁服务或者进口货物，适用基本税率13%。纳税人销售交通运输、邮政、基础电信、建筑、不动产租赁服务、与人民生活密切相关的基本生活用品、不动产、转让土地使用权，适用较低税率9%。纳税人销售

服务、无形资产以及增值电信服务,除另有规定外,适用低税率6%。纳税人出口货物、劳务等,适用零税率。

一般纳税人缴纳增值税可按下列公式计算:

$$增值税应纳税额 = 销项税额 - 进项税额 \tag{2.22}$$

式中,销项税额是指纳税人销售货物或提供应税劳务,按照销售额和增值税税率计算并向购买方收取的增值税额,其计算公式为:

$$\begin{aligned}销项税额 &= 销售额 \times 增值税税率 \\ &= \frac{营业收入(含税销售额)}{1+增值税税率} \times 增值税税率\end{aligned} \tag{2.23}$$

进项税额是指纳税人购进货物或接受应税劳务所支付或者负担的增值税额,其计算公式为:

$$进项税额 = \frac{外购原材料、燃料及动力费}{1+增值税税率} \times 增值税税率 \tag{2.24}$$

2) 消费税

消费税是在普遍征收增值税的基础上,立足国家经济发展水平,根据消费政策、产业政策,有选择地对部分消费品征收的一种特殊的税种。目前,我国的消费税共设15个税目。消费税的税率有定额税率和比例税率两种。对于供求基本平衡、价格差异不大、计量单位规范的消费品,选择计税简便的定额税率,如黄酒、啤酒、成品油等,计算如公式2.25;对于供求矛盾突出、价格差异较大、计量单位不规范的消费品,选择税价联动的比例税率,如烟、白酒、化妆品、鞭炮、焰火、贵重首饰及珠宝玉石、摩托车、小汽车等,税率为1%~40%不等,计算如公式2.26。

$$应纳税额 = 应税消费品销售额 \times 定额税率 \tag{2.25}$$

$$\begin{aligned}应纳税额 &= 应税消费品销售额 \times 比例税率 \\ &= \frac{销售收入(含增值税)}{1+增值税税率} \times 比例税率\end{aligned} \tag{2.26}$$

3) 城市维护建设税

城市维护建设税是以增值税和消费税额为计税依据征收的一种附加税。城市维护建设税按纳税人所在地区实行差别税率:项目所在地为市区的,税率为7%;项目所在地为县城、建制镇的,税率为5%;项目所在地为乡村的,税率为1%。

城市维护建设税以纳税人实际缴纳的增值税和消费税额为计税依据,其应纳税额计算公式为:

$$应纳税额 = (增值税 + 消费税) \times 适用税率 \tag{2.27}$$

城市维护建设税是工程建设项目现金流量中的现金流出项。

4) 教育费附加

教育费附加是为了加快地方教育事业的发展，扩大地方教育经费的资金来源而开征的一种附加费。根据有关规定，凡缴纳消费税、增值税的单位和个人，都是教育费附加的缴纳人。教育费附加随消费税、增值税同时缴纳。教育费附加的计征依据是各缴纳人实际缴纳的消费税、增值税的税额，征收率为3%。其计算公式为：

$$应纳教育费附加额 = (增值税 + 消费税) \times 3\% \tag{2.28}$$

教育费附加是工程建设项目现金流量中的现金流出项。

5) 地方教育附加

地方教育附加是为增加地方教育的资金投入，促进各地教育事业发展，开征的一项政府基金。地方教育附加征收标准统一为单位和个人实际缴纳的增值税和消费税税额的2%。其计算公式为：

$$地方教育附加 = (增值税 + 消费税) \times 2\% \tag{2.29}$$

地方教育附加是工程建设项目现金流量中的现金流出项。

【例2.6】 某县城的一家制造企业，在2024年8月实际缴纳增值税80万元，消费税40万元。试计算该企业应缴纳的教育费附加、地方教育附加之和。

解： 应缴纳的教育费附加和地方教育附加 = (80+40) × (3%+2%) = 6(万元)

6) 资源税

资源税是以原油、天然气、煤炭、金属或非金属矿、盐和水资源等各种应税自然资源为课税对象，为了调节资源级差收入并体现国有资源有偿使用而征收的一种税。资源税采用从价定率和从量定额征收，因此，其税率形式有比例税率和定额税率两种。目前，比例税率为1%~27%不等。

从价定率征收资源税的应纳税额计算公式为：

$$应纳税额 = 销售额 \times 适用税率 \tag{2.30}$$

从量定额征收资源税的应纳税额计算公式为：

$$应纳税额 = 课税数量 \times 单位税额 \tag{2.31}$$

课税数量是指，纳税人开采或者生产应税产品用于销售的，以销售数量为课税数量；纳税人开采或者生产应税产品自用的，以自用数量为课税数量。

资源税是工程建设项目现金流量中的现金流出项。

7) 财产税类

财产税类中重要的两项为房产税和车船使用税。房产税是以房屋为征税对象，按照房屋的计税余值或租金收入为计税依据,向产权所有人征收的一种税。车船使用税又称车船税,是以车船为特征对象,向车辆、船舶的所有人或者管理人征收的一种税。

8) 行为税类

印花税是行为税类里面重要的一项。印花税是对经济活动和经济交往中订立、领受具有法律效力的凭证(如合同、产权转移书据、营业账簿等)的行为所征收的一种税。

数字资源

2-14 知识点拓展

营业收入

2.5 利润与企业所得税

2.5.1 利润总额

利润是企业在一定时期内全部生产经营活动的最终成果,是反映企业经营绩效的核心指标。利润总额又称为所得税前利润,常简称为"税前利润",其估算公式为:

$$利润总额 = 营业收入(含增值税) - 增值税及附加 - 总成本费用 \tag{2.32}$$

2.5.2 所得税

根据税法的规定,企业取得利润后,先向国家缴纳所得税,即凡在我国境内实行独立经营核算的各类企业或者组织者,其来源于我国境内、境外的生产、经营所得和其他所得,均应依法缴纳企业所得税。所得税是现金流出项。

企业所得税以应纳税所得额为计税依据。纳税人每一纳税年度的收入总额减去准予扣除项目的余额,为应纳税所得额。纳税人发生年度亏损的,可用下一纳税年度的所得弥补;下一纳税年度的所得不足弥补的,可以逐年延续弥补,但是延续弥补期最长不得超过5年。

企业所得税的应纳税额计算公式如下:

$$所得税应纳税额 = 应纳税所得额 \times 25\% \tag{2.33}$$

在工程项目的经济分析中,一般是按照利润总额作为企业所得,乘以25%税率计算所得税,即:

$$所得税应纳税额 = 利润总额 \times 25\% \tag{2.34}$$

2.5.3 净利润的分配

净利润是指利润总额扣除所得税后的差额,又称为所得税后利润,常简称为"税后利润"。其计算公式为:

$$净利润 = 利润总额 - 所得税 \tag{2.35}$$

缴纳所得税后的净利润,一般按照以下顺序分配:

1) 弥补企业以前年度亏损

按照税法的规定,企业发生的年度亏损,可以用下一纳税年度所得税前的利润弥补;下一纳税年度的所得不足弥补的,可以逐年延续弥补。延续弥补最长不得超过5年,5年后用税后利润弥补。

2) 提取企业公积金

企业当期实现的净利润,加上年初未分配利润(或减去年初未弥补的亏损)和其他转入后的余额,为可供分配的利润。企业可供分配的利润,按照下列顺序进行分配:

(1) 提取法定盈余公积金。法定盈余公积金的提取比例,在其金额累计达到注册资本的50%以前,按照可供分配的净利润的10%提取,达到注册资本的50%,可以不再提取。

(2) 提取法定公益金。法定公益金的提取比例,一般为当年实现净利润的5%。

3) 提取任意公积金

任意公积金指企业经股东大会或类似机构批准,按照规定的比例从净利润中提取。任意公积金与法定公积金的区别就在于其提取比例由企业自主决定。

4) 向投资者分配利润或股利

剩余的利润可按照顺序向投资者分配:

(1) 应付优先股股利。应付优先股股利是指企业按照利润分配方案分配给优先股股东的现金股利。

(2) 应付普通股股利。应付普通股股利是指企业按照利润分配方案分配给普通股股东的现金股利。企业分配给投资者的利润,也在本项目核算。

(3) 转作资本(或股本)的普通股股利。转作资本(或股本)的普通股股利是指企业按照利润分配方案以分派股票股利的形式转作的资本(或股本)。企业以利润转作的资本,也在本项目核算。

5) 未分配利润

可供投资者分配的利润,经过上述分配后,所余部分为未分配利润(或未弥补亏损)。未分配利润可留待以后年度进行分配。企业未分配的利润,应当在资产负债表的所有者权益项目中单独反映。

数字资源

2-15 微视频	2-16 知识点拓展	2-17 学生课程报告	2-18 测试

收入、税金和利润	盈余公积金	某服装创业项目成本分析	本节测验题

2.6 工程经济要素的关系及现金流构成

2.6.1 投资、资产和成本的关系

项目建设必须筹集一定数量的资金,以满足其投资的需求。在市场经济条件下,投资资金来源主要由两部分组成:一部分是资本金,它是投资者以自有资金投入的权益性资金;另一部分是债务资金,它是从金融市场借入的资金。投资(包括资金来源)和投资所形成的资产及项目(工程方案)投入运营后的产出产品的成本之间的关系可用图 2.9 来概要地表述。

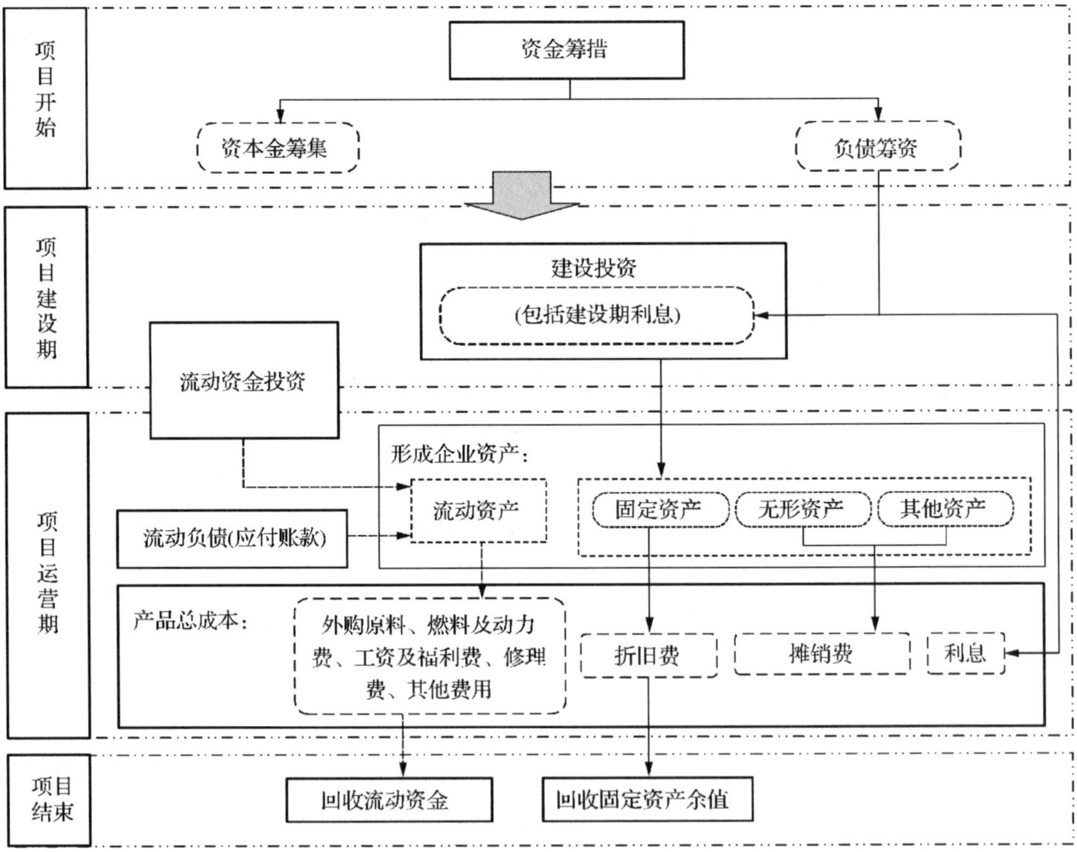

图 2.9 投资、资产、成本关系图

2.6.2 营业收入、总成本费用、税金和利润的关系

营业收入、总成本费用、税金和利润之间的关系反映了企业财务运行的核心逻辑。企业通过营业收入获取资金来源,在扣除生产经营中的各项成本和费用后,计算出税前利润,并进一步缴纳所得税,最终形成利润总额。利润总额则包括净利润、盈余公积金等多个组成部分,用于企业的再投资、股东分配或留存发展。这一关系清晰地揭示了企业从收入到利润分配的财务流转过程。营业收入、总成本费用、税金和利润的关系如表2.4所示。

表 2.4 营业收入、总成本费用、税金和利润的关系表

营业收入	营业税及附加	增值税	
		消费税	
		城市维护建设税	
		教育费附加及资源税	
	总成本费用	折旧费、维简费、摊销费	
		利息支出	
		外购原材料、燃料及动力费	
		修理费	
		工资及福利费	
		其他费用	
	利润总额	所得税	
		净利润	盈余公积金(含公益金)
			应付利润
			未分配利润

2.6.3 工程投资方案现金流

现金流是工程方案经济分析的基础。现金流量构成按"收付实现制"原则,以实施该方案而实际发生的当期现金流为准,即由实施该方案而引起的增加现金收入作为现金流入,引起的增加的现金支出作为现金流出。

如果不分方案资金来源,从全部投资(包括资本金投资和负债投资)收益角度来考察,方案的现金流构成如图 2.10 所示。运营期的净现金流量是全部投资的净收益,是对全部投资的回报。

从投资者资本金投资收益角度来考察,方案的资本金投资的现金流和资本金投资收益关系如图 2.11 所示。建设期的全部投资资金与借入资金的差额就是投资者的权益投资资金(资本金投入),运营期每年的净现金流量就是资本金投资的净收益,是对权益投资的回报。

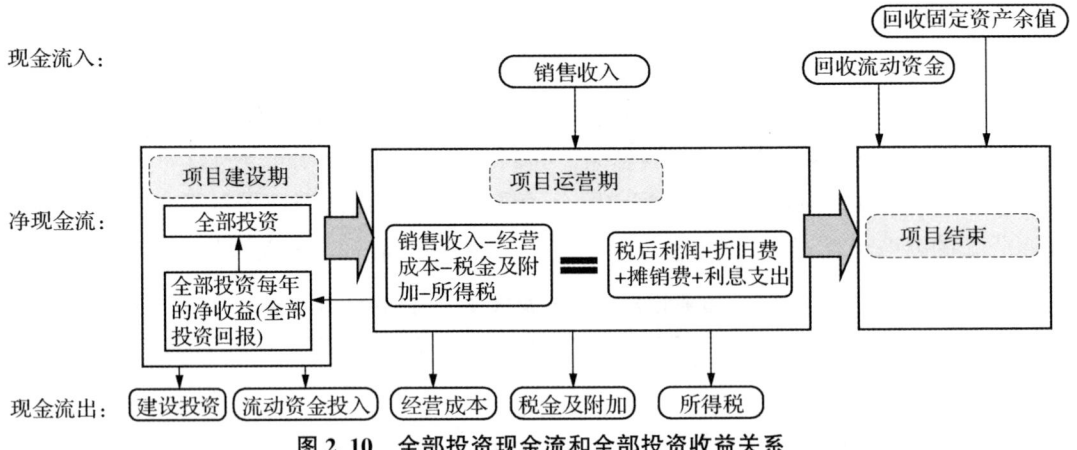

图 2.10 全部投资现金流和全部投资收益关系

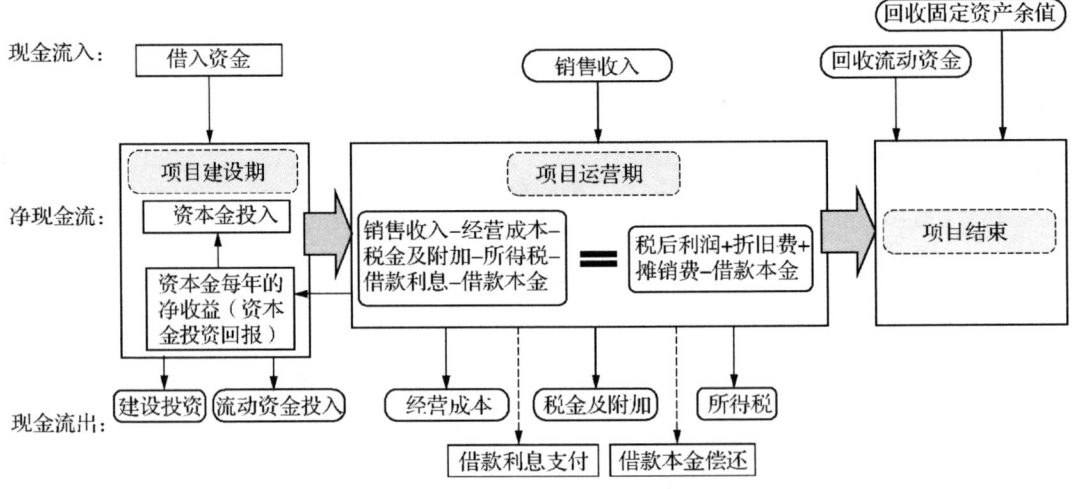

图 2.11 资本金投资现金流和资本金投资收益关系

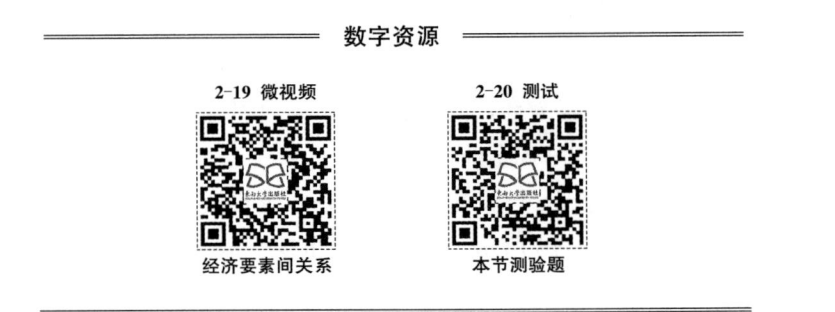

习题

1. 分析投资、资本和成本之间的关系。
2. 简述总成本、经营成本、固定成本、可变成本之间的关系。
3. 分析销售收入、总成本、税金、利润之间的关系。

4. 某台设备原价为 150 000 元,若折旧年限为 8 年,残值为 6 000 元,试分别用平均年限法、双倍余额递减法、年数总和法计算各年的折旧额。

5. 某工厂建设项目,取得专利权及商标权花费 220 万元,该项目在建设期间的开办费为 60 万元。无形资产摊销期限为 8 年,递延资产摊销期限为 4 年,试求运营期第 4 年和第 10 年这两项的摊销费。

6. 某洗衣机厂某月向某商品批发公司销售洗衣机 500 台,每台销售价 950 元(不含税);向某零商店销售洗衣机,营业收入 150 000 元;外购机器设备 1 台,含税价格为 200 000 元;外购洗衣机零配件支付 50 000 元(含税)。增值税税率为 13%,试求该洗衣机厂当月应缴纳的增值税税额。

7. 某国有工业企业,2024 年度生产经营情况如下:
(1) 销售收入 5 000 万元,销售成本 3 600 万元,主营业务税金及附加 140 万元。
(2) 其他业务收入 70 万元,其他业务支出 50 万元。
(3) 发生营业费用 300 万元,管理费用 500 万元,财务费用 200 万元。
(4) 发生营业外支出 160 万元。
(5) 投资收益 9 万元。
试计算该企业 2024 年应缴纳的所得税。

8. 某新建项目,建设期为 3 年,第一年贷款 300 万元,第二年贷款 400 万元,第三年贷款 300 万元,年利率为 6%。试用复利法理论计算建设期借款利息。

9. 某拟建项目设计生产能力 20 万 t 产品,每吨产品消耗原材料 1.5 t,原料价格为 800 元/t,每吨产品耗费的燃料及动力费 120 元、包装费 250 元、生产人员计件工资 600 元,非生产人员工资及福利费 120 万元/年,年修理费 250 万元,销售费、管理费等其他费用 350 万元/年,年折旧费、摊销费分别为 1 200 万元、150 万元,年利息 500 万元。

(1) 预计其投资运营后产品年产量(销量)为 12 万 t,则该项目投入运营后,每年的总成本、经营成本、固定成本、可变成本分别为多少?

(2) 若投入运营后,其中某一年正常订单仍为 12 万 t,但在下半年额外获得了一笔 3 万 t 的新订单,试计算该年的平均成本及这笔订单的产品边际成本。

(3) 在(2)中,若该笔新订单的不含税总价 7 000 万元,是否接受这笔订单?为什么?

10. 某项目建设投资 2 000 万元(不含建设期利息和增值税),其中土地使用费为 500 万元,建设期为 1 年,流动资金投资 500 万元。建成后,除土地使用权费用外,其余建设投资全部形成固定资产。固定资产折旧期 15 年,净残值 100 万元;无形资产摊销期为 5 年。建设投资中有 1 100 万元来自建设单位投入的资本金(其中 100 万元用于支付建设期利息),其余银行贷款(建设期年初借入),年有效利率为 10%,银行还款按五年后一次性还本、利息当年结清方式。流动资金来源为资本金。项目建成后,生产期第 1 年销售收入为 2 100 万元,外购原料、燃料及动力费 500 万元,工资及福利费 300 万元,修理费 100 万元,其他费用 200 万元,年税金及附加为 180 万元,所得税率为 25%。计算生产期第 1 年利润总额、所得税及税后利润、全部投资净收益(回报)和资本金投资净收益(权益投资回报)。

3 工程经济性判断的基本指标

在工程经济研究中,经济评价是在拟订建设项目方案、投资估算和融资方案的基础上,对建设项目方案计算期内各种有关技术经济因素和方案投入与产出的有关财务、经济资料数据进行调查、分析、预测,对建设项目方案的经济效果进行计算、评价。经济评价是工程经济分析的核心内容。其目的在于明确建设方案投资的经济效果水平,确保决策的正确性和科学性,避免或最大限度地减少建设项目投资的风险,提高建设项目投资的综合经济效益。本章对各项目经济评价指标的概念、经济意义、应用条件、判别准则等进行详细介绍和讨论。

3.1 工程经济性评价指标体系

投资项目评价是从工程、技术、经济、资源、环境、政治、国防和社会等多方面对项目方案进行全面的、系统的、综合的技术经济分析、比较、论证和评价,从多种可行方案中选择出最优方案。经济评价是投资项目评价的核心内容之一,不仅关系项目的经济效益,还涉及对项目整体价值的综合考量。

经济评价指标(Economic Evaluation Index)是在投资决策时比较不同投资方案的经济效益、衡量经济效果的指标,是工程经济分析的主要手段。根据计算评价指标时是否考虑资金的时间价值,可将评价指标分为静态评价指标和动态评价指标,如图3.1所示。静态评价指标是在不考虑时间因素对货币价值影响的情况下,通过投资、收益、成本、利息和利润等计算出来的经济评价指标。静态评价指标的最大特点是计算简便,适于评价短期投资项目和逐年收益大致相等的项目,另外,对工程开展项目规划、机会研究、编制项目建议书时进行的概略经济评价也常采用静态评价指标。动态评价指标是在分析项目或方案的经济效益时,对发生在不同时点的现金流量进行等值化处理后得到的评价指标。动态评价指标能较全面地反映投资方案整个计算期的经济效果,适用于对项目整体效益评价的融资前分析,或对计算期较长以及处在终评阶段的技术方案进行评价。

在工程项目评价中,根据评价指标的性质,也可将评价指标分为盈利能力分析指标、清偿能力分析指标和财务生存能力分析指标,如图3.2所示。盈利能力分析指标反映方案所具有的获取回报的能力,其高低反映着方案占用资源的增值能力,即回报能力;清偿能力分析指标反映方案在运行中清偿债务资本的能力;财务生存能力分析指标反映项目财务现状支持项目运营的能力。

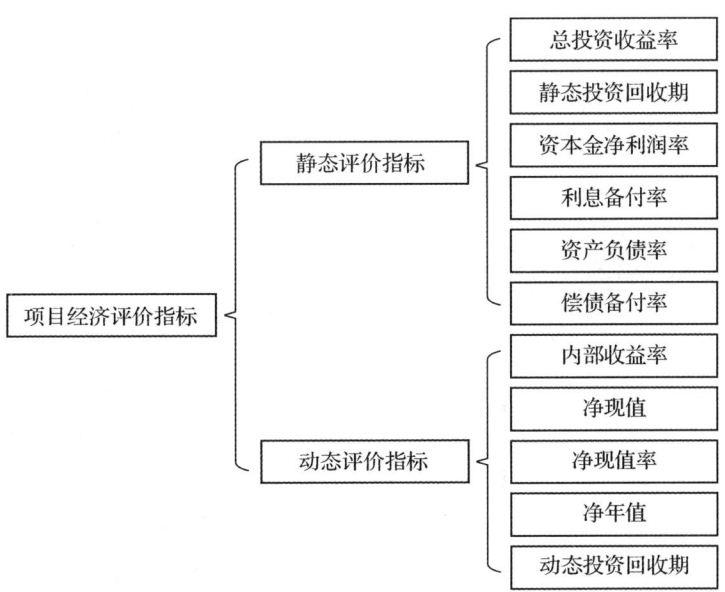

图 3.1　项目经济评价指标体系(根据是否考虑资金时间价值分类)

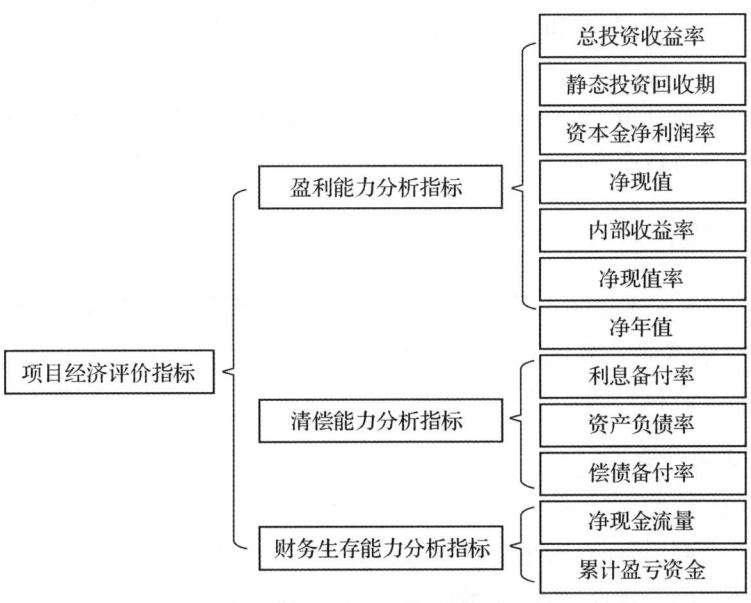

图 3.2　项目经济评价指标体系(根据指标性质分类)

评价指标按其经济性质也可分为时间型指标、价值型指标和效率型指标,如图3.3所示。时间型指标以时间量来衡量方案的经济效益状况,价值型指标以货币量(价值量)为衡量方案经济效益的尺度,效率型指标反映方案消耗或占用资源的使用效率。

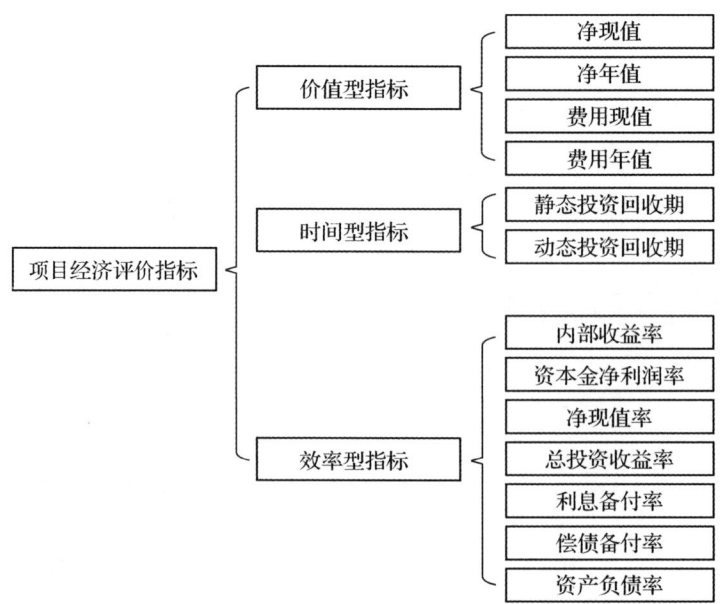

图 3.3 项目经济评价指标体系(根据经济性质分类)

由于工程项目的复杂性和评价目标的多样性,在开展经济性评价时:一要根据需要科学、恰当地选用具体评价指标,以保证准确衡量方案的经济效益状况;二要把多个指标结合起来使用,取长补短,达到全面评价的目的。国内外提出的建设项目的经济评价指标有很多,本章重点介绍几种常用的评价指标。

3.2 投资回收期

投资回收期(P_t—Payback Time of Investment),也叫返本期,是指用方案所产生的净收益补偿初始投资所需要的时间,是反映项目投资回收能力的重要指标。根据是否考虑资金的时间价值,投资回收期可分为静态投资回收期和动态投资回收期。

3.2.1 静态投资回收期

1) 概念及计算

项目静态投资回收期是在不考虑资金时间价值的条件下,以项目的净收益回收其总投资(包括建设投资和流动资金)所需要的时间,一般以年为单位。项目投资回收期宜从项目建设开始年算起,若从项目投产开始年算起,应予以特别注明。静态投资回收期 P_t 应满足下式:

$$\sum_{t=0}^{P_t}(CI-CO)_t=0 \tag{3.1}$$

式中:P_t——静态投资回收期;
CI——现金流入量;

CO——现金流出量；

$(CI-CO)_t$——第 t 年时点的净现金流量。

静态投资回收期可借助项目投资现金流量表,根据净现金流量计算,其具体计算又分以下两种情况:

(1)当项目建成投产后各年的净收益均相同时,静态投资回收期的计算公式为:

$$P_t = \frac{I}{R} \tag{3.2}$$

式中:I——总投资;

R——每年的净收益,即 $R=(CI-CO)_t$。

【例3.1】 某建设项目估计总投资 2 880 万元,项目建成后各年净收益为 320 万元,则该项目的静态回收期为:

$$P_t = \frac{2880}{320} = 9(年)$$

(2)当项目建成投产后各年的净收益不相同时,静态投资回收期可根据累计净现金流量求得,即为图 3.4 中的累计现金流量曲线与时间轴的交点,也就是在项目投资现金流量表中累计净现金流量由负值变为零的时点。如果静态投资回收期不正好是某一自然年份数,可以采用式(3.3)进行插值计算。

$$P_t = 累计净现金流量出现正值的年份数 - 1 + \frac{|上一年的累计净现金流量|}{当年的净现金流量} \tag{3.3}$$

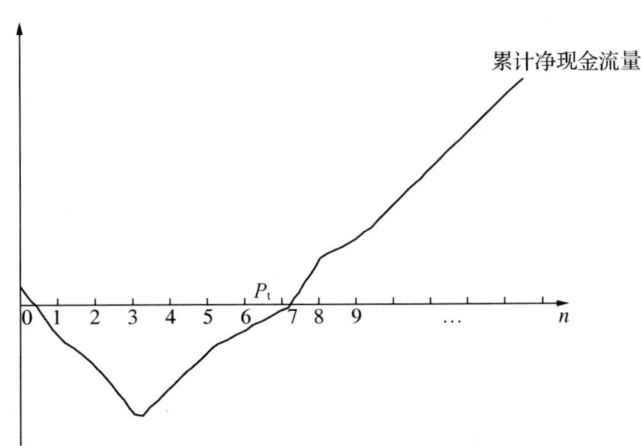

图 3.4 某项目的累计净现金流图

【例3.2】 某高端装备制造项目现金流量如表 3.1 所示,计算该项目的静态投资回收期。

解:表 3.1 是累计净现金流量的计算过程。

表 3.1　高端装备制造项目现金流量表　　　　　　　　单位:万元

年末	0	1	2	3	4	5	6	7	8	9	10
净现金流量	-1 000	250	230	200	200	200	150	150	150	150	200
累计净现金流量	-1 000	-750	-520	-320	-120	80	230	380	530	680	880

根据式(3.3),可计算出

$$P_t = 5 - 1 + \frac{|-120|}{200} = 4.6(年)$$

即该项目静态投资回收期为 4.6 年。

2) 经济涵义及判别准则

静态投资回收期体现了投资方案三个方面的经济涵义:一是反映投资回收速度的快慢;二是反映投资风险的大小,越是远期的现金流预测越是具有不确定性,所以在投资决策者看来回收期越短,风险就越小;三是反映了投资收益的高低,在初始投资不变的情况下,回收期长短取决于方案各年的净收益的大小,所以它能考察方案的投资盈利能力。

采用静态投资回收期进行经济性评价时的判别基准是基准投资回收期 P_c,P_c 的取值可根据行业水平或投资者的要求确定。行业基准投资回收期是国家根据国民经济各部门、各地区的具体经济条件,按照行业和部门的特点,结合财务会计的制度及规定而颁布,不定期予以修订的建设项目经济评价参数,是对投资方案进行经济评价的重要标准。

投资方案的静态投资回收期 P_t 如果小于或等于预期的基准投资回收期,表明项目投资能在规定的时间内收回,则认为方案在经济上是可以接受的;如果大于基准投资回收期,则认为方案投资回收速度较慢,投资风险较大,即

(1) 若 $P_t \leqslant P_c$,则项目可以考虑接受;

(2) 若 $P_t > P_c$,则项目是不可行的。

3) 静态投资回收期(P_t)指标的优缺点

P_t 的优点:经济意义明确、直观,计算简便(只需要预测既定回收期内的现金流量就可以做出分析评价);在一定程度上反映了投资效果的优劣,所以易于为投资决策者所理解、接受并信赖;可适用于各种投资规模。

P_t 的缺点:只考虑投资回收之前的效果,不能反映回收投资之后的情况,也就无法准确衡量项目投资收益的大小;没有考虑资金的时间价值,因此无法正确地辨识项目的优劣。所以,一般认为 P_t 指标只能作为一个重要的辅助性经济分析指标,而不能直接作为方案取舍的唯一标准。

3.2.2　动态投资回收期

1) 概念及计算

为了克服传统的静态投资回收期不考虑资金时间价值的缺点,动态投资回收期(P'_t)

把项目各年的净现金流量按基准收益率折成现值之后,再来推算投资回收期,又称为折现回收期,其公式如(3.4)所示。当动态投资回收期不正好是某自然年份时,可以采用式(3.5)进行计算。

$$\sum_{t=0}^{P'_t}(CI-CO)_t(1+i_c)^{-t}=0 \tag{3.4}$$

$$P'_t = 累计净现金流量现值出现正值的年份数 - 1 + \frac{|上一年的累计净现金流量现值|}{当年的净现金流量现值} \tag{3.5}$$

【例 3.3】 计算例 3.2 的投资方案的动态投资回收期。已知 $i_c=10\%$。

解:表 3.2 是净现金流量现值和累计净现金流量现值的计算过程。

表 3.2 净现金流量现值和累计净现金流量现值的计算过程　　　单位:万元

年末	0	1	2	3	4	5	6	7	8	9	10
净现金流量	−1 000	250	230	200	200	200	150	150	150	150	200
净现金流量现值	−1 000	227	190	150	137	124	85	77	70	64	77
累计净现金流量现值	−1 000	−773	−583	−433	−296	−172	−87	−10	60	124	201

根据式(3.5),可计算出

$$P'_t = 8 - 1 + \frac{|-10|}{70} = 7.14(年)$$

即该方案动态投资回收期为 7.14 年。

2) 经济涵义及判别准则

动态投资回收期考虑了资金时间价值,它可以理解为:当方案寿命延续到 P'_t 时,方案能收回投资并恰好取得既定的收益率。所以,动态投资回收期是以现值现金流量来计算投资的回收速度,具有静态投资回收期相似的经济涵义。根据 P'_t 指标与方案计算寿命期 n 的关系来对投资方案的经济性做出评价:

(1) 当 $P'_t \leqslant n$(方案计算寿命期)时,则表明方案在计算寿命期内可以收回投资并取得了既定的收益率,所以可认为方案在经济上是可以接受的。

(2) 当 $P'_t > n$ 时,则表明方案在计算寿命期内没有能取得既定的收益率甚至没有能收回投资(要说明的是:若 $P'_t > n$,则并不能计算出 P'_t 值,只能确知其大于 n),所以方案在经济上不可行。

3) 动态投资回收期(P'_t)指标的优缺点

P'_t 的优点:动态投资回收期是考察项目财务上实际投资回收能力的动态指标。它反映了等值回收(而不是等额回收)项目全部投资所需要的时间,因而更具有实际意义。

P'_t 的缺点:动态投资回收期没有考虑回收期以后的经济效果,因此不能全面地反映项目在寿命期内的真实效益,通常只宜进行辅助性评价。

在对投资方案进行初始评估时,或者仅能确定方案计算期早期阶段的现金流时,或者是对于一些技术更新周期快的投资方案进行评估时,动态投资回收期指标是一个比较适用的指标。

数字资源

3-1 微视频
投资回收期

3-2 学生课程报告
某公共建筑节能改造技术经济性分析

3-3 测试
本节测验题

3.3 净现值

3.3.1 概念与计算

净现值(Net Present Value,NPV)是反映投资方案在计算期内获利能力的动态评价指标,是将投资方案各期所发生的净现金流量按既定的折现率(基准投资收益率,介绍详见3.5节)统一折算为现值(计算期起点的值)的代数和。其表达式为:

$$NPV = \sum_{t=0}^{n}(CI-CO)_t(1+i_c)^{-t} \tag{3.6}$$

式中: NPV——净现值;

CI——现金流入;

CO——现金流出;

$(CI-CO)_t$——第 t 年的净现金流量;

n——方案计算寿命期;

i_c——基准收益率。

【例 3.4】 某生产线投资 1 000 万元之后,年销售收入和年运营费用如表 3.3 所示,该生产线预计可使用 10 年,基准收益率为 10%,第 10 年末的残值为 50 万元。试计算该投资方案的净现值。

表 3.3　年销售收入和年运营费用　　　　　　　　　　　　　　　　单位:万元

年度	1	2	3	4	5	6	7	8	9	10
年销售收入	450	430	400	400	400	380	380	380	380	380
年运营费用	200	200	200	200	200	230	230	230	230	230

解:根据题意绘制该投资方案的现金流量如图 3.5(a)所示,并简化其净现金流量图

为图 3.5(b)。

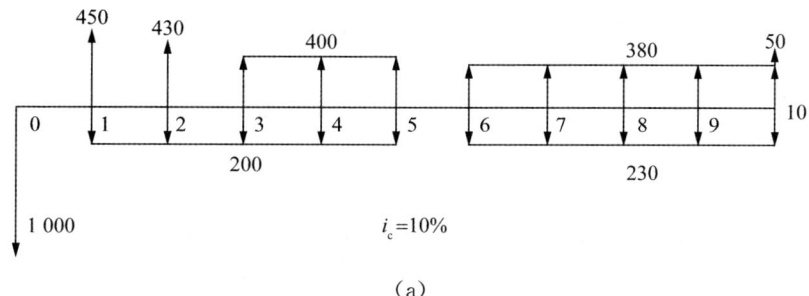

(a)

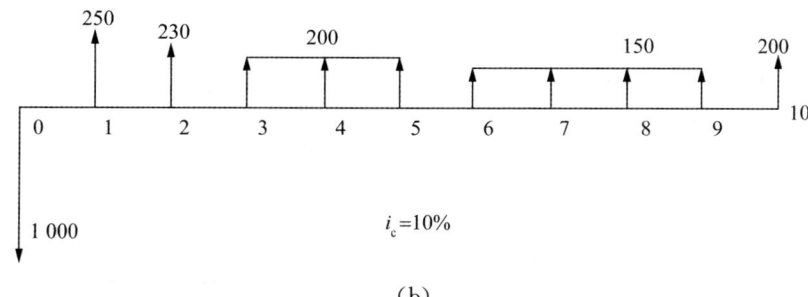

(b)

图 3.5　例 3.4 的现金流量图（单位：万元）

则，该投资方案的净现值为

$$NPV = -1\,000 + 250(P/F,10\%,1) + 230(P/F,10\%,2) + \\ 200(P/A,10\%,3)(P/F,10\%,2) + \\ 150(P/A,10\%,4)(P/F,10\%,5) + 200(P/F,10\%,10) \\ = 200.75(万元)$$

此外，还可以使用 Microsoft Office Excel 中的 NPV 函数进行计算，图 3.6 是利用 Excel 对例 3.4 中方案进行的净现值计算。

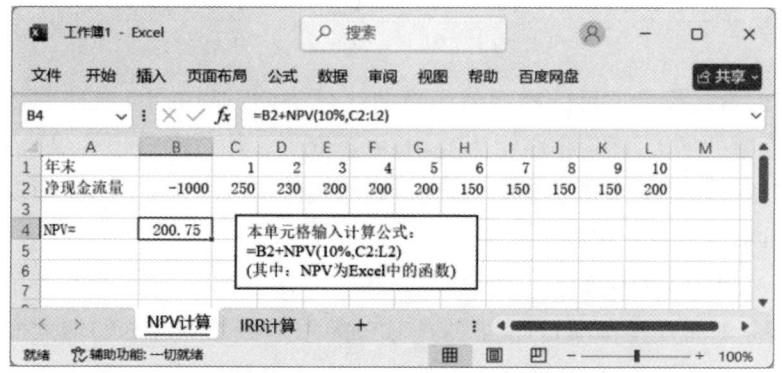

图 3.6　Excel 计算 NPV 示例

3.3.2 判别准则

净现值是评价投资方案盈利能力的重要指标,在进行经济性评价判定时,与 0 进行比较:

(1) 如果方案的 $NPV=0$,表明该方案的实施可以收回投资资金而且恰好取得既定的收益率;

(2) 如果方案的 $NPV>0$,表明该方案不仅收回投资而且取得了比既定收益率更高的收益(即尚有比通常的投资机会更多的收益),其超额部分的现值就是 NPV 值;

(3) 如果方案的 $NPV<0$,表明该方案不能达到既定的收益率甚至不能收回投资。

因此,只有方案的 $NPV \geqslant 0$ 时,方案在经济上才可以接受;若方案的 $NPV<0$,则可认为方案在经济上是不可行的。

根据例 3.4 的计算结果,因其 $NPV=200.75>0$,因此可判断此方案在经济上是可以接受的。

3.3.3 净现值函数

式(3.6)的净现值是以基准投资收益率作为折现率计算的。若折现率为未知数,设为 i,则净现值与 i 为函数关系,称为净现值函数 $NPV(i)$。当用 A_t 表示第 t 年的净现金流量时,$(CI-CO)_t$ 可用 A_t 表示,则净现值的计算公式可以表示为:

$$NPV(i) = \sum_{t=0}^{n}(CI-CO)_t \frac{1}{(1+i)^t} = A_0 + \frac{A_1}{(1+i)} + \frac{A_2}{(1+i)^2} + \cdots + \frac{A_n}{(1+i)^n} \tag{3.7}$$

对于常规投资项目,存在 $A_0<0$,其他 $A_t>0$,$0<i<\infty$,则 $NPV(i)$ 是 i 的连续函数,可以求导。$NPV(i)$ 的一阶导数与二阶导数分别为式(3.8)和式(3.9):

$$\frac{\mathrm{d}NPV(i)}{\mathrm{d}i} = -\left[\frac{A_1}{(1+i)^2} + \frac{2A_2}{(1+i)^3} + \cdots + \frac{nA_n}{(1+i)^{n+1}}\right] \leqslant 0 \tag{3.8}$$

$$\frac{\mathrm{d}^2 NPV(i)}{\mathrm{d}i^2} = \left[\frac{2A_1}{(1+i)^3} + \frac{2 \cdot 3 A_2}{(1+i)^4} + \cdots + \frac{n(n+1)A_n}{(1+i)^{n+2}}\right] \geqslant 0 \tag{3.9}$$

由此可知,常规投资项目的净现值函数曲线是单调下降的,且递减率逐渐减小。即随着基准收益率的增大,净现值将由大变小,由正变负。如以净现值为纵坐标,以折现率为横坐标,将两者函数关系描绘于图上,则得到净现值函数图(图 3.7)。净现值函数图是理解其他一些概念的有效工具。

实际上,$NPV(i)$ 并不总是 i_c 的单调递减函数,会受到 A_t 的大小和正负及项目寿命 n 的影响。但是对常规投资项目而言,$NPV(i)$ 的总趋势是随着 i 的增大而减小。由于 $NPV(i)$ 是 i 的递减函数,故基准收益率定得越高,方案被接受的可能性越小。

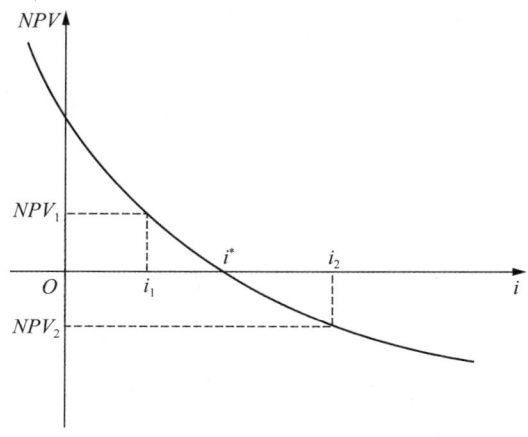

图 3.7 净现值函数曲线

3.3.4 等价指标

净现值是将所有的净现金流量折算到计算期的第一年初,也可以将现金流量折算到任何一个时间点上进行工程经济分析。

(1) 如果将方案各期的净现金流量按基准投资收益率统一折算成终值(方案计算期末)后求代数和,则称为净将来值(Net Future Value,NFV)。表达式为

$$NFV = \sum_{t=0}^{n}(CI-CO)_t(1+i_c)^{n-t} \tag{3.10}$$

例 3.4 中,该方案的净将来值为

$NFV = -1\,000(F/P,10\%,10) + 250(F/P,10\%,9) + 230(F/P,10\%,8)$
$\quad + 200(F/A,10\%,3)(F/P,10\%,5) + 150(F/A,10\%,4)(F/P,10\%,1) + 200$
$= 520.69(万元)$

(2) 如果将方案各期的净现金流量按基准收益率均摊到每期,称为年度等值(Annual Worth,AW)。表达式为:

$$AW = \sum_{t=0}^{n}(CI-CO)_t(1+i_c)^{-t} \times \frac{i_c(1+i_c)^n}{(1+i_c)^n-1} \tag{3.11}$$

例 3.4 中,该方案的年值为

$AW = [-1\,000 + 250(P/F,10\%,1) + 230(P/F,10\%,2) +$
$\quad 200(P/A,10\%,3)(P/F,10\%,2) +$
$\quad 150(P/A,10\%,4)(P/F,10\%,5) + 200(P/F,10\%,10)](A/P,10\%,10)$
$= 32.66(万元)$

同理,可以得到 NFV、AW 与 NPV 具有相同的经济涵义,即当方案的 $NFV \geq 0$ 或

$AW \geqslant 0$ 时,方案在经济上可以接受;若方案的 $NFV<0$ 或 $AW<0$,则可认为方案在经济上不可行。

从式(3.7)、式(3.10)、式(3.11)可以看出,净将来值、年值与净现值三者之间的关系如下三式所示:

$$NFV=NPV(F/P,i_c,n)$$

$$AW=NPV(A/P,i_c,n)$$

$$AW=NFV(A/F,i_c,n)$$

从上述公式可以看出,只要具有实际的经济意义(即 $i_c \geqslant 0$),三个系数 $(F/P,i_c,n)$、$(A/P,i_c,n)$ 和 $(A/F,i_c,n)$ 恒大于 0,则 NPV、NFV 和 AW 将保持一致的正负符号(包括 0)。因此,用它们来评价同一方案会得出一致的结论,一般情况下只需选择其中的一个指标来进行评价。

在实际工作中,一般设定方案寿命期起点作为考察方案经济状况的时点,所以更多地采用净现值指标来评价方案,净将来值用得不多,但如果设定考察方案的经济状况时点为方案寿命期末,则需要计算净将来值指标。年值指标在寿命不等的多方案经济性比较时特别有用。

3.3.5 优缺点分析

NPV 的优点:净现值是一个绝对效果指标,反映的是方案在既定收益率下,收益部分的现值,它全面考虑了方案在整个寿命周期的现金流量和资金成本,并具有深刻的消费和投资理论的思想内涵,是一个非常可靠和适用的经济评价指标。净现值这一指标的经济意义明确,能够直接以货币额表示项目的盈利水平,判别准则清晰直观。净现值适用于项目融资前整体盈利能力分析,可直接用于多方案经济性的比较。

NPV 的缺点:使用净现值指标必须先确定一个符合经济现实的基准投资收益率,而基准投资收益率的确定往往是比较困难的。此外,净现值也不能真正反映项目投资中单位投资的使用效率,不能直接说明在项目运营期间各年的经营成果,也不能反映投资的回收速度。

数字资源

3-4 微视频	3-5 学生课程报告	3-6 测试

净现值、净将来值与年值	四种动力汽车的经济性比较分析	本节测验题

3.4 内部收益率

3.4.1 概念与计算

内部收益率(Internal Rate of Return,IRR)是指使方案在整个计算期内各期净现金流量现值累计之和为零时的折现率,或者说是使得方案净现值为零时的折现率。IRR 满足式下式：

$$NPV(IRR)=\sum_{t=0}^{n}(CI-CO)_t(1+IRR)^{-t}=0 \qquad (3.12)$$

如果通过求解式(3.12)得出 IRR 的值是繁琐的,常采用"线性内插法"做近似计算。如图 3.8 所示,NPV 函数曲线与横轴交点为 IRR,如能在 IRR 的前后各找一个相邻的折现率 i_1 和 i_2,只要 i_1 和 i_2 的绝对误差足够小,在 (i_1,i_2) 区间内,NPV 函数曲线可近似地看作一条直线 AB,其与 i 轴的交点为 i',这就是 IRR 的近似值。在图 3.8 中,因为 $\triangle Ai_1i'$ 和 $\triangle Bi_2i'$ 是相似的,根据相似三角形原理,则有：

$$\frac{\overline{Ai_1}}{\overline{Bi_2}}=\frac{\overline{i_1i'}}{\overline{i'i_2}} \quad 即 \quad \frac{NPV(i_1)}{|NPV(i_2)|}=\frac{i'-i_1}{i_2-i'}$$

则

$$IRR\approx i'=i_1+\frac{NPV(i_1)}{NPV(i_1)+|NPV(i_2)|}\times(i_2-i_1)$$

不失一般性,IRR 可直接用式(3.13)计算。为保证足够的计算精度,通常规定 $|i_2-i_1|\leqslant 3\%$。

$$IRR=i_1+\frac{|NPV(i_1)|}{|NPV(i_1)|+|NPV(i_2)|}\times(i_2-i_1) \qquad (3.13)$$

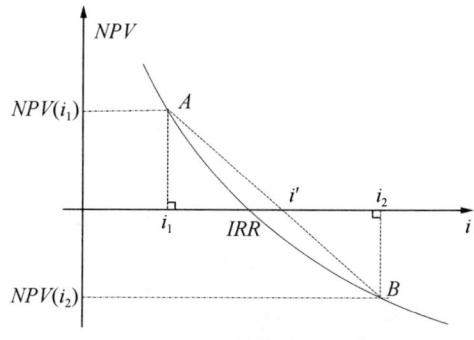

图 3.8 IRR 计算的近似方法

【例 3.5】 对例 3.4 中的方案,用线性内插法计算其 IRR。

解：分别取 $i_1=14\%$，$i_2=15\%$，代入下式计算

$$NPV(i)=1\,000+\frac{250}{1+i}+\frac{230}{(1+i)^2}+200\times\frac{(1+i)^3-1}{i(1+i)^3}\times\frac{1}{(1+i)^2}$$

$$+150\times\frac{(1+i)^4-1}{i(1+i)^4}\times\frac{1}{(1+i)^5}+\frac{200}{(1+i)^{10}}$$

得出，$NPV(14\%)=34.5$ 万元，$NPV(15\%)=-1.06$ 万元，则

$$IRR=14\%+\frac{34.5}{34.5+|-1.06|}\times(15\%-14\%)=14.97\%$$

也可以使用 Microsoft Office Excel 中的 *IRR* 函数进行计算，图 3.9 是利用 Excel 对例 3.5 中方案的 *IRR* 进行计算的过程。

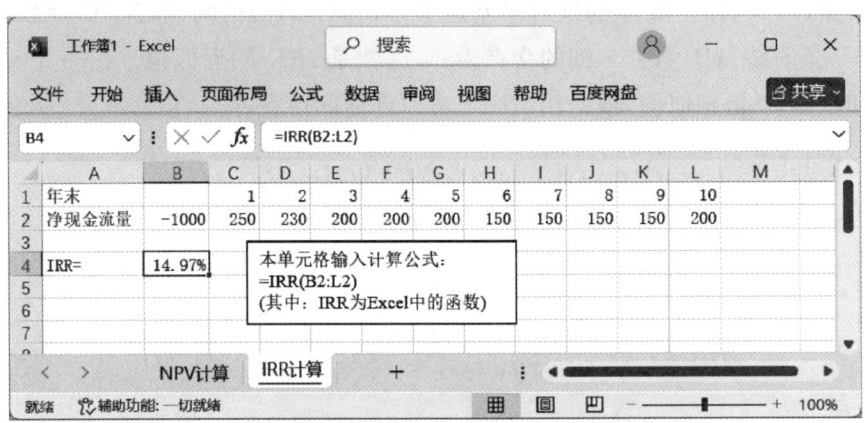

图 3.9 Excel 计算 IRR 示例

3.4.2 判别准则

内部收益率是考察方案盈利能力的最主要效率型指标，它反映方案所占用资金的盈利率(即总是假定在方案计算期的各年内未被收回的投资按 $i=IRR$ 增值)，同时它也反映了方案对投资贷款利率的最大承受能力。由于其大小完全取决于方案本身的初始投资规模和计算期内各年的净收益的多少，而没有考虑其他外部影响，因而称作内部收益率。由于内部收益率反映的是投资方案所能达到的收益率水平，因此它可以直接与基准投资收益率进行比较，分析方案的经济性。

(1) 如果 $IRR=i_c$，表明方案的投资收益率恰好达到既定的收益率；

(2) 如果 $IRR>i_c$，表明方案的投资收益率超过既定的收益率；

(3) 如果 $IRR<i_c$，表明方案的投资收益率未能达到既定的收益率。

所以，根据内部收益指标可对投资方案进行如下的评价：

(1) 当方案的 $IRR\geqslant i_c$ 时，认为方案在经济上是可接受的；

(2) 当方案的 $IRR<i_c$ 时，认为方案在经济上是不可行的。

3.4.3 净现值和内部收益率的关系

前述已知,净现值函数图中 NPV 函数曲线与横轴 i 的交点即为 IRR,因此借助 NPV 函数图来进一步分析。图 3.10 所示为具有常规现金流量的某投资方案 NPV 函数图,若基准收益率分别取为 r_0、r_1 和 r_2,那么:

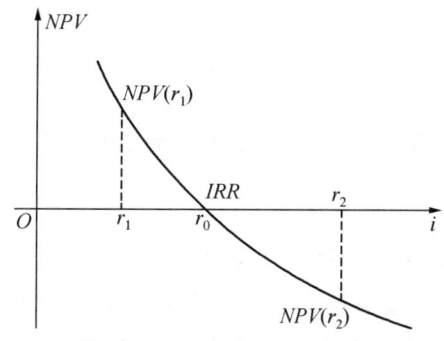

图 3.10 **NPV 与 IRR 关系图**

(1) 当 $i_c = r_0 = IRR$ 时,则必有 $NPV = 0$,反之亦然;
(2) 当 $i_c = r_1 < IRR$ 时,即 $IRR > i_c$,则必有 $NPV > 0$,反之亦然;
(3) 当 $i_c = r_2 > IRR$ 时,即 $IRR < i_c$,则必有 $NPV < 0$,反之亦然。

因此,对于常规的工程项目,采用 NPV 和 IRR 来评价方案是在经济上是否可接受必定会得出相同的结论。

3.4.4 内部收益率的几种特殊情况

本书 3.3.3 节已经证明,对于常规项目的现金流量,其 NPV 函数是单调递减的,与横轴有且仅有一个交点(即 IRR),有且仅有一个内部收益率。但在实际工作中有时会遇到下面的几种特殊情况:

1) 不存在 IRR 的情况

如图 3.11 所示的(a)、(b)、(c)三种特殊的现金流量图,它们相应的净现值函数图如图 3.12 所示,显然都不存在有实际经济意义的 IRR。

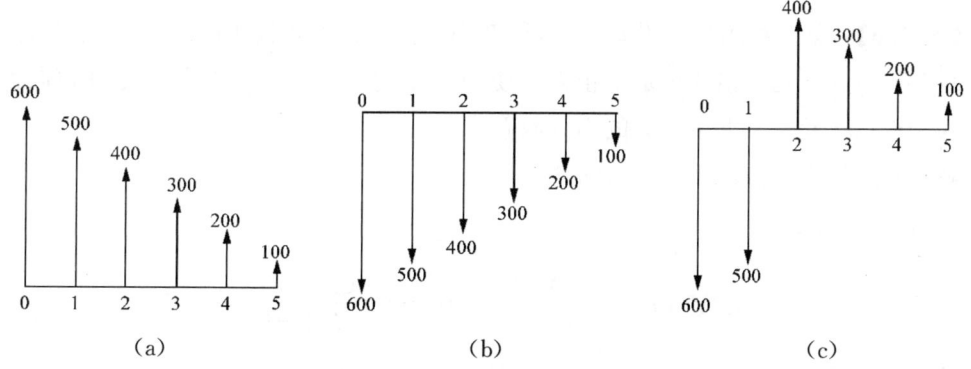

图 3.11 **不存在 IRR 的现金流量图示例**

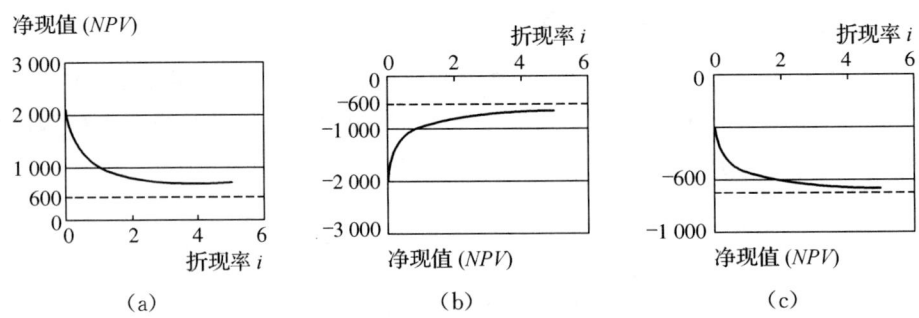

图 3.12 不存在 IRR 的净现值函数图

2) 非投资的情况

如图 3.13 所示现金流量图即为非投资性的方案,如以补偿贸易方式建设的项目。补偿贸易是一种易货贸易,以设备技术与相关产品相交换。项目建设单位和跨国公司签订补偿贸易合同,由其供应项目所需的设备技术,并以投产后的若干年的生产产品返还给跨国公司抵偿设备技术费用。这类现金流量项目的 NPV 函数与常规现金流量项目的 NPV 函数正好相反。

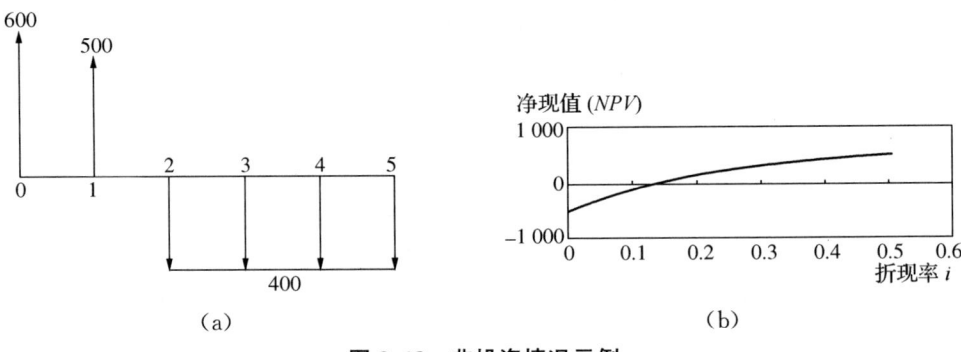

图 3.13 非投资情况示例

3) 多重内部收益率的情况

先看一个多重 IRR 的例子。

【例 3.6】 某厂租用生产设备一台,租期 20 年,预计设备提供的净收入(已扣除租赁费)每年为 10 000 元。租约规定承租人在使用 4 年后自行负责更换部分零件,预计所需费用为 100 000 元。试求该方案的内部收益率。

解:方案的现金流量如图 3.14(a)所示。
净现值函数为

$$NPV(i) = -\frac{100\,000}{(1+i)^4} + 10\,000 \times \frac{(1+i)^{20}-1}{i(1+i)^{20}}$$

令 $NPV(i)=0$,则得到两个内部收益率 $IRR_1=21\%$,$IRR_2=48\%$(如图 3.14(b))。

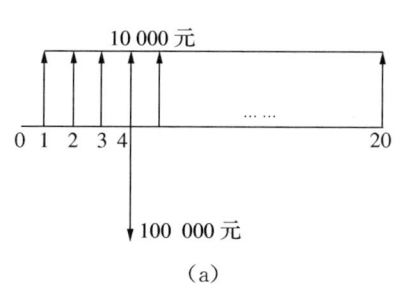
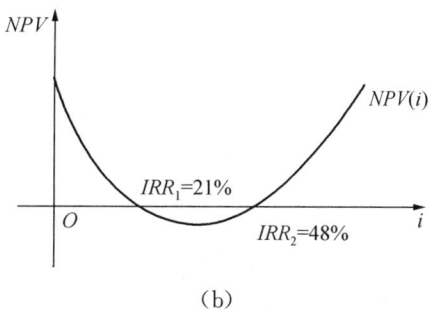

(a) (b)

图 3.14 多重 IRR 的示例

从例 3.6 看出，IRR 的个数与现金流量正负符号的变化次数有关系。这一规律可根据式(3.12)的数学特性得到证明。

需要说明的是：存在多个内部收益率情况给方案评价带来困难，而且多个内部收益率本身没有一个能真实反映方案占用资金的收益率。所幸的是，实际工作中有多个内部收益率的方案并不常见，绝大多数情况下的方案只有一个内部收益率。当然，对于多个内部收益情况下的真实收益率的求取还可通过调整现金流量模式的方法来解决，即计算外部收益率或修正内部收益率等，有兴趣的读者可参考相关文献。

3.4.5 优缺点分析

(1) IRR 优点：考虑了资金的时间价值以及项目在整个计算期内的经济状况，其大小完全取决于项目的内生变量（现金流量大小及分布、计算期），不受任何外在变量的影响，客观真实地反映了方案的经济性。避免了净现值指标需事先确定基准收益率这个难题，只需要知道基准收益率的大致范围即可。

(2) IRR 缺点：计算较繁琐，且只能反映项目占用资金的使用效率，而不能反映其总量使用效果。尤其是当方案存在非常规现金流量时，该指标的应用受到限制。

对于金融资产投资项目，因为项目具备可分性，投资者更需要关注的是资金报酬率，所以内部收益率可直接用于方案优劣的评价；对于实物投资项目，由于项目的不可分性，使得投资收益率和项目总收益不一定统一，此时总收益更符合投资者的一般经济追求，因而内部收益率不能直接用于项目优劣的评价。

数字资源

3-7 微视频	3-8 微视频	3-9 微视频	3-10 学生课程报告	3-11 测试

电子表格中的财务函数	内部收益率	净现值函数及指标间的关系	基于内部收益率的REITS定价分析	本节测验题

3.5 基准收益率

3.5.1 概念与涵义

通常,在选择投资机会或决定工程方案取舍之前,投资者首先要确定一个最低盈利目标,即选择特定的投资机会或投资方案必须达到的预期收益率,称为基准投资收益率(简称基准收益率,通常用 i_c 表示)。在国外一些文献中,基准收益率被称为"最小诱人投资收益率(Minimum Attractive Rate of Return,MARR)",即对投资者而言,能够吸引他投资某个特定投资机会或方案的可接受的最小投资收益率。基准收益率是企业或行业投资者以动态的观点所确定的、可接受的投资方案最低标准的收益水平,本质上体现了投资决策者对项目资金时间价值的判断和对项目风险程度的估计,是投资资金应当获得的最低盈利率水平,是投资方案和工程方案的经济评价和比较的前提条件,是计算经济评价指标和评价方案优劣的基础。

对于竞争性项目,财务评价中的基准收益率一般以行业的平均收益率为基础进行确定,并综合考虑资金成本、投资风险、通货膨胀以及资金限制等因素的影响。对于国家投资项目,基准收益率可根据国家组织测定并发布的社会基准收益率予以确定。基准收益率确定得合理与否,对投资方案经济效果的评价结论有直接的影响,定得过高或过低都会导致投资决策的失误。因此,正确地确定基准投资收益率在工程经济分析评价中是十分重要的。

3.5.2 需要考虑的因素

通常,在确定基准投资收益率时要根据投资者自身的发展战略和经营策略、具体项目特点等考虑以下因素。

1)资金成本(i_1)与资金结构

资金成本(Capital Cost)是指为取得资金的使用权而向资金提供者所支付的费用,主要包括筹资费和资金使用费。资金结构是指投资方案中各种资金来源的构成及其比例关系。投资方案资金来源有多种,不同资金来源的资金成本也不同。债务资金的资金成本包括支付给债权人的利息、金融机构的手续费等;股东权益投资的资金成本包括向股东支付的股息和金融机构的代理费等;股东直接投资的资本金的资金成本可根据资本金所有者对权益资金收益要求确定。投资所获盈利必须能够补偿资金成本,才能有利可图,因此投资盈利率最低限度应不小于资金成本率,即资金成本是确定基准投资收益率的基本因素。

2)资金机会成本

资金机会成本(Opportunity Cost)指投资者将有限的资金用于该方案所失去的其他投资机会能获得的最好收益。换言之,由于资金有限,当把资金投入拟建项目时,将失去从其他投资中获得收益的机会。机会成本是在方案外部形成的,它不反映在该方案财务中,必须通过工程经济人员的分析比较,才能确定。

如果所有的资金均来自权益资金,则可根据行业平均投资收益率确定机会成本,或按所有资本金投资者对权益资金收益的要求综合加权计算,或采用下文 3.5.3 节中的资本资产定价模型(CAPM)确定;如果资金来源包括了权益资金和债务资金,资金的机会成本则可以根据行业平均投资收益率与贷款利率通过加权平均确定。

3) 风险报酬(i_2)

项目期内可能会发生不利于项目的环境变化即投资者要冒着一定风险作决策。所以,在确定基准收益率时,仅考虑资金成本、机会成本因素是不够的,还要考虑风险因素。一般来说,从客观上看,资金密集项目的风险高于劳动密集项目,资产专用性强的项目的风险高于资产通用性强的项目,以降低生产成本为目的的项目其风险低于以扩大产量、扩大市场份额为目的的项目;从主观上看,资金雄厚的投资主体的风险低于资金拮据者。

在一个完备的市场中,收益与风险成正相关,要获得高的投资收益就意味着要承担大的风险。从投资者角度来看,投资者承担风险,就要获得相应的补偿,会要求更高的基准收益率。

4) 通货膨胀率(i_3)

通货膨胀(Inflation)是指由于货币(纸币)的发行量超过商品流通所需要的货币量而引起的货币贬值和物价上涨现象。通货膨胀使货币贬值,投资者的实际报酬下降。因此,投资者在通货膨胀情况下,必然要求提高收益率水平以补偿其因通货膨胀造成的购买力的损失。

基准投资收益率中是否要考虑通货膨胀因素与采用的价格体系是否考虑了通货膨胀因素相一致。如果现金流计算中,价格预测考虑了通货膨胀因素,则基准投资收益率中应计入通货膨胀率,否则不考虑通货膨胀因素。在实际工作中,通常采用后一种做法。

5) 资金限制

资金越少,越需要精打细算,使之利用得更加有效。在资金短缺时,通过提高基准收益率可以筛选掉盈利能力较低的项目。

6) 环境影响程度

项目对生态环境破坏程度越大,越应提高基准收益率,增高项目准入门槛。

3.5.3 常见测算方法

基准投资收益率是一个重要评价参数,确定其值是比较困难的。不同行业的基准收益率不同,同一行业内的不同企业的基准收益率也有很大差别,甚至在一个企业内部不同部门或经营活动的基准收益率也不相同。

基准收益率的测定可采用代数和法、资本资产定价模型法、加权平均资金成本法、典型项目模拟法、德尔菲专家调查法等方法,也可同时采用多种方法进行测算,将不同方法测算的结果互相验证,经协调后确定。下面将分别介绍几种常见的基准收益率测算方法。

1)代数和法

若项目现金流量是按当年价格预测估算的,则应以年通货膨胀率i_3修正i_c值,基准收益率可近似用单位投资机会成本、风险补贴率、通货膨胀率之代数和表示。即:

$$i_c=(1+i_1)(1+i_2)(1+i_3)-1\approx i_1+i_2+i_3 \tag{3.14}$$

2)资本资产定价模型法

采用资本资产定价模型(Capital Asset Pricing Model,CAPM)法测算行业的权益资金成本[如式(3.15)],进而确定基准收益率。

$$k=K_f+\beta\cdot(K_m-K_f) \tag{3.15}$$

式中:k——权益资金成本;

K_f——市场无风险收益率;

β——风险系数;

K_m——市场平均风险投资收益率。

式中的风险系数是反映行业特点与风险的重要数值,也是测算工作的重点和基础,应在行业内抽取有代表性的企业样本,以若干年企业财务报表数据为基础进行测算。市场无风险收益率,一般可采用政府发行的相应期限的国债利率;市场平均风险投资收益率可依据国家有关统计数据测定。权益资金成本可作为确定基准收益率的下限,再综合比对采用其他方法测算得出的行业财务基准收益率后,确定基准收益率的取值。

3)加权平均资金成本法

加权平均资金成本(Weighted Average Cost of Capital,WACC)法的公式为:

$$WACC=K_E\times W_E+K_D\times W_D \tag{3.16}$$

式中:K_E——资本金资金成本;

K_D——债务资金成本;

W_E——资本金占全部资本比例;

W_D——债务资金占全部资本比例。

式中测算出的行业加权平均资金成本,可作为全部投资行业财务基准收益率的下限,再综合考虑其他方法得出的基准收益率进行调整后,确定全部投资行业财务基准收益率的取值。

4)德尔菲专家调查法

采用德尔菲(Delphi)专家调查法测算行业财务基准收益率时,统一设计调查问卷,征求一定数量的、熟悉本行业情况的专家,依据系统程序匿名发表意见,通过多轮次调查逐步形成专家的集中意见,对调查结果进行必要的分析,并综合各种因素后确定基准收益率。

数字资源

3-12 微视频
基准投资收益率

3-13 知识点拓展
基准收益率

3-14 测试
本节测验题

3-15 虚拟仿真拓展实验
产业投资经营决策

习题

1. 净现值和内部收益率在评价投资项目时有什么异同？如何解释它们之间的关系？
2. 如何确定基准收益率？基准收益率的高低对投资决策有什么影响？
3. 为什么会出现多重内部收益率的情况？如何处理这种情况？
4. 某新能源项目设计方案总投资 3 000 万元，投产后年经营成本为 500 万元，年营业收入为 1 800 万元，第 3 年末工程项目配套追加投资 1 500 万元，若计算期为 5 年，基准收益率为 10%，残值为零，试计算投资方案的净现值。
5. A、B 两种小型施工机器人的有关资料如表 3.4 所示，使用寿命相同，均为 6 年，基准折现率为 10%，分别计算两种施工机器人的净现值和内部收益率。

表 3.4　施工机器人基本资料

方案	投资/元	年收入/元	年支出/元	净残值/元
机器人 A	10 000	5 000	2 200	2 000
机器人 B	12 000	8 000	4 000	3 000

6. 某高端装备制造项目现金流量如表 3.5 所示，基准投资回收期为 9 年，计算该项目的静态投资回收期和动态投资回收期。

表 3.5　高端装备制造项目现金流量表　　　　单位：万元

年末	1	2	3	4	5	6	7	8	9
净现金流量	−60 000	0	2 000	7 000	12 000	15 000	20 000	20 000	20 000

7. 购买一台设备，已知该设备的制造成本为 6 000 元，售价为 8 000 元，预计运输费需 200 元，安装费用为 200 元。该设备运行投产后，每年可加工工件 2 万件，每件净收入为 0.2 元。该设备的初始投资几年可回收？如基准投资回收期为 4 年，则购买此设备是否合理？（不计残值）

8. 某项目建设期 2 年，第一年投资 1 800 万元，生产期 14 年，若投产后年均收益为 270 万元，无残值，基准投资收益率为 10%，试用内部收益率来判断项目是否可行。

4 多方案的经济性比选

在工程过程中,一般会提出多个技术上可行的备选方案,这些方案都能满足工程要求,且有各自的特点。多方案在实际工程的建设过程中普遍存在,工程的生产规模、产品结构、生产工艺、主要设备选择、资金筹措等都存在不可回避的方案选择问题。本章是基于方案经济性进行多方案的比选,讨论如何在已经满足经济可行性的基础上,选择经济性相对更好的方案作为最终实施方案,主要内容包括方案的创造和制订、多方案之间的关系类型及其可比性、互斥方案比选、独立方案比选以及混合方案的比选。

4.1 方案的创造和制订

工程经济方案创造是一个综合性的过程,需要多方面的专业人才和知识。有关部门和单位要高度重视工程经济方案的制订和实施,确保项目达到预期目标。

4.1.1 提出和确定备选方案的途径

提出和确定备选方案的途径包括:

(1) 机构内的个人灵感、经验和创新意识以及集体智慧

主要是单位内部的专业技术人员、管理人员和操作人员根据自己的经验和灵感提出备选方案,或者通过单位内部有目的、有计划、有组织地进行新方案的创造和旧方案改进等活动来提出备选方案。

(2) 技术招标和方案竞选

技术招标是指买方需要获得某项技术之前发布招标公告,提出对技术的具体要求和条件,吸引多家技术提供者前来投标,最后通过投标人的竞争从中择优选择最佳技术提供者的行为和过程。

方案竞选是指组织竞选活动的单位通过报刊、网络或其他途径发布竞选公告,吸引相关单位或个人参加方案竞选。组织竞选活动的单位邀请有关专家组成评定小组,从技术和经济等角度综合评定技术方案的优劣,择优选择中标方案。

方案竞选和技术招标的主要区别是:技术招标在选定方案的同时,也选定了方案的实施者;而方案竞选只是确定了中选方案,这个方案可以吸收其他未中选方案的优点,同时方案的实施者不一定就是中选方案的提供者。

(3) 技术转让、技术合作和技术入股

技术转让通过许可证交易实现,指专利权人或商标所有人、专有技术所有人作为许

可方,向被许可方授予若干项权利,允许其按许可方拥有的技术,实施、制造和销售产品,为此被许可方要向许可方支付一定数额的报酬。

技术合作是指企业间或企业、科研机构、高等院校之间联合进行技术研制、攻关和创新等工作,通常以合作伙伴的共同利益为基础,以利益共享或优势互补为前提,有明确的合作目标、期限和规则,合作方共同投入、共同参与、共享成果、共担风险。

技术入股是指技术作价作为投资入股,又称为技术资本化或工业产权资本化。我国法律规定,投资者可以以工业产权、专利技术等无形资产作为出资额,无形资产(不包括土地使用权)的比例最高为注册资本金的35%。

技术引进是指在国际技术转移活动中,通过各种方式从别国取得本国需要的先进技术和设备的经济活动。技术引进的途径包括产品贸易、许可证贸易、合作研究和生产、技术咨询和服务、包建项目等。

(4) 技术创新和技术扩散

技术创新是指有商业潜力的新的科技成果被企业首次采用并成功商业化的过程。技术创新包括产品创新和过程创新,前者是指技术上有创新的产品的商业化,后者指工艺创新,即产品生产技术的变革,包括新工艺、新设备和新的组织管理方式。

技术扩散是指技术创新通过市场或非市场渠道传播,使创新的产品和技术被其他企业通过合法手段采用的过程,是技术的时空传播、渗透和交叉作用。

一项科技首次为某企业所采用并实现了商业利润是技术创新,而其他企业再次使用则是技术扩散。

(5) 社会公开征集

征集单位通过报纸、宣传广告单或销售的产品中附带的用户回执函,有偿或无偿地向社会公开征集各种观点、建议、意见和方案等。这种方法与方案竞选的区别是:征集对象来自社会各个阶层,不需要太多的专业知识和技能;提出的结果大部分可能是不具体、不具备可操作性或者是不现实的;除非有特殊约定,公开征集过程不会受到太多的程序和规则的约束。

(6) 专家咨询和建议

企业可聘请有关专家和咨询机构作为顾问,经常性地就企业的产品和技术的发展、市场战略、销售策划等方面向他们进行咨询,顾问有义务为企业的产品及其他方面提供建议。

4.1.2 方案创造的方法

方案创造常见的方法有头脑风暴法、哥顿法、专家意见法、属性列举法、缺点列举法、希望点列举法等。

1) 头脑风暴法

头脑风暴法又称 BS(Brain Storming)法、畅谈会法,是一种自由奔放地思考问题的方法。具体地说,就是由对产品改进对象有较深了解的人员组成的小集体在非常融洽和不受任何限制的气氛中进行讨论、座谈,打破常规、积极思考、互相启发、集思广益,提出创新方案。这种方法可使获得的方案新颖、全面、富于创造性,并可以防止片面和遗漏。

这种方法以 5~10 人的小型会议的方式进行为宜,会议的主持者应熟悉研究对象,思想活跃、知识面广,善于启发引导,使会议气氛融洽,使与会者广开思路,畅所欲言。会议应按以下原则进行:

(1) 欢迎畅所欲言,自由地发表意见;
(2) 希望提出的方案越多越好;
(3) 对所有提出的方案不加任何评价;
(4) 要求结合别人的意见提设想,借题发挥;
(5) 会议应有记录,以便于后续整理、研究。

2) 哥顿法

这是美国人歌顿在 1964 年提出的方法。这个方法也是在会议上提方案,但究竟研究什么问题,目的是什么,只有会议的主持人知道,以免其他人受约束。这种方法的指导思想是把要研究的问题适当抽象,以利于开拓思路。在研究到新方案时,会议主持人开始并不全部给出要解决的问题,而是只对大家作一番抽象笼统的介绍,要求大家提出各种设想,以激发出有价值的创新方案。这种方法要求会议主持人机智灵活、提问得当,提问太具体,容易限制思路,提问太抽象,则方案可能离题太远。

3) 专家意见法

这种方法又称德尔菲(Delphi)法,是由组织者将研究对象的问题和要求,函寄给若干有关专家,让他们在互不商量的情况下提出各种建议和设想,专家返回设想意见,经整理分析后,归纳出若干较合理的方案和建议,再函寄给有关专家征求意见,再回收整理,如此经过几轮反复后,专家意见趋向一致,从而最后确定出新的功能实现方案。这种方法的特点是专家们彼此不见面,研究问题时间充裕,可以无顾虑、不受约束地从各种角度提出意见和方案。缺点是花费时间较长,缺乏面对面的交谈和商议。

4) 属性列举法

属性列举法即特性列举法,也称为分布改变法,特别适用于老产品的升级换代。该方法将一种产品的特点列举出来,制成表格,然后再把改善这些特点的事项列成表,能保证对问题的所有方面作全面的分析研究。此法强调使用者在创造的过程中观察和分析事物或问题的特性或属性,然后针对每项特性提出改良或改变的构想。

5) 缺点列举法

和属性列举法相似,将要改进方案的缺点列举出来,再针对这些缺点进行改进。缺点列举法的具体做法是:召开一次缺点列举会,会议由 5~10 人参加,会前先由主管部门针对某项事务,选举一个需要改革的主体,在会上发动与会者围绕这一主题尽量列举各种缺点,愈多愈好,另请人将提出的缺点逐一编号,从中挑选出主要的缺点,并围绕这些缺点制定出切实可行的更新方案。一次会议的时间大约在 1~2 h,会议讨论的主题宜小不宜大,即使是大的主题,也要分成若干小题,分次解决,以确保缺点不会被遗漏。

6) 希望点列举法

这是一种通过提出对该问题或事物的希望点,使问题和事物的本来目的聚合成焦点来加以考虑的方法。"希望点"就是指创造性强且又科学、可行的希望。希望点列举法主要通过召开希望点列举会议进行,每次可有 5~10 人参加。会前由会议主持人选择一件需要革新的产品作为主题,随后发动与会者围绕这一主题列举出各种改革的希望点。为了激发与会者产生更多的改革希望,可将各人提出的希望用便利贴写出,公布在小黑板上,并在与会者之间传阅,这样可以在与会者中产生连锁反应。会议一般举行 1~2 h。产生 50~100 个希望点,即可结束。这种方法不仅适用于老产品的改进,也可以应用于新产品设计。

数字资源

4-1 知识点拓展　方案创造的方法——头脑风暴法

4-2 知识点拓展　方案创造的方法——哥顿法

4-3 测试　本节测验题

4.2 多方案之间的关系类型及其可比性

4.2.1 多方案之间的关系类型

多方案之间常见的关系类型包括互斥型、独立型、混合型等。

1) 互斥型多方案

互斥型多方案是指在没有资源约束的条件下,在一组方案中,选择其中一个方案,就会排除接受其他任何一个方案的可能性。

比如现在赵小五有一块空地,想在上面盖个工厂,有三个结构方案可以选择:砖混结构、钢混结构和钢结构。这三个结构方案,如果对成本、工期等都没有要求,赵小五也只能选择其中一个结构方案,去除另外两个,这三个方案之间是互相排斥的,它们之间的关系就是互斥关系。

又例如王小二去教室上课,路线有很多条,他只会选择一条路去上课,这些路线之间是互斥的。如果他赶着上课,肯定选择最近的一条;如果他起得早,有足够多的时间,想一边走路一边背书,他可能会选择一条僻静的路。如果没有上述约束条件,他可能会在花费相同时间的几条路中选择一条去上课。王小二走路去上课是需要时间的,互斥型多方案也有时间,称为寿命期。互斥型多方案的寿命期有相同的,也有不同的。

2) 独立型多方案

独立型多方案是指在没有资源约束的条件下,在多个方案中,一个方案的选择与其他方案是否选择无关。例如某城市要解决跨江交通问题,让张小三来列举方案。张小三列出了三个方案,分别是新建桥梁、新建过江隧道和老桥加宽改造。在没有资金约束的情况下,这三个方案就是一组独立方案。可以选择其中一个,也可以选择其中两个,甚至三个都选。但是,张小三发现资金不够,只能选择其中一个方案实施,这三个方案的关系就不再是独立型多方案了,会转变成互斥型多方案的关系。

3) 混合型多方案

混合型多方案就是在一组方案中,有些方案之间是互斥关系,有些方案之间是独立关系,混合在一起,就成为了一组混合型多方案。工程中常见的混合方案一般是在一组独立型多方案中,每个独立方案下又有若干个互斥方案的形式。例如刚才张小三列举的跨江交通的解决方案中,在没有资金限制时,三个独立方案在技术上都会存在多种选择,像过江隧道的技术有钻爆法、沉管法和盾构法,这三种技术只能选择一种进行,它们之间就是互斥关系。这样整体上就构成了一组混合型多方案。

4) 其他类型多方案

除了上述的三种关系类型之外,实际工作中还会遇到很多其他类型的多方案,如条件型多方案、现金流量相关型多方案和互补型多方案等。

4.2.2 多方案的可比性

多方案的可比性主要体现在以下五个方面:经济性指标、多方案之间的关系类型、现金流量的确定程度、方案的分析期、投资额或其他资源限制。

第一个方面是经济性指标。回顾第 3 章,对于单一方案的选择,可以用净现值 NPV、内部收益率 IRR、静态投资回收期 P_t 等指标。这些指标又可以分为价值型指标,比如净现值 NPV;效率型指标,比如内部收益率 IRR;时间型指标,比如 P_t。在这些指标中,只有一类指标能够全面反映方案间的盈利能力差异,那就是价值型指标。在多方案选择时,只有价值型指标可以用来对方案进行排序。单指标比选法会用价值型指标作为单一指标进行方案选择,另外两类指标只能作为辅助指标或变通后使用。

第二个方面是多方案之间具有一定的关系类型。多个方案之间存在一定的关系,4.2.1 中介绍了互斥型多方案、独立型多方案、混合型多方案和其他类型多方案。不同关系的多方案,选择的方法也是不同的。

第三个方面是现金流量的确定程度。方案的经济性可以通过现金流量的测算进行确定性分析。但是有一些具有公共产品属性的方案,其现金流量是无法测算或者说测算本身是没有价值的,例如两个重要城市之间的高速公路,其建设是为了满足两个重要城市之间的客货运输需要和区域经济发展的需要,这类工程的收益是无法用货币表示的,对它进行现金流量测算就没有价值。那么这类方案如何进行选择呢？一般会采用方案间费用的相对比较，费用最小的方案相对最优。当然，费用比较只是局部评价，即使是费用最小的方案，也可能达不到最低的经济要求，还需要进行全面评价。

第四个方面是方案的分析期。在多方案比选中，分析期相同是多方案具有可比性的条件之一，但是，也经常遇到寿命不等的方案需要比较的情况，理论上来说是不可比的，因为无法确定短寿命的方案比长寿命的方案寿命所短的那段时间里的现金流量。但是，在实际工作中又会经常遇到此类情况，且必须做出选择。这时需要对方案的寿命采取一定的方法进行调整，使它们具有可比性。

第五个方面是投资额或其他资源限制。这类问题一般发生在独立型多方案的选择上。比如在 A 地进行城市建设，当资金足够多，商场、公园、学校等可以按照需求安排，如果资金是有限的，公园、商场、学校等的建设成为资源限制下的独立型多方案选择，有一定的筛选步骤。这里既要充分使用有限的资源，又要选择出具有更好经济效果的方案或方案组。

======= 数字资源 =======

4-4 微视频　　　　4-5 学生课程报告

多方案比选

港珠澳大桥的决策分析

4.3 寿命相等互斥方案的经济性比选

在寿命期相同的前提下，互斥型多方案之间具备较好的可比性，是一个多选一的过程，方案收益水平的高低是互斥型多方案选择的基本指标。互斥型多方案的选择方法主要有：价值型评判指标的直接比选法、增量方案比选法和最小费用法。

4.3.1 价值型评判指标的直接比选方法

该方法是指多方案依据价值型评判指标，例如净现值或净年值先进行排序，然后从中选出指标值最大的方案为最优方案。

净现值或净年值小于零的方案在经济上是不可行的，因此用价值型评判指标比较互斥方案时，可以先将净现值或净年值小于零的方案排除后再比较其余的方案。

例 4.1 是使用净现值和净年值进行比选的例子。

【例 4.1】　某房地产企业进行住宅小区开发，现有三个互斥方案 A、B 和 C，基准收益率为 10%，各方案交付运营后的现金流数据列在表 4.1 中，试对这三个方案进行比选。

表 4.1　三个互斥方案的现金流数据表

方案	初始投资/万元	年现金净流入/万元	分析期/年
A	4 000	400	20
B	6 000	800	20
C	9 000	1 180	20

解：对该题分别应用净现值和净年值指标进行比选：

(1) 净现值法

$$NPV_A = -4\ 000 + 400 \times (P/A, 10\%, 20) = -594.56(万元)$$

$$NPV_B = -6\ 000 + 800 \times (P/A, 10\%, 20) = 810.88(万元)$$

$$NPV_C = -9\ 000 + 1\ 200 \times (P/A, 10\%, 20) = 1\ 046.05(万元)$$

由于 A 方案的净现值为负，故将 A 方案排除。其他两个方案中，$NPV_C > NPV_B$，方案 C 被选定为最优方案。

(2) 净年值法

$$NAV_A = -4\ 000 \times (A/P, 10\%, 20) + 400 = -70(万元)$$

$$NAV_B = -6\ 000 \times (A/P, 10\%, 20) + 800 = 95(万元)$$

$$NAV_C = -9\ 000 \times (A/P, 10\%, 20) + 1\ 180 = 122.5(万元)$$

依据净年值最大的方案为最优方案的原则，方案 C 为最优方案，净年值法与净现值法得出的结论是一致的。

这里要注意的是，效率型指标和时间型指标在多方案的经济性比选中是不能直接应用的，但作为辅助性指标，效率型指标在直观反映方案收益水平以及时间型指标在反映方案收益能力和风险上各有用处。例 4.1 的计算结果列在表 4.2 中，A 方案为经济不可行方案已排除。

表 4.2　两个互斥方案的经济性指标计算结果表

方案	初始投资/万元	年净现金流入/万元	净现值/万元	内部收益率/%
B	6 000	800	810.88	11.93
C	9 000	1 180	1 216.32	11.67

从表中可以看出，当采用效率型指标 IRR 进行判定时，得出的结论与采用 NPV 指标所得出的结论相反。用投资回收期指标比选多方案时也会如此，其中的原因从图 4.1 中较为直观地反映出来，两个方案采用 IRR 得出的结论与 i_c 在 i^*（两互斥方案净现值相等时的利率，可由 $NPV_B(i) = NPV_C(i)$ 计算得出）左侧时会不一致；采用 IRR 得出的结论与 i_c 在 i^* 右侧时会一致。本例中，$i_c(10\%)$ 正是位于 $i^*(10.93\%)$ 的左边。由此本案例得出的结论是：

(1) 当 $i^* > i_c$ 时，内部收益率法与净现值法多方案比选得出的结论相矛盾；

(2) 当 $i^* < i_c$ 时，内部收益率法与净现值法多方案比选得出的结论一致；

可见，用内部收益率法来比选多方案时，得出的结论与价值型指标法有不一致的情况，根据价值最大化的原则，对于多方案间净现值曲线只有一个交点时，其多方案的直接比选应采用净现值或净年值法，不能只是依靠内部收益率、净现值率和投资回收期等效率型指标和时间型指标。

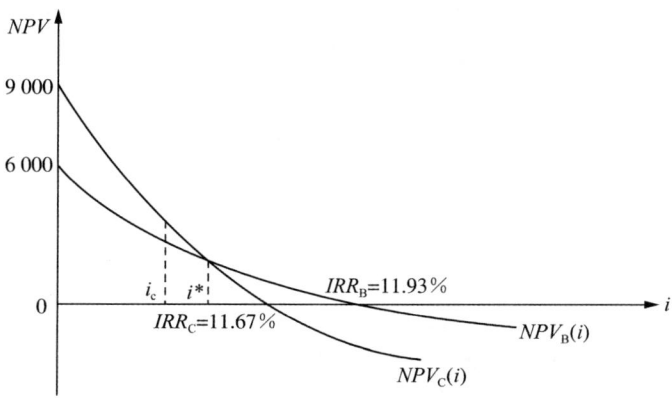

图 4.1　B、C 方案的 NPV 函数图

4.3.2　增量方案比选法

1) 增量方案的定义

两个投资额不等的互斥方案的净现金流之差形成的现金流量看作一个新的方案，就是增量方案，又称为差额方案。这两个方案的现金流量之差称为差额现金流量。

增量方案一般用投资额较大的方案的现金流减较小的投资方案现金流而成，这样可以使增量方案的现金流保持常规投资现金流量图的形式。图 4.2 为 B 方案和 C 方案所构建的增量方案的差额净现金流，即 C-B 方案的现金流量图。

当面临多方案的比选时，注意要增设 0 方案，按各方案的投资额由小到大排序后再顺序比选。

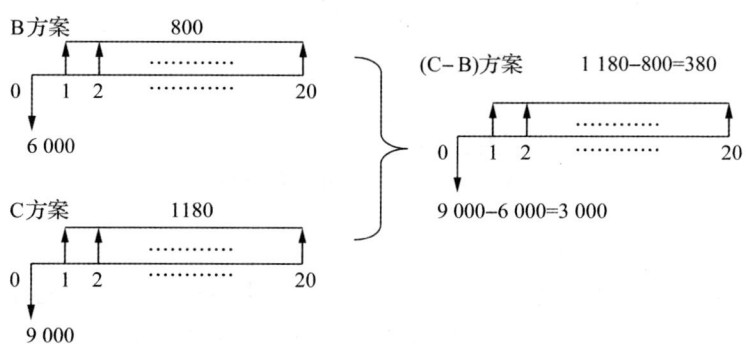

图 4.2　增量方案和差额现金流量（单位：万元）

增量方案是剔除比较方案间的相同部分，只对两方案的差异部分进行评判，从本质上体现了方案比选的基本方法。同时，增量方案对于那些不能确定净现金流，但能评估出两互斥方案间现金差额的方案比选有实用意义。如对现有生产线的技术改造方案、对高速公路的现状维持方案（即 0 方案）与扩建后的方案比选。

2）增量方案经济性评价含义及程序

增量方案的经济性评价实际上就是对多投入的差额部分投资的经济性进行评价，当增量方案具备经济可行性时，就意味着相对于投资额小的方案来说，投资额大的方案多投入的部分在收益水平上已达到投资人的预期，所以选择投资额大的方案而放弃投资额小的方案。否则，即是增量方案在经济上不可行，投资额小的方案为最优方案。

用增量方案法比选多方案时的程序见图 4.3 所示。

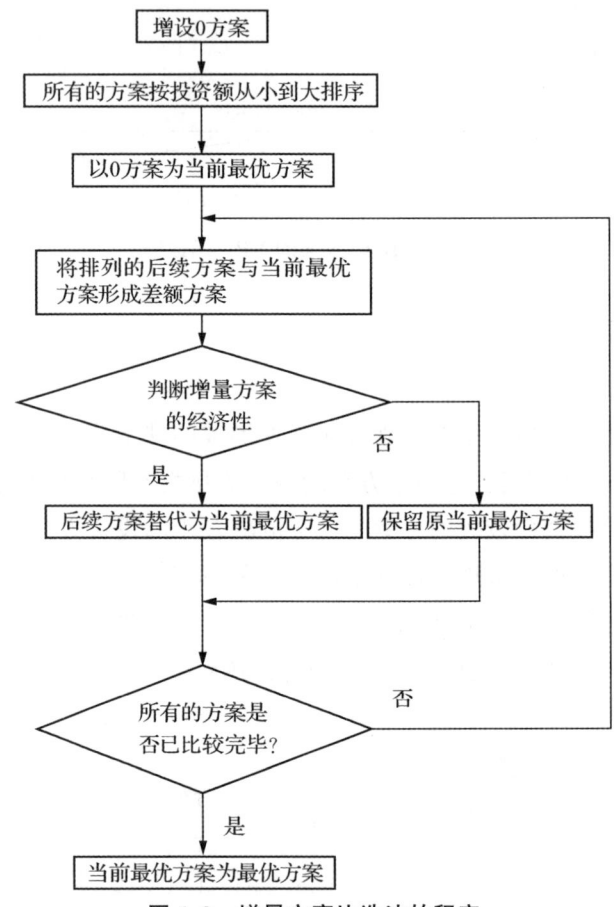

图 4.3　增量方案比选法的程序

3）增量方案比选指标

可用于增量方案经济性评价的指标理论上可以为本教材第 3 章中的任何一个指标，但在实际工作中常用的只有两个，即净现值和内部收益率，分别称为差额净现值（ΔNPV）和差额内部收益率（ΔIRR）。

（1）差额净现值法

差额净现值是指两互斥方案构成的差额现金流量的净现值，用符号 ΔNPV 表示。设两个互斥方案 j 和 k，基准收益率为 i_c，寿命期皆为 n，第 t 年的净现金流量分别为 C_t^j，$C_t^k(t=0,1,2,\cdots,n)$，则差额净现值的计算公式为：

$$\Delta NPV_{k-j} = \sum_{t=0}^{n}(C_t^k - C_t^j) \times (1+i_c)^{-t} \tag{4.1}$$

使用 ΔNPV 数值的大小来比较两个方案的评价标准是：

① 如果 $\Delta NPV=0$，认为在经济上两个方案等值。但考虑到投资大的方案比投资小的多投入的资金所取得的收益达到了基准收益率，因此如果撇开其他因素，就应考虑选择投资大的方案。

② 如果 $\Delta NPV>0$，认为增量部分在经济上是可行的，所以投资大的方案优于投资小的方案。

③ 如果 $\Delta NPV<0$，认为增量部分在经济上不可行，所以投资大的方案劣于投资小的方案。

【例 4.2】 以例 4.1 为例，用差额净现值法对方案进行比选。

解：

(1) 增设 0 方案，投资为 0，收益也为 0；将方案按投资额从小到大的顺序排列为：0，A，B，C。

(2) 将 A 方案与 0 方案进行比较

$$\Delta NPV_{A-0} = NPV_A = -594.56(万元) < 0$$

则 0 方案为当前最优方案。

(3) 将 B 方案与当前最优方案比较

$$\Delta NPV_{B-0} = -6\ 000 + 800 \times (P/A, 10\%, 20) = 810.88(万元) > 0$$

则 B 为当前最优方案。

(4) C 方案与当前最优方案比较

$$\Delta NPV_{C-B} = -(9\ 000 - 6\ 000) + (1\ 180 - 800) \times (P/A, 10\%, 20) = 235.17(万元) > 0$$

则 C 为当前最优方案，而所有的方案比较完毕，所以 C 为当前最优方案。

从例 4.2 可以看出，差额净现值法与净现值法的比较结果是一致的。差额净现值的经济含义也表明了为什么净现值最大的方案为最优方案，实际上两互斥方案的净现值差即为方案之间差额净现值。

（2）差额内部收益率法

差额内部收益率是指使得两个互斥方案形成的差额现金流量的差额净现值为零时

的折现率,又称为增量投资收益率,用符号 ΔIRR 表示。设两个互斥方案 j 和 k,寿命期皆为 n,第 t 年的净现金流量分别为 $C_t^j, C_t^k (t=0,1,2,\cdots,n)$,则 ΔIRR_{k-j} 满足:

$$\sum_{t=0}^{n}(C_t^k - C_t^j) \times (1 + \Delta IRR_{k-j})^{-t} = 0 \tag{4.2}$$

使用 ΔIRR 数值的大小来比较两个方案的评价标准是:

(1) 如果 $\Delta IRR = i_c$,认为在经济上两个方案投资效率相等,但增量部分的投资也达到了期望收益,所以应考虑选择投资大的方案;

(2) 如果 $\Delta IRR > i_c$,认为在经济上投资大的方案优于投资小的方案;

(3) 如果 $\Delta IRR < i_c$,认为在经济上投资大的方案劣于投资小的方案。

使用差额内部收益率法比选多方案的程序同样可见图 4.3。例 4.3 使用差额内部收益率法进行比选。

【例 4.3】 对例 4.1 用差额内部收益率法对方案进行比选。

解:

(1) 增设 0 方案,投资为 0,收益也为 0;将方案按从小到大的顺序排列:0,A,B,C。

(2) 将 A 方案与 0 方案进行比较。差额内部收益率 ΔIRR_{A-0} 满足:

$$-4\,000 + 400(P/A, \Delta IRR_{A-0}, 20) = 0$$

则求得 $\Delta IRR_{A-0} = 7.75\% < i_c = 10\%$,所以 0 为当前最优方案。

(3) 将 B 方案与当前最优方案 0 进行比较。差额内部收益率 ΔIRR_{B-0} 满足:

$$-6\,000 + 800(P/A, \Delta IRR_{B-0}, 20) = 0$$

则求得 $\Delta IRR_{B-0} = 11.93\% > i_c = 10\%$,所以 B 为当前最优方案。

(4) 将 C 方案与当前最优方案 B 进行比较。差额内部收益率 ΔIRR_{C-B} 满足:

$$-(9\,000 - 6\,000) + (1\,180 - 800)(P/A, \Delta IRR_{C-B}, 10) = 0$$

则求得 $\Delta IRR_{C-B} = 11.13\% > i_c = 10\%$,所以 C 是当前最优方案。

(5) 所有方案比较完毕,C 方案为最优方案。

从例 4.3 的结果可以看出,差额内部收益率法得出的结论与前面几个方法是一致的。

4.3.3 最小费用法

当方案之间的效益相同或基本相同并且其具体的数值是难以估算的或者无法以货币衡量时,一般会考虑用其费用大小作为方案比选的标准。例如:一座人行天桥采用钢结构还是钢筋混凝土结构。当只从经济性角度来看时,可以将费用最小的方案为最优方案,这一方法称为最小费用法。

最小费用法包括费用现值法、年费用法、差额净现值法和差额内部收益率法。

【例 4.4】 某纺织厂购买纺织类设备，现有新型设备和传统设备两种方案可供选择。在 5 年计算寿命期内，两种方案的年产品数量和质量相同（即年收益相同），但购置费、日常运营成本和残值不同（表 4.3）。若 $i_c=8\%$，试对该方案作经济性比选。

表 4.3 新型设备和传统设备两种方案的相关数据

型号(方案)	购置费/万元	年运营成本/万元	残值/万元
新型纺织设备	42	10	15
传统纺织设备	25	15	2

解：

(1) 费用现值法

费用现值法（Present Cost, PC）是将方案各年发生的费用折算为现值再求和的一种方法，通过计算各方案的费用现值，以费用现值最小的方案为最优方案。

两种设备采购方案的现金流量图如图 4.4 所示，分别计算两方案的费用现值：

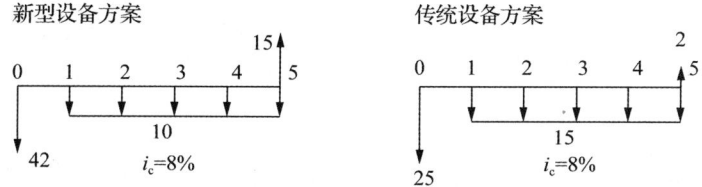

图 4.4 新型和传统设备采购方案费用的现金流量图

$$PC_{新型}=42+10\times(P/A,8\%,5)-15\times(P/F,8\%,5)$$
$$=42+10\times3.9927-15\times0.6806$$
$$=71.72(万元)$$

$$PC_{传统}=25+15\times(P/A,8\%,5)-2\times(P/F,8\%,5)$$
$$=25+15\times3.9927-2\times0.6806$$
$$=83.53(万元)$$

由于 $PC_{新型}<PC_{传统}$，所以购买新型设备更经济。

(2) 年费用法

年费用（Annual Cost, AC）是指年等值费用，即将方案各年发生的费用及初期投资折算为等值的年费用。年费用也可以理解为年平均费用，即考虑资金时间价值后的费用的动态平均值。年费用法就是比较各互斥方案的年费用，以年费用最小的方案为最优方案。在例 4.4 中：

$$AC_{新型}=10+42\times(A/P,8\%,5)-15\times(A/F,8\%,5)$$
$$=10+42\times0.2505-15\times0.1705$$
$$=17.96(元)$$

$$AC_{传统} = 15 + 25 \times (A/P, 8\%, 5) - 2 \times (A/F, 8\%, 5)$$
$$= 15 + 25 \times 0.2505 - 2 \times 0.1705$$
$$= 20.92(元)$$

由于 $AC_{新型} < AC_{传统}$，所以购买新型设备更经济。

(3) 差额净现值法

差额净现值法和前文所述的有收益的互斥方案比较的差额净现值是相同的。当两个互斥方案的收益相同时，它们差额现金流量的收益可以相抵，其差额现金流量就是两方案的费用形成的差额现金流量。

新型和传统设备购买方案所形成的差额现金流量如图 4.5 所示。

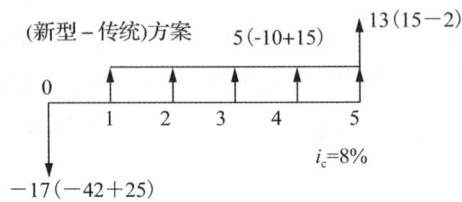

图 4.5 两方案的差额现金流量图

计算差额净现值

$$\Delta NPV_{新型-传统} = -17 + 5 \times (P/A, 8\%, 5) + 13 \times (P/F, 8\%, 5)$$
$$= -17 + 5 \times 3.9927 + 13 \times 0.6806$$
$$= 11.81(元)$$

由于 $\Delta NPV_{新型-传统} > 0$，所以投资额大的新型设备购买方案优于传统设备购买方案。

(4) 差额内部收益率法

差额内部收益率法基本思想和差额净现值法相同，计算指标由净现值变成内部收益率，然后比较方案优劣。本例两方案的差额内部收益率 $\Delta IRR_{新型-传统}$ 满足下式：

$$-17 + 5 \times (P/A, \Delta IRR_{新型-传统}, 5) + 13 \times (P/F, \Delta IRR_{新型-传统}, 5) = 0$$

用线性内插法求得 $\Delta IRR_{新型-传统} = 26.78\% > i_c = 8\%$，所以投资额大的新型设备购买方案比投资额相对较小的传统设备购买方案更经济。

从例 4.4 中计算结果看，四种方法的比较结论是一致的，实际使用时择一应用。

四种方法适用不同的情况：费用现值法是常用的方法，年费用法适用于寿命期不等的方案比较(见本章 4.4 节)，差额净现值法适用于难以确定各方案准确的费用流量但可以确定方案之间的费用流量差额的情况，差额内部收益率法则适用于无法确定基准收益率的情况。

需要说明的是，使用最小费用法只能比较互斥方案的相对优劣，并不能表明各方案在经济上是否合理。这一方法尤其适用于已被证明必须实施的技术方案，如公共工程中的方案比较等。

数字资源

4-6 微视频
互斥方案比选

4-7 微视频
最小费用法

4-8 学生课程报告
某家庭的财务计划

4-9 测试
本节测验题

4.4 寿命无限或寿命期不等的互斥方案比选

由于寿命期短的方案现金流入的时间短,方案的净现值或净年值常常较寿命期长的方案小,在比选中难以胜出。但寿命期短的方案的投资效率往往比寿命期长的方案高,且在环境不确定性比较大时具有优势,投资者往往更愿意选择该类型的方案。因此,本节对寿命期不等或寿命无限等多方案比选问题提出对应的解决方法。

4.4.1 寿命无限的互斥方案比选

一些公共工程方案,如地铁、铁路、桥梁、大坝等,可以通过大修或反复更新使其寿命延长至很长的年限直至无限。这种情况下,时间跨度越大的现金流对方案净现值的贡献越小,这给方案的经济分析和多方案的比选带来困难。考虑到寿命无限的项目一般具有现金流周期性地重复出现的特点,可从该情形下方案的年值与现值之间的特别关系入手来解决此类问题。

按资金等值原理,已知:

$$P = A \times \frac{(1+i)^n - 1}{i(1+i)^n} = A \times \frac{1}{i}\left[1 - \frac{1}{(1+i)^n}\right]$$

i 为具有实际经济意义的利率,即 $i > 0$,则当 $n \to \infty$ 时,

$$P = \lim_{n \to \infty} A \times \frac{1}{i}\left[1 - \frac{1}{(1+i)^n}\right] = \frac{A}{i} \lim_{n \to \infty}\left[1 - \frac{1}{(1+i)^n}\right]$$
$$= \frac{A}{i}$$

即 $n \to \infty$ 时

$$P = A/i$$

或者 $A = P \cdot i$。

应用上面的两式可以解决无限寿命期互斥方案的比较。寿命无限方案的初始投资费用加上假设永久运行所需支出的运营费用和维护费用的现值,称为资本化成本。例

4.5 为该方法的具体应用。

【例 4.5】 某特大型公共工程(长期使用)初步拟定两个方案供备选。A 方案路线较短,但机械设备配备多,初始投资 5 000 万元,年维护费为 250 万元,每 5 年大修一次费用为 800 万元;B 方案路线较长,但设备较少,初始投资 6 500 万元,年维护费为 100 万元,每 10 年大修一次费用为 1 200 万元,基准收益率为 5%。哪一个方案更经济?

解:(1)费用现值法

A 方案的费用现值为

$$PC_A = 5\ 000 + \frac{250}{5\%} + \frac{800 \times (A/F, 5\%, 5)}{5\%} = 18\ 696(万元)$$

B 方案的费用现值为

$$PC_B = 6\ 500 + \frac{100}{5\%} + \frac{1\ 200 \times (A/F, 5\%, 10)}{5\%} = 10\ 408(万元)$$

$PC_A > PC_B$,B 方案更经济。

(2)年费用法

A 方案的年费用为

$$AC_A = 250 + 800 \times (A/F, 5\%, 5) + 5\ 000 \times 5\% = 624.80(万元)$$

B 方案的年费用为

$$AC_B = 100 + 1\ 200 \times (A/F, 5\%, 10) + 6\ 500 \times 5\% = 520.2(万元)$$

$AC_A > AC_B$,B 方案更经济。

4.4.2 寿命期不等的方案比选

如果相互比较的互斥方案寿命期不等,必须先对方案的计算期和现金流做出处理,使得备选方案在相同条件的基础上进行比较,才能得出合理的结论。常用的三种处理方法:一是最小公倍数法;二是年值法;三是研究期法。

1)最小公倍数法

最小公倍数法又称为方案重复法,以各互斥方案的寿命期的最小公倍数作为方案比选的共同寿命期,并假定各个互斥方案在这样一个共同的寿命期内反复重复实施,然后按互斥方案的比选方法进行比较。这种方法的基础是重复型更新假设理论,即:

(1)在较长时期内,方案可以连续地以同种方案进行重复更新,直到多方案的最小公倍数寿命期或无限寿命期;

(2)重复更新方案与原方案现金流量完全相同,延长寿命后的方案现金流量均以原方案寿命为周期重复变化。

【例 4.6】 某企业现有两个互斥的投资方案,A 方案的寿命为 4 年,B 方案的寿命为

6年,其现金流量如表4.4所示。$i_c=10\%$。试比较两方案并做出选择。

表4.4 两互斥投资方案的相关数据

方案	投资/万元	现金净流入/万元	残值/万元	寿命/年
A	800	400	150	4
B	650	300	100	6

解：

将A、B方案的寿命延长到最小公倍数寿命期12年,现金流量也周期重复变化。即A重复更新两次,延长至三个寿命周期；B方案重复更新一次,延长至两个寿命周期,据此绘制的现金流量图如图4.6。

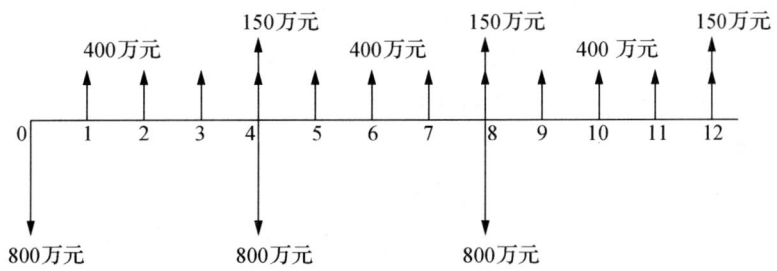

(a) 方案A

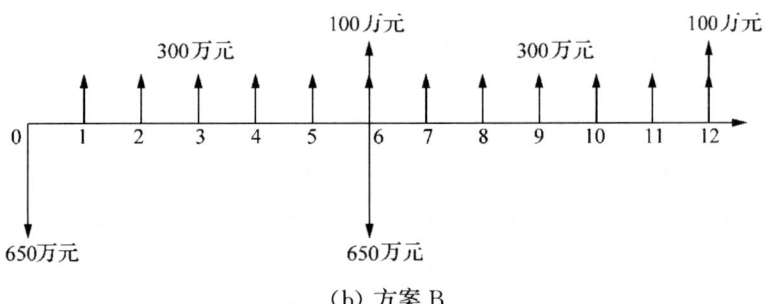

(b) 方案B

图4.6 两寿命不等方案的现金流量图

$$NPV_A^{(12)} = -800\times[1+(P/F,10\%,4)+(P/F,10\%,8)]+400\times(P/A,10\%,12)+$$
$$150\times[(P/F,10\%,4)+(P/F,10\%,8)+(P/F,10\%,12)]$$
$$=1\,226.11(万元)$$

$$NPV_B^{(12)} = -650\times[1+(P/F,10\%,6)]+300\times(P/A,10\%,12)+$$
$$100\times[(P/F,10\%,6)+(P/F,10\%,12)]$$
$$=1\,115.49(万元)$$

由于$NPV_A^{(12)} > NPV_B^{(12)}$,所以A方案为优。

本例中,$NPV_A^{(4)} = 570.41(万元) < NPV_B^{(6)} = 713.04(万元)$。显然,对于寿命期不等

的方案不能直接计算各方案的净现值来比较优劣。

2) 年值法

年值法在寿命期不等的方案比选中具有实用意义,对于寿命期不等的多个互斥方案,直接计算出各方案的年值就可以进行比较。

$AW_A = -800(A/P,10\%,4) + 400 + 150(A/F,10\%,4) = 179.925(万元)$

$AW_B = -650(A/P,10\%,6) + 300 + 100(A/F,10\%,6) = 163.72(万元)$

$AW_A > AW_B$

所以选择方案 A。

3) 研究期法

采用最小公倍数法是假设方案在共同的计算期内反复重复实施,而现在的技术进步往往使得完全重复是不经济甚至不可能的,这时,采用研究期法就更为可行。

研究期法就是针对寿命期不等的互斥方案,直接选取一个适当的分析期作为比选方案的共同计算期,再通过经济指标进行比选的方法。这种方法仅限于考虑多方案在某一研究期内的效果。

研究期的选择没有特殊规定,视具体情况而定,主要有以下三类:

(1) 以寿命期最长方案的寿命期为各方案共同的研究期,令寿命期较短方案在寿命期终止时,以同种固定资产或其他新型固定资产进行更替,直至达到研究期为止,期末可能尚存一定的残值;

(2) 以寿命期最短方案的寿命期为各方案共同的研究期,令寿命期较长方案在研究期末保留一定的残值;

(3) 统一规定方案的研究期,研究期不一定等于各个方案的寿命期。在达到研究期前,有的方案或许需要进行固定资产更替;研究期满时,有的方案可能存有残值。

对于方案期末的残值处理,通常有以下三种方法:(1) 完全承认未使用的价值,即将方案的未使用价值全部折算到研究期末;(2) 完全不承认未使用价值,即研究期后的方案未使用价值均忽略不计;(3) 对研究期末的方案未使用价值进行客观的估计,该估计值为方案到期的市场价值。

下面通过例 4.6 来进一步说明三种情况下的处理,选定研究期为 4 年。

(1) 完全承认研究期末设备未使用价值

$NPV_A^{(4)} = -800 + 400(P/A,10\%,4) + 150(P/F,10\%,4) = 570.41(万元)$

$NPV_B^{(4)} = [-650(A/P,10\%,6) + 300 + 100(A/F,10\%,6)](P/A,10\%,4)$
$= 369.21(万元)$

由于 $NPV_A^{(4)} > NPV_B^{(4)}$,所以选择 A 设备有利。

(2) 完全不承认研究期末设备未使用价值

$NPV_A^{(4)} = -800 + 400(P/A,10\%,4) + 150(P/F,10\%,4) = 570.41(万元)$

$$NPV_B^{(4)} = -650 + 300(P/A, 10\%, 4) = 300.97(万元)$$

显然,选择 A 设备有利。

(3) B 方案估计研究期末的残值为 350 万元

$$NPV_A^{(4)} = -800 + 400(P/A, 10\%, 4) + 150(P/F, 10\%, 4) = 570.41(万元)$$

$$NPV_B^{(4)} = -650 + 300(P/A, 10\%, 4) + 350(P/F, 10\%, 4) = 540.02(万元)$$

显然,还是 A 设备为优。

---数字资源---

4-10 微视频  寿命期不等的互斥方案比选

4-11 测试  本节测验题

4.5 独立方案的比选

在 4.2.1 中介绍过比选方案之间存在独立关系,对于独立方案而言,如果资源没有限制,独立方案的比选方法与单个方案基本一致,只要 $NPV \geqslant 0$ 或 $IRR \geqslant i_c$,方案就可行。所以,这种情况下的独立方案选择的结果是所有经济可行方案的组合。

如果有资源限制,独立方案之间共享的资源是有限的,独立多方案的比选不仅要考察单个方案的经济性,还要在资源限额内择优选取。其选择的结果是经济性最好的方案组合,且该组合的资源总和不超过限额。

常用的独立方案的比选方法有两种:一是方案组合法,二是效率型指标排序法。

4.5.1 方案组合法

方案组合法又称为独立方案的互斥化,该方法的基本原理是:列出所有的独立方案可能的组合,每个组合形成一个组合方案(其现金流量为被组合方案的现金流量的叠加),各组合方案间形成互斥关系,按互斥方案的比选方法确定最优组合方案,最优组合方案就是独立方案的最佳选择。

当有 n 个独立方案时,根据公式(4.3)可知,一共可以组合形成 2^n 个组合方案。需要特别注意的是,0 方案也是一种可行的组合方案。

$$C_n^0 + C_n^1 + C_n^2 + \cdots + C_n^n = 2^n \tag{4.3}$$

【例 4.7】 某企业想要用现有的资金投资若干项目,其投资资金限额为 22 000 万元,现在有三个独立的方案 A、B 和 C 可供选择,这三个方案的寿命期都是 10 年,现金流量如表 4.5 所示。基准收益率为 10%,请为该企业选择最优方案。

表 4.5　三个独立方案数据

方案	初始投资/万元	年现金净流入/万元	分析期/年
A	5 000	1 000	10
B	8 000	2 500	10
C	12 000	3 000	10

解：

(1) 列出所有可能的组合方案。以 1 代表方案被接受，以 0 代表方案被拒绝，则所有可能的组合方案(包括 0 方案)组成过程见表 4.6 所示。

表 4.6　三个独立方案组合及净现值计算表

序号	方案组合 A	方案组合 B	方案组合 C	组合方案	初始投资/万元	年净收益/万元	寿命/年	净现值/万元
1	0	0	0	0	0	0	10	0
2	1	0	0	A	5 000	1 000	10	1 144.6
3	0	1	0	B	8 000	2 500	10	7 361.5
4	0	0	1	C	12 000	3 000	10	6 433.8
5	1	1	0	A+B	13 000	3 500	10	8 506.1
6	1	0	1	A+C	17 000	4 000	10	7 578.4
7	0	1	1	B+C	20 000	5 500	10	13 795.3
8	1	1	1	A+B+C	25 000	—	—	—

(2) 对每个组合方案内的各独立方案的现金流量进行叠加，作为组合方案的现金流量，并将叠加的投资额按从小到大的顺序对组合方案进行排列，排除投资额超过资金限制的组合方案(A+B+C)。

(3) 按组合方案的现金流量计算各组合方案的净现值。

(4) (B+C)方案净现值最大，所以(B+C)为最优组合方案。

4.5.2　效率型指标排序法

效率型指标反映投资的效率，以比率的形式给出，包括内部收益率和净现值率等。效率型指标排序法主要包括内部收益率排序法或净现值率排序法。现在以例 4.7 为例介绍内部收益率排序法的选择过程。

(1) 计算各方案的内部收益率

分别求出 A、B、C 三个方案的内部收益率

$IRR_A = 15.10\%$

$IRR_B = 28.75\%$

$IRR_C = 21.41\%$

（2）这组独立方案按内部收益率从大到小的顺序排列，将它们以直方图的形式绘制在以投资为横轴、内部收益率为纵轴的坐标图上，如图4.7所示，并标明基准收益率和投资的限额。

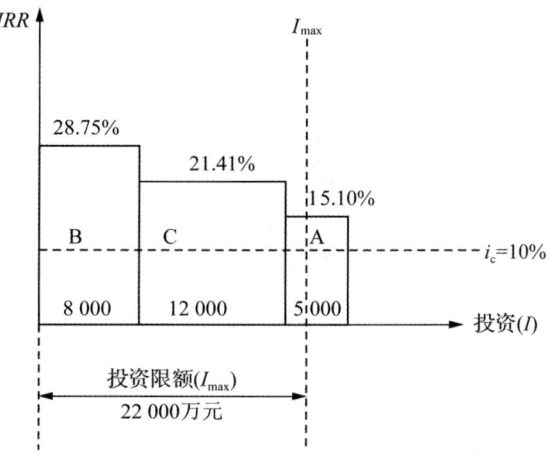

图 4.7　*IRR* 排序法选择独立方案

（3）排除 i_c 线以下的方案，排除投资限额线右边的方案。所以方案 A 不能选中，因此最后选择的最优方案应为 B 和 C。

净现值率（*NPVR*）排序法具有相同的原理：计算各方案的净现值，排除净现值小于零的方案，然后计算各方案的净现值率（＝净现值/投资的现值），按净现值率从大到小的顺序，依次选取方案，直至所选取的方案的投资额之和达到或最大程度地接近投资限额。

内部收益率排序法或净现值率排序法存在一个缺陷，即可能会出现投资资金没有被充分利用的情况。在上述例子中，假如加入一个独立方案 D，该方案投资额为 2 000 万元，内部收益率为 11.10%，加入 D 方案后，采用 *IRR* 排序法如图 4.8 所示。

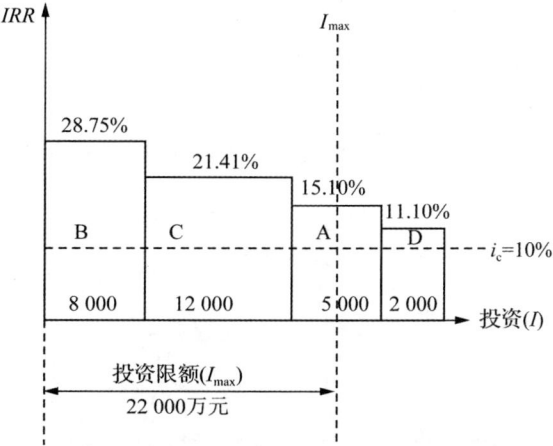

图 4.8　*IRR* 排序法选择独立方案（加入 D 方案后）

加入 D 方案后,如果选择 B+C+D 正好充分利用投资限额,且 D 方案收益率高于基准收益率 10%是完全可行的。采用 IRR 排序法,就会忽视 D 方案。当然,在实际工作中,如果遇到一组方案数目很多的独立方案,用方案组合法,计算是相当繁琐的(组合方案数目成几何级数递增)。这时,利用内部收益率或净现值率排序法是相当方便的。

4.6 混合方案的比选

当方案组合中既包含互斥方案,又包含独立方案时,就构成了混合方案。独立方案或互斥方案的选择属于单项决策,混合方案比选需要在名单项决策的基础上,研究各个方案之间的相互关系,从中选择最优方案组合。

4.6.1 混合方案的主要形式

混合方案一般有两种形式,一种是在一组独立多方案中,每个独立方案下又有若干个互斥方案,如图 4.9 所示。

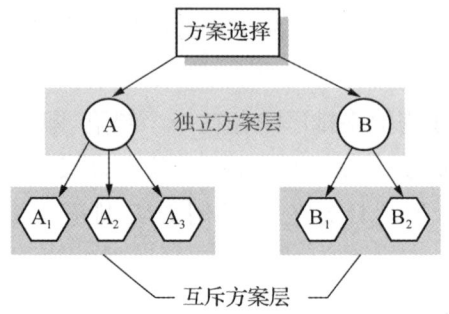

图 4.9 混合方案形式之一

混合方案的第二种类型是在一组互斥方案中,每个互斥方案下又有若干个独立方案,如图 4.10 所示。

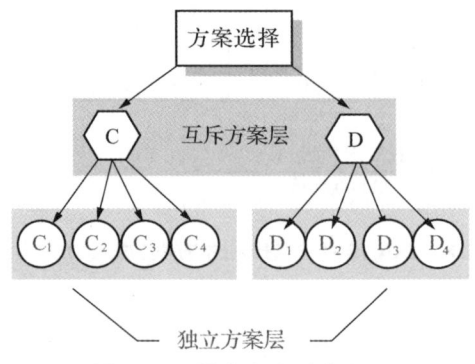

图 4.10 混合方案形式之二

4.6.2 混合方案比选方法

混合方案的比选方法一般采用方案组合法,其步骤为:

(1) 按照组间方案相互独立,组内方案互相排斥的原则,列出所有可能的互斥方案组合;
(2) 以互斥方案的比选方法进行筛选;
(3) 在总投资限额下,以独立方案比选方法选择最优方案组合。

混合方案组合法在方法和过程上与独立方案是相同的,不同的是在方案组合构成上,其组合方案数目比独立方案的组合方案数目少。如果 m 代表相互独立的方案数目,n_j 代表第 j 个独立方案下互斥方案的数目,则这一组混合方案可以组合成互斥的组合方案数目可以采用公式(4.4)进行计算。

$$N = \prod_{j=1}^{m}(n_j + 1) = (n_1 + 1)(n_2 + 1)(n_3 + 1)\cdots(n_m + 1) \quad (4.4)$$

【例 4.8】 某企业有 A、B 两地块待开发,其中,城郊的 A 地块有超市和百货大楼两种开发方案;市区的 B 地块有办公楼、商务大楼和旅馆三种开发方案,基准收益率为 10%,各方案交付运营后的现金流数据列在表 4.7 中,试对其进行方案比选。

表 4.7 混合方案数据

方案	A 地块		B 地块		
	$A_{超}$	$A_{百}$	$B_{办}$	$B_{商}$	$B_{旅}$
投资额/万元	5 000	4 000	7 000	8 000	10 000
年净收入/万元	700	600	1 000	1 150	1 200
分析期/年	20	20	20	20	20

解:

(1) 将混合方案互斥组合,结果见表 4.8 所示。

表 4.8 混合方案组合表

序号	方案组合					组合方案
	A 地块		B 地块			
	$A_{超}$	$A_{百}$	$B_{办}$	$B_{商}$	$B_{旅}$	
1	0	0	0	0	0	0
2	1	0	0	0	0	$A_{超}$
3	0	1	0	0	0	$A_{百}$
4	0	0	1	0	0	$B_{办}$
5	0	0	0	1	0	$B_{商}$
6	0	0	0	0	1	$B_{旅}$

续表

序号	方案组合 A地块		方案组合 B地块			组合方案
	$A_{超}$	$A_{百}$	$B_{办}$	$B_{商}$	$B_{旅}$	
7	1	0	1	0	0	$A_{超}+B_{办}$
8	1	0	0	1	0	$A_{超}+B_{商}$
9	1	0	0	0	1	$A_{超}+B_{旅}$
10	0	1	1	0	0	$A_{百}+B_{办}$
11	0	1	0	1	0	$A_{百}+B_{商}$
12	0	1	0	0	1	$A_{百}+B_{旅}$

(2) 计算各方案或组合的净现值(表4.9)

表 4.9 混合方案组合及净现值计算表

序号	方案组合	投资额/万元	净收益/万元	净现值/万元	排序结果
1	0	0	0	0	12
2	$A_{超}$	5 000	700	959.52	10
3	$A_{百}$	4 000	600	1 108.16	9
4	$B_{办}$	7 000	1 000	1 513.6	6
5	$B_{商}$	8 000	1 150	1 790.64	5
6	$B_{旅}$	10 000	1 200	216.32	11
7	$A_{超}+B_{办}$	12 000	1 700	2 473.12	4
8	$A_{超}+B_{商}$	13 000	1 850	2 750.16	2
9	$A_{超}+B_{旅}$	15 000	1 900	1 175.84	8
10	$A_{百}+B_{办}$	11 000	1 600	2 621.76	3
11	$A_{百}+B_{商}$	12 000	1 750	2 898.8	1
12	$A_{百}+B_{旅}$	14 000	1 800	1 324.48	7

(3) 从表4.9的计算结果排序可知,若无资源限制,本例选 $A_{百}+B_{商}$ 为最优方案。

———— 数字资源 ————

4-13 测试

本节测验题

习题

1. 说出至少三种方案的创造方法。
2. 多方案之间有哪些关系类型?
3. 为什么内部收益率不能作为多方案经济性比选的指标,而差额内部收益率却可以?
4. 某冶炼厂欲购买一套废水处理设备,有 A、B、C 三个独立的备选投资方案,各方案的寿命期均为 25 年,具体数据见表 4.10 所示。设基准投资收益率为 10%。

表 4.10 三个独立方案数据表

备选投资方案	投资额/万元	年净收益/万元	残值/万元
A	2 300	320	20
B	3 400	360	50
C	3 700	510	80

(1) 在无投资限额的情况下,哪些方案可以被接受?
(2) 在投资限额为 7 500 万元的情况下,哪些方案可以被接受?

5. 某污水处理厂计划投资购买第四代酸洗磷化废水处理专用设备,现有两个方案,A 方案初始投资 2 500 万元,年运营费用为 50 万元,每隔 10 年大修一次的费用为 200 万元;A 方案还需购置一套附加设备,购置费为 100 万元,寿命期为 10 年,年运营费用为 10 万元,10 年末的残值为 20 万元。B 方案初始投资 2 000 万元,年运营费用为 110 万元,每隔 10 年大修一次的费用为 500 万元;B 方案每使用 30 年需要一次大的技术更新,投资额为 1 500 万元。假设基准收益率为 10%,除附加设备外,其他设备在寿命期末均无残值。

(1) 假设该废水处理专用设备使用 30 年,哪个方案为优?
(2) 若永久性地使用该废水处理专用设备,哪个方案更优?

6. 某预制构件厂计划更换 A、B 两种生产设备(独立关系),如果只更换其中一种,则另一种仍用旧设备。A 有 A_1、A_2 两个型号供选择(互斥关系),B 有 B_1、B_2 两个型号供选择(互斥关系)。各方案的投资额见表 4.11 所示。

表 4.11 各方案投资额数据表

方案	A_1	A_2	B_1	B_2
投资金额/万元	90	120	80	100

在表 4.12 中列出了所有可能组合方案的差额内部收益率(左列方案减首行方案所形成的差额方案的 ΔIRR),显然不投资方案为不可行方案。设仅能筹集到 200 万元资金用于更换投资,基准收益率为 15%。

表 4.12　组合方案的 ΔIRR 数据表

ΔIRR	A_1	A_2	B_1	B_2	A_1+B_1	A_1+B_2	A_2+B_1	A_2+B_2
A_1	—							
A_2	16%	—						
B_1	40%	20%	—					
B_2	30%	8%	35%	—				
A_1+B_1	13%	10%	17%	9%	—			
A_1+B_2	18%	18%	24%	17%	35%	—		
A_2+B_1	14%	13%	16%	14%	16%	4%	—	
A_2+B_2	17%	17%	22%	16%	22%	22%	35%	—

问：最优投资方案是什么？阐明理由。

5 不确定性分析与风险分析

投资项目（或投资方案、工程方案等，以下统称方案）的经济效果与其经济要素（投资、成本、产量、售价等）之间呈函数关系，这些要素的取值变化会直接影响经济效果。在以上各章的确定性分析中，这些经济要素被赋予确定值，从而得出确定的经济效果。然而，实际经济评价中，尤其是针对新建、扩建、改建项目，这些经济要素的取值多基于预测或估算，项目内外部条件的变化使得工程项目存在大量的不确定性和风险。开展项目的不确定性与风险分析，有助于明确和减少不确定因素对经济效果评价的影响，加强风险管理和控制，避免决策偏差与失误，保证建设项目投资的盈利，并减少相应的损失。本章主要介绍三种方法：盈亏平衡分析、敏感性分析和风险分析，前两者通常被称为不确定性分析。

5.1 不确定性与风险概述

5.1.1 不确定性与风险的含义

1）不确定性

中国大百科全书指出不确定性是指在某一特定环境下，某一特定时间段内，某种损失发生的可能性。这种状态可能源于信息的不完整、知识的局限性或外部环境的随机性。不确定性是决策理论、风险管理、经济学、哲学、物理学等多个领域中的一个核心概念。在工程经济学领域，不确定性是指在项目经济评价过程中，由于信息不完全、市场变化、技术进步、政策调整等因素，导致项目未来的经济效果无法准确预测。不确定性分析是评估项目潜在不确定性的重要手段，通过识别项目中的不确定性因素，帮助决策者制定更合理的投资决策。

2）风险

国际风险管理标准（ISO 31000:2018）指出风险是指不确定性对目标的影响，影响是与预期的偏差。它可以是积极的、消极的或两者兼而有之，并且可以锁定、创造机遇或导致威胁；目标可以有不同的方面和类别，并且可以在不同的层面应用。

风险通常以风险源、潜在事件、后果及其可能性表示。风险源指单独或组合在一起可能会导致风险的要素。事件是指一系列特殊状况的发生或变化，事件也可能是风险源。风险后果是指事件影响目标的结果，后果可能是确定的或不确定的，可能对目标产生正面或负面、直接或间接的影响。风险的可能性是指事件发生的概率。

在工程经济领域，风险主要指在项目投资、建设、运营过程中，由于各种不确定因素导致项目经济效益偏离预期目标的可能性和程度。在工程项目经济评价中，风险分析是评估项目潜在风险和制定风险管理策略的重要环节。通过风险识别、评估和应对,可以有效管理和控制项目风险,确保项目的顺利实施和成功交付。

在工程经济分析中,风险是项目面临不利事件的可能性及其后果的综合体现,理解风险的概念应该把握以下三要素:

(1) 风险的本质是不确定性,它涉及风险事件是否发生、何时发生以及发生后可能带来的后果,这些都是不确定的。例如,投资股票时,股价涨跌难测,不知何时会涨、何时会跌,涨跌幅度多大。若能确定涨跌,就可做精确计划,风险也就不存在,所以不确定性是风险的必要条件。

(2) 风险意味着潜在的损失或损害。如果不存在损失或损害的可能性,那么这种不确定性可能被视为机会而非风险。以一家农业企业建立生态农场为例,如果市场价格波动导致农产品售价低于预期,那么这种价格波动就构成了风险。

(3) 风险是实际结果与预期目标之间的差异。这种差异是相对于人们的预期目标而言的,不一定是绝对的损失。例如,一家新能源公司投资建设风力发电场,如果预期的年发电量是1亿千瓦时,但实际发电量可能因为天气变化等因素而低于这个数字,那么这种差异就构成了风险。

5.1.2 不确定性与风险的分类

1) 按来源分类

项目的不确定性与风险按照来源可以分为内部和外部两个方面,如图5.1所示。

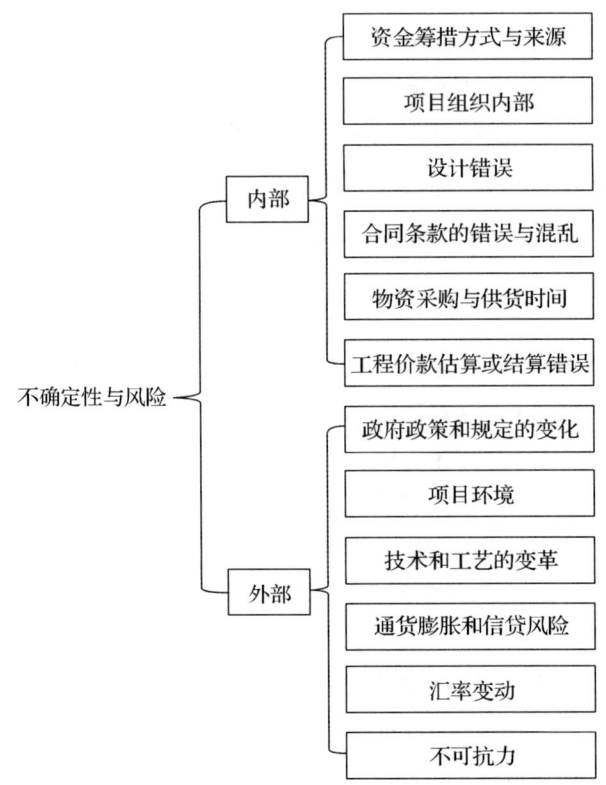

图5.1 不确定性与风险按来源划分

(1) 内部来源

① 资金筹措方式与来源。工程项目的投资由业主负责筹措,筹措的方式与来源多种多样,因此资金筹措风险也呈现出多样化特征。为了减小这类风险,往往需要有一定比例的自有资金作基础。

② 项目组织内部。项目组织内部的风险来自组织结构选择不合理、指令传达或沟通渠道不畅等。

③ 设计错误。设计错误轻则导致变更,重则导致返工甚至项目失败。

④ 合同条款的错误与混乱。合同条款的错误与混乱均会导致双方当事人发生重大争执,是索赔发生的根源,均会对项目造成损害。

⑤ 物资采购与供货时间。采购环节中存在许多风险因素,如质量、价格、运输等,而供货时间的推迟也会导致工期的拖延。

⑥ 工程价款估算或结算错误。这是建设项目普遍存在的问题,可能是由于资料的不完整性、统计预测方法的不适当应用等所引起,也可能是由时间、资金以及其他未知因素的限制所产生。

(2) 外部来源

① 政府政策和规定的变化。我国正处于经济改革的深化阶段,国内外政策形势和经济形势的影响以及国家经济政策、财务政策的改变,会给项目带来较大的不确定性的影响。

② 项目环境。项目的业主、供应商、承包商、分包商以及项目实施时的经济环境和气候状况。

③ 技术和工艺的变革。由于技术和工艺变革很快,原定的生产工艺和技术路线有可能在项目建设和实施过程中发生变化,从而改变了原始的数据;此外,新的替代品的出现以及大量竞争对手的出现,也会导致产品价格和市场需求的意外变化。

④ 通货膨胀和信贷风险。通货膨胀对工程项目的影响巨大,承包商会因为建设期内的通货膨胀遭受一定的损失,业主也会因建设期内贷款利率的提高而蒙受损失。

⑤ 汇率变动。汇率变动给项目带来的不确定性与风险主要体现在成本、收益及市场竞争力的波动上。

⑥ 不可抗力。不可抗力,如自然灾害、突发公共卫生事件、社会异常事件等,会导致项目计划、进度、成本乃至成功实施的可能性受到无法预见和控制的外部事件的严重影响。

2) 按阶段分类

项目的不确定性与风险按照阶段可以分为投资决策阶段、设计阶段、施工阶段、运营阶段四个方面,如图 5.2 所示。

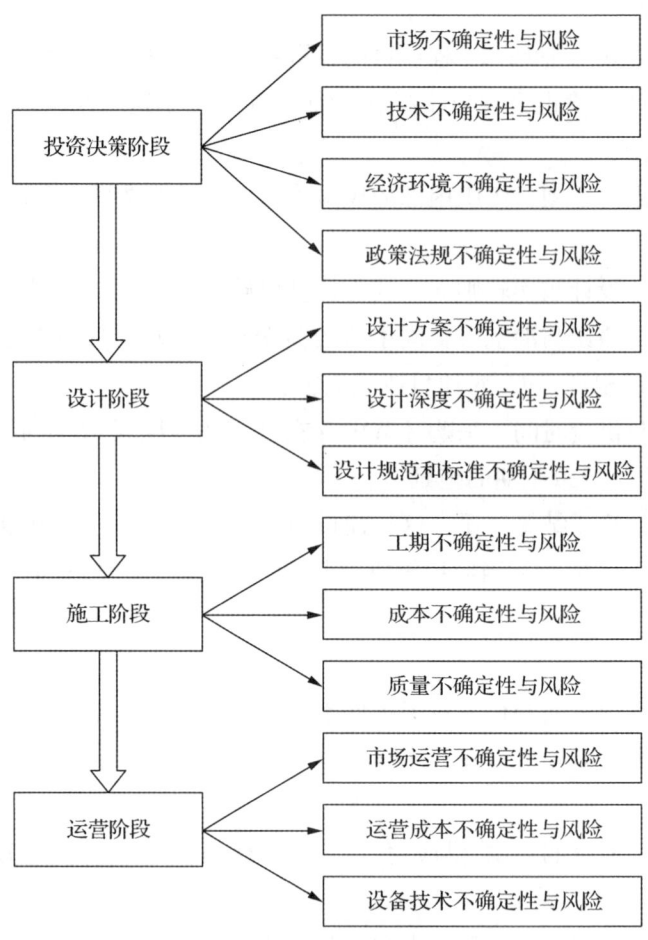

图 5.2 不确定性与风险按阶段划分

（1）投资决策阶段

① 市场不确定性与风险。市场需求预测不准、价格波动等原因，会使项目输出的产品面临滞销与利润受损风险。

② 技术不确定性与风险。新技术成熟度评估不足、技术更新快等原因，易导致项目出现技术难题与竞争力下降问题。

③ 经济环境不确定性与风险。宏观经济形势、利率汇率波动等原因，会给项目资金成本、收益及融资带来风险。

④ 政策法规不确定性与风险。政策法规的调整，如税收、金融、汇率等政策变化，可能限制项目或增加项目成本与风险。

（2）设计阶段

① 设计方案不确定性与风险。设计人员对需求理解偏差、方案缺乏前瞻性等原因，会使项目功能与收益受影响。

② 设计深度不确定性与风险。设计深度不足、勘察不详细等原因，会导致施工变更

增加成本与工期风险。

③ 设计规范和标准不确定性与风险。规范标准更新、地区行业差异等原因,可能使设计不符合要求而需修改。

(3) 施工阶段

① 工期不确定性与风险。恶劣自然条件、施工组织不善等原因,都可能造成工程延误增加间接成本。

② 成本不确定性与风险。原材料价格上涨、工程变更索赔等原因,会使项目建设成本超出预期。

③ 质量不确定性与风险。施工单位技术管理不足、材料不合格、施工工艺不到位等原因,会引发工程质量问题与安全隐患。

(4) 运营阶段

① 市场运营不确定性与风险。市场竞争加剧、需求变化等原因,可能使项目市场份额下降、产品失去竞争力。

② 运营成本不确定性与风险。能源价格上涨、运营管理不善等原因,会导致项目运营成本上升、利润降低。

③ 设备技术不确定性与风险。设备老化损坏、技术过时等原因,会影响项目运营效率并增加成本与投资风险。

5.1.3 不确定性与风险的关系

1) 不确定性与风险

在经济活动中,不确定性与风险既有紧密的联系,又有区别(表5.1)。

(1) 不确定性与风险的联系

不确定性是风险的起因,不确定性与风险总是相伴而生。如果不从定义上去刻意区分,往往会将二者混为一谈。即使理论上有所区分,但两者在实践中也常交织使用。

(2) 不确定性与风险的区别

一般来说,未知发生的可能性称为不确定性,而已知可能发生的不利后果则称为风险。不确定性可能带来优于或低于预期的结果,而风险则通常指低于预期的结果,甚至包括损失。

表 5.1 不确定性与风险的关系

	不确定性	风险
联系	不确定性是风险的起因,二者相伴而生	
区别	指未知发生的可能性	指已知可能发生的不利后果
	可能带来优于或低于预期的结果	通常指低于预期的结果,甚至包括损失

2) 不确定性分析与风险分析

(1) 不确定性分析侧重于分析投资项目受各种不确定因素的影响,但无法预测这些不确定因素可能出现的各种状况及其产生影响的可能性。例如,在投资一个新的工厂项目时,原材料价格波动、市场需求变化等都是不确定因素,但不确定性分析无法明确这些因素具体会产生何种变化,以及变化后对项目收益影响的可能性大小。

(2) 风险分析能预测不同风险因素出现的各种状况发生的可能性,这些因素对投资项目产生影响的可能性,并据此判断风险程度。仍以新工厂项目为例,风险分析可以通过市场调研、行业数据等,预估原材料价格上涨10%、20%的概率,以及需求增加或减少一定比例的可能性,从而判断项目面临的风险大小。

(3) 在不确定性分析与风险分析的应用场景方面,不确定性分析包括盈亏平衡分析和敏感性分析,其中盈亏平衡分析一般只用于财务评价,敏感性分析可同时用于财务评价和国民经济评价,风险分析也可同时用于财务评价和国民经济评价。三者的选择使用,要根据项目的性质、决策者的需要、相应的财力人力等进行决策。

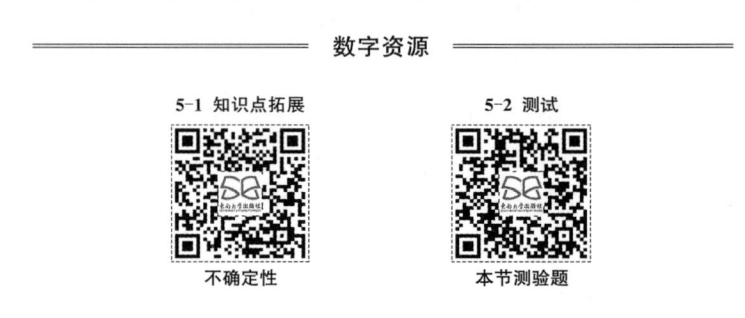

5.2 盈亏平衡分析

盈亏平衡分析是一种常见的不确定性分析方法,适用于掌握资料和项目信息较少的项目初期阶段。在一定市场环境、生产能力及经营管理条件下,各种因素的不确定性变化会影响项目的经济效果,当这些因素的变化达到临界值时,就会影响项目方案的取舍。盈亏平衡分析的目的就是找出这些临界值,判断项目的风险大小及对风险的承受能力,为投资决策提供科学依据。

根据方案的个数和类型,可将盈亏平衡分析分为单方案盈亏平衡分析和互斥多方案盈亏平衡分析。在单方案盈亏平衡分析中,根据生产成本及销售收入与产量(销售量)之间是否成线性关系,可进一步分为线性与非线性盈亏平衡分析(图5.3)。

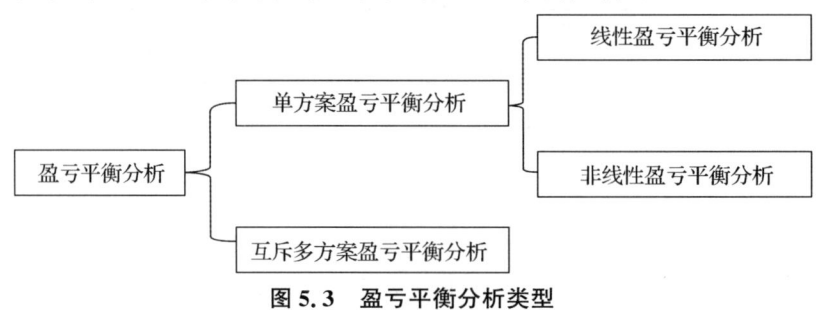

图 5.3 盈亏平衡分析类型

单方案盈亏平衡分析是通过分析产品产量、成本和盈利能力之间的关系,找出方案盈利与亏损在产量、单价、单位产品成本等方面的临界值,以判断方案在各种不确定因素作用下的抗风险能力。由于单方案盈亏平衡分析是研究产品产量、成本和盈利之间的关系,所以又称为量本利分析。

5.2.1 销售收入、产品成本和产品产量的关系

1) 销售收入与产品销售量的关系

根据市场条件的不同,销售收入与产品销售量的关系可能会有两种情况。

情况 1:在无竞争市场中,方案提出的生产销售活动不会明显地影响市场供求状况,市场的其他条件也不变,产品价格不随方案销售量的增加而变化,可以将其看作一个常数,销售收入与销售量之间为线性关系,即

$$B=(P-T_b)\times Q \tag{5.1}$$

式中,B——不含税销售收入(以下简称销售收入);

P——单位产品价格(不含增值税,下同);

T_b——单位产品税金及附加(包括消费税、资源税、城市维护建设税、教育费附加等);

Q——产品销售量。

情况 2:在有竞争市场中,方案提出的生产销售活动会明显地影响市场供求状况,随着产品销售量的增加,产品价格有所下降。这时,销售收入与销售量之间不再是线性关系,而是非线性关系,则对应于销售量 Q_0 的销售收入为

$$B=\int_0^{Q_0}[P(Q)-T_b]dQ \tag{5.2}$$

式中,$P(Q)$——价格随产品产量变化的函数;

其余符号含义同前。

2) 产品成本与产品产量的关系

在盈亏平衡分析中,有一个基本假设,即生产企业按销售量组织生产,产品销售量等于产品产量。因此,产品产量也可用 Q 表示。

产品总成本为固定成本与变动成本之和,它与产品产量之间的关系可以近似地认为是线性关系,即

$$C=C_f+C_v\times Q \tag{5.3}$$

式中,C——不含税总成本(以下简称总成本,或产品总成本);

C_f——固定成本(不含增值税,下同);

C_v——单位产品可变成本(不含增值税,下同)。

3) 盈亏平衡点及其确定

盈亏平衡点是方案盈利与亏损的临界点,即销售收入曲线与产品总成本曲线的交点

(销售收入等于产品总成本)。由于销售收入与产品销售量之间存在着线性和非线性两种关系,因而盈亏平衡点也有两种不同形式,即线性平衡点和非线性平衡点。

5.2.2 线性盈亏平衡分析

线性平衡点为销售收入与产品销售量成线性关系时所对应的盈亏平衡点,如图 5.4 所示。图中横坐标表示产品产量(或产品销售量),纵坐标表示销售收入与产品成本,销售收入线 B 与总成本线 C 的交点即为盈亏平衡点 BEP。在 BEP 的左边,总成本大于销售收入,方案亏损;在 BEP 的右边,销售收入大于总成本,方案盈利;在 BEP 点上,销售收入等于产品总成本,方案不盈不亏。

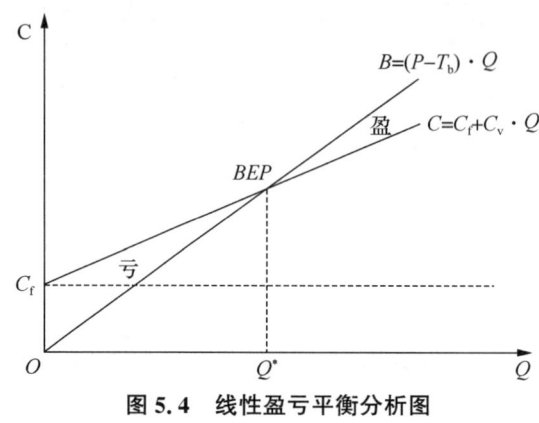

图 5.4 线性盈亏平衡分析图

在销售收入及产品成本与产品产量均成线性关系的情况下,可以很方便地用解析方法求解出盈亏平衡点。设盈亏平衡点所对应的产量为 Q^*,根据盈亏平衡点的定义有

$$B = C \tag{5.4}$$

即

$$(P - T_b) \cdot Q^* = C_f + C_v \cdot Q^* \tag{5.5}$$

则

$$Q^* = \frac{C_f}{P - T_b - C_v} \tag{5.6}$$

Q^* 是以产量表示的盈亏平衡点,称为盈亏平衡产量;$P - T_b - C_v$ 表示销售单位产品的收入在补偿了可变成本、税金及附加后的剩余,被称为单位产品的边际贡献。盈亏平衡产量就是以边际贡献补偿固定成本的产量。

Q^* 是方案保本的产量下限,其值越低,表示方案适应市场变化的能力越强,即抗风险能力越强。

除了用产量表示外,盈亏平衡点还可以用销售收入、生产能力利用率、销售价格、单位产品可变成本等来表示。

在产品销售价格、固定成本、可变成本不变的情况下,盈亏平衡销售收入为

$$B^* = (P-T_b) \times Q^* = \frac{(P-T_b) \cdot C_f}{P-T_b-C_v} \qquad (5.7)$$

设方案设计生产能力为 Q_d,在产品销售价格、固定成本、可变成本等不变的情况下,盈亏平衡生产能力利用率为

$$E^* = \frac{Q^*}{Q_d} \times 100\% = \frac{C_f}{(P-T_b-C_v) \cdot Q_d} \times 100\% \qquad (5.8)$$

若按设计生产能力进行生产和销售,且产品固定成本、可变成本等不变,则盈亏平衡销售价格为

$$P^* = \frac{B}{Q_d} + T_b = \frac{C}{Q_d} + T_b = \frac{C_f}{Q_d} + C_v + T_b \qquad (5.9)$$

若按设计生产能力进行生产和销售,且产品销售价格、固定成本等不变,则盈亏平衡单位产品可变成本为

$$C_v^* = \frac{C-C_f}{Q_d} = \frac{B-C_f}{Q_d} = P-T_b-\frac{C_f}{Q_d} \qquad (5.10)$$

【例5.1】 某化工企业计划新建一条生产某种化工原料的生产线,该生产线的年设计生产能力为2万t。市场调研显示,该化工原料的产品销售价格为4 000元/t,需缴纳的税金及附加为200元/t。企业预计该生产线的年总成本为5 000万元,其中固定成本(包括设备购置、厂房建设、技术研发等)为2 000万元。试求以产量、销售收入、生产能力利用率、销售价格和单位产品变动成本表示的盈亏平衡点。

解:首先计算单位产品可变成本

$$C_v = \frac{C-C_f}{Q_d} = \frac{(5\,000-2\,000)\times 10^4}{2\times 10^4} = 1\,500(元/t)$$

盈亏平衡产量为

$$Q^* = \frac{C_f}{P-T_b-C_v} = \frac{2\,000\times 10^4}{4\,000-200-1\,500} \approx 8\,695.65(t)$$

盈亏平衡销售收入为

$$B^* = (P-T_b) \cdot Q^* = (4\,000-200)\times 8\,695.65 \approx 3\,304.35(万元)$$

盈亏平衡生产能力利用率为

$$E^* = \frac{Q^*}{Q_d} \times 100\% = \frac{8\,695.65}{2\times 10^4} \times 100\% = 43.48\%$$

盈亏平衡销售价格为

$$P^* = \frac{C_f}{Q_d} + C_v + T_b = \frac{2\,000 \times 10^4}{2 \times 10^4} + 1\,500 + 200 = 2\,700\,(元/t)$$

盈亏平衡单位产品可变成本为

$$C_v^* = P - T_b - \frac{C_f}{Q_d} = 4\,000 - 200 - \frac{2\,000 \times 10^4}{2 \times 10^4} = 2\,800\,(元/t)$$

通过计算盈亏平衡点,结合市场预测,可以对方案发生亏损的可能性做出大致判断。在上例中,如果未来的产品销售价格及生产成本与预期值相同,方案不发生亏损的条件是年销售量不少于 8 695.65 t,生产能力利用率不低于 43.48%,销售收入不低于 3 304.35 万元。如果按设计生产能力进行生产并全部销售,生产成本与预期相同,方案不发生亏损的条件是产品销售价格不低于 2 700 元/t;销售价格和固定成本与预期相同,方案不发生亏损的条件是单位产品变动成本不高于 2 800 元/t。

5.2.3 非线性盈亏平衡分析

非线性盈亏平衡分析通过建立非线性成本函数和收入函数,求解非线性盈亏平衡方程,得到盈亏平衡点,并分析其性质,为项目决策提供依据。

实际应用中,非线性平衡点一般可表达为销售收入与产品销售量成非线性关系时所对应的盈亏平衡点,如图 5.5 所示。由于销售收入为曲线,故图中有两个盈亏平衡点。BEP_1、BEP_2 所对应的盈亏平衡产量分别为 Q_1^* 和 Q_2^*,当产量 Q 低于 Q_1^* 或高于 Q_2^*,均会因生产成本高于销售收入而使方案出现亏损;只有在 Q_1^* 和 Q_2^* 之间,方案才能够盈利。因此,方案必须在 Q_1^* 和 Q_2^* 之间安排生产与销售。

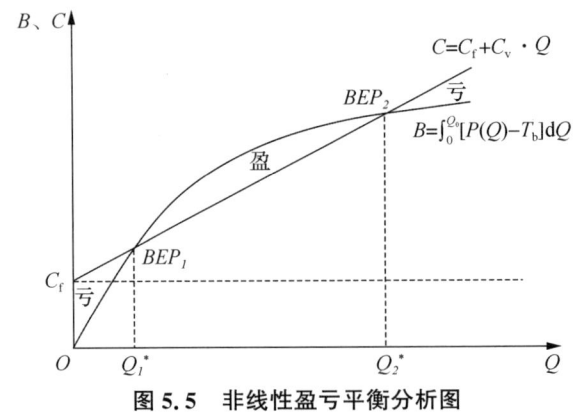

图 5.5 非线性盈亏平衡分析图

确定非线性平衡点的基本原理与线性平衡点相同,即运用销售收入等于总成本的方程求解,只是解(盈亏平衡点)有多个,需判断各区间的盈亏情况。

【例 5.2】 某仪器制造企业计划生产一种新型的高精度传感器。该传感器的年固定成本为 8 万元,主要用于设备购置、厂房租赁和研发费用。每件传感器的单位可变成本为 35 元,包括原材料、人工和能源消耗等。为了降低原材料成本,企业采取批量购买策略,单位材料费用可随着生产量的增加而降低,降低率为生产量的 0.2%。市场调研显示,传感器的销售单价为 70 元,但随着销售量的增加,单位产品价格会下降,下降率为生产量的 0.4%。试计算传感器产量的盈亏平衡点以及利润最大时的产量。

解:(1)求盈亏平衡点

收入函数: $B=(70-0.004Q)Q=70Q-0.004Q^2$

成本函数: $C=80\,000+(35-0.002Q)Q=80\,000+35Q-0.002Q^2$

根据盈亏平衡点的定义: $B=C$

得到: $0.002Q^2-35Q+80\,000=0$

求解得: $Q_1\approx 2\,700$(件), $Q_2\approx 14\,800$(件)

(2)求最大利润时的销量

利润函数:
$$P=B-C=70Q-0.004Q^2-(80\,000+35Q-0.002Q^2)$$
$$=-0.002Q^2+35Q-80\,000$$

令 $P'(Q)=0$,得:
$$-0.004Q+35=0$$
$$Q=8\,750(件)$$

5.2.4 优劣平衡分析

当某个不确定因素同时对两个或两个以上的互斥方案产生影响时,亦可采用盈亏平衡分析方法来考虑这个共有的不确定因素对各个方案的影响程度,并进行方案的比选。这种方法也被称为优劣平衡分析或损益平衡分析。

【例 5.3】 在充满机遇与挑战的商业浪潮中,某新兴企业着眼于一款创新型产品的生产布局,面临两种投资方案的选择:方案 A 需要在起步阶段投入 80 万元,预计每年能获得 20 万元的净现金流入;方案 B 则有着更为宏大的规划,初始需一次性投入 180 万元,预期每年能带来高达 35 万元的净现金流入。鉴于该项目产品市场寿命存在较大不确定性,现设定基准折现率为 10%,并假设项目结束时资产无残值。试就项目寿命期分析两方案的优劣平衡点。

解: 设项目寿命期为 n:
$$NPV_A=-80+20(P/A,10\%,n)$$
$$NPV_B=-180+35(P/A,10\%,n)$$

当 $NPV_A=NPV_B$ 时,有:
$$-80+20(P/A,10\%,n)=-180+35(P/A,10\%,n)$$

$$(P/A, 10\%, n) = 6.67$$

查复利系数表,并进行内插法计算,得两方案寿命期的临界点 $n=11.54$ 年,如图 5.6 所示。

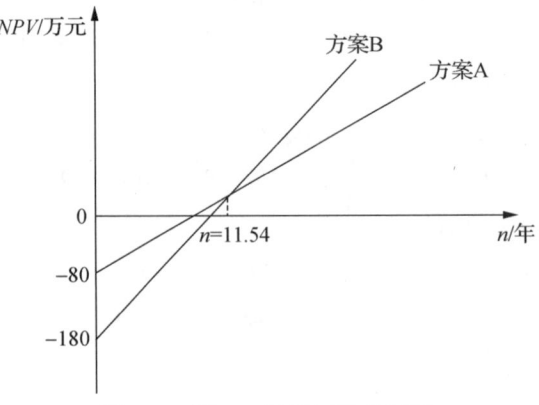

图 5.6 例 5.3 盈亏平衡分析图

11.54 年是以项目寿命期为共有变量时方案 A 与方案 B 的优劣平衡点。由于方案 B 年净现金流量比较高,项目寿命期延长对方案 B 有利。故可知:如果根据市场预测项目寿命期小于 11.54 年时,应采用方案 A;如果寿命期在 11.54 年以上,则应采用方案 B;当项目实际寿命期为 11.54 年时,A 方案与 B 方案无差异。

【例 5.4】 某制造企业计划启动一个新产品生产项目,目前有三个技术方案 A、B 和 C 可供选择。各方案不仅在生产工艺和技术水平上存在差异,其产品成本结构,包括可变成本和固定成本,也各有特点,详细的成本数据已在表 5.2 中列出。企业希望综合考虑成本因素,基于这些成本数据,对三个方案进行全面比较,以确定哪个方案在经济效益上更具优势,能够为企业带来更高的利润和更好的投资回报。

表 5.2 成本数据表

方案	A	B	C
产品可变成本/(元/件)	70	40	30
产品固定成本/元	2 500	5 500	18 500

解:设 Q 为预计产量,各方案的成本费用方程为:

$$C = C_f + C_v \cdot Q$$

$$C_A = 2\ 500 + 70Q$$

$$C_B = 5\ 500 + 40Q$$

$$C_C = 18\ 500 + 30Q$$

令 $C_A = C_B$ 求得 $Q_{AB} = 100$ 件

$$令\ C_B = C_C\ 求得\ Q_{BC} = 1\,300\ 件$$

$$令\ C_A = C_C\ 求得\ Q_{AC} = 400\ 件$$

以横轴表示产量,纵轴表示成本,绘出盈亏平衡图,如图 5.7 所示。

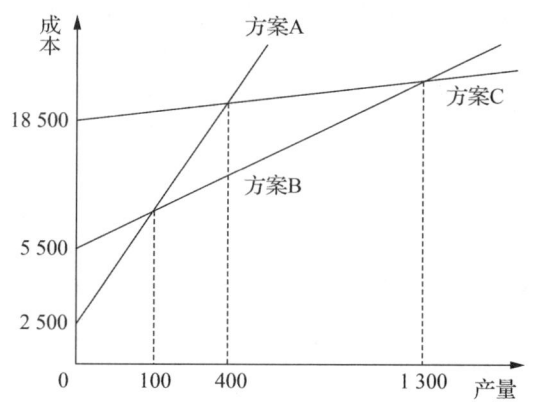

图 5.7　例 5.4 盈亏平衡分析图

从图中可以看出,当产量小于 100 件时,A 方案为优;当产量为 100～1 300 件时,B 方案为优;当产量大于 1 300 件时,C 方案为优。决策时可结合市场预测结果及投资条件进行方案取舍。

5.3　敏感性分析

敏感性分析也是不确定性分析的一种常用方法,主要用来分析、预测项目涉及的各种不确定因素对方案经济效果的影响。通常,不确定因素(如投资额、建设工期、产品产量、产品价格、产品成本以及汇率等)的变动会对方案经济效果有影响。当因素变动不大却导致方案目标值变动很大时,称该方案为敏感方案;在多个不确定因素中,某个因素的变动对方案经济效果的影响特别显著时,就称该因素为方案的敏感因素。根据每次计算时不确定因素变动数目的多少,敏感性分析可以分为单因素敏感性分析和多因素敏感性分析。

5.3.1 敏感性分析的目的和步骤

1)敏感性分析的目的

(1)确定最优与最差经济效果的变动范围

明确各不确定因素在何种变动区间内能使方案的经济效果达到最佳状态,以及在何种变动下会导致效果最差。其目的是对不确定因素进行有效监控和管理,确保项目在实施过程中能够尽量维持在最佳经济效果的范围内,同时避免因不确定因素的极端变动而带来的不利影响。

(2)筛选低风险方案

通过对比不同方案对不确定因素的敏感程度,区分出哪些方案对这些因素的变化较为敏感,哪些方案则相对稳定。优先选择那些敏感性较低的方案,意味着选择了不确定性相对较小的方案,从而降低项目实施过程中因外部环境变化而带来的不确定性影响,提高项目的稳定性和可靠性。

(3)为决策提供数据支持与研究方向

可以识别出对项目经济效果敏感性强的因素,一旦这些敏感性强的因素被确定,分析结果将为决策者提供重要参考,帮助他们判断是否需要进一步收集相关资料、深入研究这些关键因素,以便更精准地预测其可能的变化趋势和影响程度,进而提升整个经济分析的准确性和可信度,为项目的最终决策提供坚实的数据基础和科学依据。

2)敏感性分析的步骤

敏感性分析的步骤如图5.8所示。

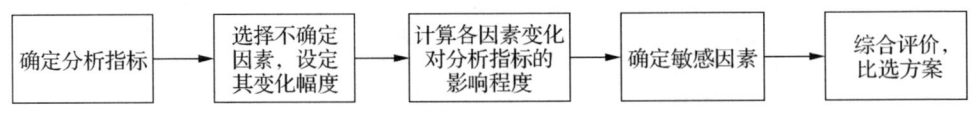

图5.8 敏感性分析步骤

(1)确定分析指标

敏感性分析主要针对方案的经济效果指标,如净现值、净年值、内部收益率等。每个指标的内涵与反映的问题不同,一般根据方案资金来源等特点,选择一种或两种指标作为分析指标。敏感性分析指标一般应与该方案确定性分析所用的指标一致,以便综合分析与决策。

(2)选择不确定因素,设定其变化幅度

影响方案经济效果的不确定因素众多,如投资额、建设工期、销售量等,任一因素的变动都会导致方案经济效果的变动。但在实际工作中,不必要对影响经济效果的所有影响因素都进行不确定性分析,而应根据方案特点选出变动可能性较大,且对方案经济效果影响较为显著的因素进行敏感性分析。

在确定需要分析的不确定因素后,还要结合实际情况,根据各不确定因素可能波动的范围,设定其变化幅度,如5%、10%、15%等。

(3) 计算各因素变化对分析指标的影响程度

对于各个不确定因素的各种可能变化幅度,分别计算其对分析指标的影响值。即固定其他不确定因素,变动某一个或某几个因素,计算经济效果指标值,并用图表呈现因素变化与指标的数量关系。

(4) 确定敏感因素

敏感因素是对分析指标影响显著的不确定因素。判别敏感因素的方法有相对测定法和绝对测定法两种。

① 相对测定法

为各不确定因素设定一个相同的变化幅度(相对于确定性分析中的取值),比较在同一变化幅度下各因素的变动对分析指标的影响程度,影响程度大者为敏感因素。这种影响程度可以用敏感度系数表示。

$$S_{AF} = \frac{\Delta A/A}{\Delta F/F} \tag{5.11}$$

式中,S_{AF}——评价指标 A 对于不确定因素 F 的敏感度系数;

$\Delta F/F$——不确定因素 F 的变化率;

$\Delta A/A$——不确定因素 F 发生 ΔF 变化时,评价指标 A 的相应变化率。

$S_{AF}>0$,表示评价指标与不确定因素同向变化;$S_{AF}<0$,表示评价指标与不确定因素反向变化。$|S_{AF}|$ 较大,说明对应的不确定因素越敏感。

相对测定法仅从评价指标对不确定因素变化的敏感程度来鉴别敏感因素,而没有考虑各个不确定因素本身可能变化的情况。事实上,鉴别某个因素是否为敏感因素,不仅要考虑评价指标对该因素变化的敏感程度,还要考虑该因素可能出现的最大变化幅度。

② 绝对测定法

设定各不确定性因素均朝着对方案不利的方向变动,并取其可能出现的对方案最不利的数值,计算此时的分析指标,看其是否达到方案无法接受的程度,即 $NPV<0$ 或 $IRR<i_c$,如果已达到这种程度,则视该不确定性因素为敏感因素。

也可理解为,先设定分析指标为临界值,如 $NPV=0$,然后求出不确定性因素允许变动的最大幅度,并与其可能出现的最大变动幅度相比较,如果后者超过前者,则认为该因素相对于前者是敏感因素。

(5) 综合评价,比选方案

根据确定性分析和敏感性分析的结果,综合评价方案,并选择最优方案。

5.3.2 单因素敏感性分析

单因素敏感性分析是每次只变动一个不确定因素所进行的敏感性分析。在分析方法上类似于数学上多元函数的偏微分,即在计算某个因素的变化对经济效果指标的影响时,假定其他因素均不变。

【例 5.5】 某环保科技公司计划启动一个新型污水处理设备生产项目,旨在满足日益增长的环保市场需求。该项目的初始投资额为 3 000 万元,项目投产后预计年销售收入可达 900 万元,年经营成本为 400 万元,项目预计运营周期为 12 年。在项目结束时,设备预计残值为 300 万元。鉴于当前市场环境的不确定性,项目的折现率设定为 12%。为确保项目的经济可行性,需对该项目进行敏感性分析,重点考察初始投资额、销售收入、经营成本分别按照±10%、±20%、±30%的幅度变化时对项目净现值的影响以便为决策提供科学依据。

解:以净现值为经济分析指标,投资额、销售收入、经营成本为敏感性因素进行分析。

查复利系数表,得$(P/A, 12\%, 12) = 6.1944$,$(P/F, 12\%, 12) = 0.2567$。基准方案的净现值(初始值)为:

$$NPV = -3\,000 + (900-400) \times (P/A, 12\%, 12) + 300 \times (P/F, 12\%, 12)$$
$$= -3\,000 + 500 \times 6.1944 + 300 \times 0.2567 = 174.21(万元)$$

分别设投资额、销售收入、经营成本的变动百分比为 x、y、z,假设其他因素不变,三个不确定因素分别对净现值的影响如下:

$$NPV = -3\,000 \times (1+x) + (900-400) \times (P/A, 12\%, 12) + 300 \times (P/F, 12\%, 12)$$

$$NPV = -3\,000 + [900 \times (1+y) - 400] \times (P/A, 12\%, 12) + 300 \times (P/F, 12\%, 12)$$

$$NPV = -3\,000 + [900 - 400 \times (1+z)] \times (P/A, 12\%, 12) + 300 \times (P/F, 12\%, 12)$$

当投资额、销售收入、经营成本分别按±10%、±20%、±30%的幅度变化时,对应的方案净现值见表 5.3 所示。

表 5.3 例 5.5 敏感性分析 单位:万元

项目	变化幅度						
	−30%	−20%	−10%	0	10%	20%	30%
	NPV						
投资额	1 074.21	774.21	474.21	174.21	−125.79	−425.79	−725.79
销售收入	−1 498.28	−940.78	−383.29	174.21	731.71	1 289.20	1 846.70
经营成本	917.54	669.76	422.09	174.21	−73.57	−331.34	−569.12

进而,计算各不确定因素的敏感系数。

投资额增加 10% 的敏感系数为 $\dfrac{\Delta A/A}{\Delta F/F} = \dfrac{(-125.79 - 174.21) \div 174.21}{10\%} \approx -17.22$,通过计算得知投资额按±10%、±20%、±30%的幅度变化时,敏感系数的绝对值为 17.22。同理,计算出销售收入和经营成本的敏感系数分别为 32 和 14.22。由此可知,在

相同的变动率下,销售收入的变动对方案的净现值影响最大,经营成本的变动对净现值的影响最小。

根据表5.3中的数据,可以绘制出敏感性分析图,如图5.9所示。

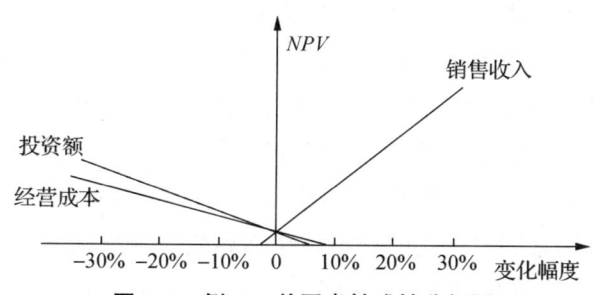

图 5.9 例 5.5 单因素敏感性分析图

在图5.9中,斜率最大、截距最小的因素最敏感,因此,净现值对不确定因素的敏感程度从大到小排序为销售收入、投资额和经营成本,这与前面的分析结果是一致的。

以上是敏感因素的相对测定法,也可采用绝对测定法来确定敏感因素。设 $NPV=0$,分别求投资额、销售收入和经营成本的变动临界值,即有:

$$-3\,000\times(1+x)+(900-400)\times(P/A,12\%,12)+300\times(P/F,12\%,12)=0$$

$$-3\,000+[900\times(1+y)-400]\times(P/A,12\%,12)+300\times(P/F,12\%,12)=0$$

$$-3\,000+[900-400\times(1+z)]\times(P/A,12\%,12)+300\times(P/F,12\%,12)=0$$

求解方程得到 $x=5.81\%, y=-3.12\%, z=7.03\%$。

假设其他因素不变,当投资额增加5.81%时,项目将变得不可接受。同理,销售收入减少3.12%,或经营成本增加7.03%时,项目也将变得不可接受。由此可知,销售收入较小幅度的变动,就会使方案变得不可接受,而投资额和经营成本可以有较大的变动余地。绝对测定法与相对测定法的结果一致。

通过综合分析可知,本项目的敏感因素为销售收入。在做出决策前,应该对销售收入及其可能变动的范围做出更为精确的预测估算。如果销售收入低于原来预测值3.12%以上的可能性较大,则意味着项目有较大的风险。相对而言,投资额和经营成本在较大范围内的变动对净现值的影响较小,对决策的影响也较小。

5.3.3 多因素敏感性分析

单因素敏感性分析在分析某一因素对经济效果的影响时,假定其他因素不变。事实上,因素的变化不是独立的,其相互之间具有相关性,某一个因素变动的同时,其他因素也会有相应的变动。因此,单因素敏感性分析有其局限性,没有考虑各因素之间变动的相关性。

多因素敏感性分析就是要考虑各种因素可能发生的不同变动幅度的多种组合,分析其对方案经济效果的影响程度,由于各种因素可能发生的不同变动幅度的组合关系很复杂,组合方案很多,所以多因素敏感性分析的计算较复杂。一般可以采用解析法与作图法相结合进行。下面以双因素敏感性分析为例对多因素敏感性分析做简要介绍。

双因素敏感性分析是指每次考察两个因素同时变化、其他因素固定不变时对项目经济指标的影响。通常采用作图法进行分析,步骤如下所示:

(1)确定因素间变动的函数关系,令经济效果指标等于临界值,求解因素间函数关系;
(2)绘制双因素敏感性图,令两坐标轴各代表一个因素的变化率;
(3)求解两因素变化率的一系列组合,绘制曲线,称为平衡线或临界线。

若两个不确定性因素同时变化的交点落在临界线经济指标大于 0 的一侧,则认为项目可行;若两个不确定性因素同时变化的交点落在临界线经济指标小于 0 的一侧,则认为项目不可行。

仍以例 5.5 为例来说明双因素敏感性分析。假设投资额与经营成本同时变动,两个因素同时变动对方案净现值影响的计算公式为:

查复利系数表,得 $(P/A,12\%,12)=6.1944$,$(P/F,12\%,12)=0.2567$。

$$NPV = -3\,000 \times (1+x) + [900 - 400 \times (1+z)] \times (P/A, 12\%, 12) \\ + 300 \times (P/F, 12\%, 12) = (174.21 - 3\,000x - 2\,477.76z)$$

取 NPV 的临界值,即 $NPV=0$,则有 $(174.21-3\,000x-2\,477.76z)=0$

化简得到 $z \approx 0.07 - 1.21x$,即为该项目的临界线。在该临界线上,$NPV=0$;在临界线下方,$NPV>0$;在临界线上方,$NPV<0$。也就是说,如果投资额与经营成本同时变动,只要变化范围不超过临界线下方区域(包括临界线上的点),方案都是可以接受的。投资额与经营成本变动下的 NPV 临界线如图 5.10 所示。

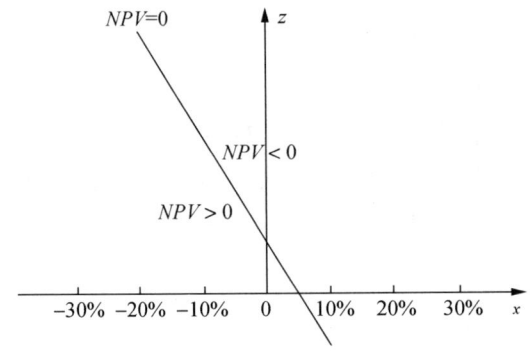

图 5.10 例 5.5 多因素敏感性分析图

5.3.4 优缺点分析

1)敏感性分析的优点

敏感性分析在一定程度上就各种不确定因素的变化对方案经济效果的影响进行了

定量描述,这有助于决策者了解方案的不确定程度,有助于确定在项目决策和方案实施过程中需要重点研究与控制的因素,对提高方案经济评价的可靠性具有重要意义。通过敏感性分析,决策者可以识别和量化关键变量对项目结果的影响,从而更好地理解不同情景下的风险和机会。这种分析有助于优化资源分配,提高决策质量,并为可能的不确定性制定应对策略。

敏感性分析的应用较为广泛,可以分析任意两个变量之间的关系,不再局限于利润计算。相较于本量利分析,敏感性分析考虑更为全面,考虑了除成本、数量以外的其他因素,而这些因素往往也可能是最为敏感、对目标变量影响最大的因素。相较于边际分析,敏感性分析可以进行多因素比较分析,而不是只关注于最后一个单位投入带来的效用,关注的是影响效用的所有敏感性因素。

2)敏感性分析的局限性

然而,敏感性分析有其局限性,单因素敏感性分析时,假设某一因素变动,其他因素不变,这一假设在实际应用时不完全成立,在项目营运过程中往往某一变量发生变化,其他因素也会随之发生变化。多因素敏感性分析时,往往基于相关数据和经验判断某一因素的变动引起其他因素变动,应用到实践中,主观性较大。

此外,敏感性分析只考虑了各个不确定因素可能变化的幅度及其对方案经济效果的影响程度,而没有考虑各不确定因素在未来发生变化的情况,尤其是发生不同变化幅度的可能性(即概率),这可能会影响分析结论的准确性。事实上,各不确定因素在未来发生变化的概率是不同的,有些因素非常敏感,一旦发生变化对方案的经济效果影响很大,但它发生变化的概率很小,以至于可以忽略不计;而另一些因素可能不是很敏感,但它发生变化的可能性很大,实际所带来的"不确定性"比"敏感因素"更大,该问题是敏感性分析难以解决的,应借助概率分析方法。

数字资源

5-6 测试

本节测验题

5.4 风险分析

风险分析通过对风险因素的识别,采用定性或定量分析的方法估计各风险因素发生的可能性及对项目的影响程度,揭示影响项目成败的关键风险因素,提出项目风险的预警、预报和相应的对策,为投资决策服务。

5.4.1 风险分析的过程

风险分析的核心内容在于明确工程项目所面临的主要风险类型、掌握风险评估的方法以及制定有效的风险应对方案和措施。据此可将风险分析的过程分为风险识别、风险评估和风险应对(图 5.11)。

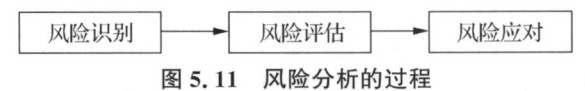

图 5.11 风险分析的过程

(1) 风险识别,系统地发现和记录项目可能遭遇的风险,通过市场调研、历史数据、专家咨询等找出工程项目潜在风险源,如建筑工程中的天气、原材料供应、施工技术难题等风险。

(2) 风险评估,涉及对已识别风险的可能性和潜在影响进行量化评估,运用概率分析、敏感性分析等工具量化评估已识别风险的发生概率及影响,为决策提供依据。

(3) 风险应对,旨在设计和实施策略以减轻或消除风险的影响,包括风险规避、减轻、转移(如购买保险)和接受等策略,保障项目顺利实施。

5.4.2 风险识别

风险识别是通过识别风险源、影响范围、事件及其原因和潜在的后果等,生成一个全面的风险列表。识别风险不仅要考虑有关事件可能带来的损失,也要考虑其中蕴含的机会。

在进行工程项目的风险识别时,可以依据不同的标准对风险进行分类。以下是根据风险与不确定性的关系、风险与时间的关系和风险与行为人的关系对风险进行的分类:

1) 纯风险和理论风险

根据风险与不确定性的关系,可以将风险分为纯风险和理论风险。纯风险是指在不确定性的情况下,只存在损失的可能性,而没有任何获利机会的风险。例如,因新冠肺炎疫情这类突发公共卫生事件,给企业的正常运营带来严重冲击,导致企业被迫停工停产,产生经济损失,却没有任何盈利的可能性。理论风险则是在不确定的情况下,既可能获得收益也可能遭受损失的风险。例如,新兴的人工智能技术研发活动,研发成功可能带来高额利润,但研发失败会造成资金、人力等资源的大量浪费。

2) 静态风险和动态风险

根据风险与时间的关系,可以将风险分为静态风险和动态风险。静态风险通常出现在社会经济相对稳定的时期。例如,因冰雹灾害对农作物的损害,这类风险主要是由自然现象引发,在相对稳定的社会经济环境下依然可能发生。动态风险是随着社会经济的不断发展和时间的推移而产生的风险。例如,随着网络购物的兴起,传统实体零售业面临着巨大的经营模式变革风险,很多实体店因电商的冲击而倒闭。

3) 主观风险和客观风险

根据风险与行为人的关系,可以将风险分为主观风险和客观风险。主观风险主要取决于个人的判断,它源于行为人自身的心理状态和对行为后果的认知。例如,不同的创业者在面对同样的创业机会时,有些可能觉得风险巨大而不敢轻易行动,而有些则认为风险可承受而大胆尝试,原因在于不同行为人对风险的主观判断不同。客观风险则可以通过统计数据等手段更准确地观察和衡量。比如,根据保险行业的统计数据,可以计算出某一地区汽车事故的发生概率,这就是一种客观风险。不过,即便面对相同的客观风险,不同的人也会做出不同的决策,这是因为主观风险的存在。因此,不仅要掌握客观风险的大小,还需关注个体对风险的态度,因为这会极大地影响人们的决策和行动。

5.4.3 风险评估

风险评估是指根据风险类型、获得的信息和风险评估结果的使用目的,对识别出的风险进行定性和定量的评估,为风险应对提供支持。风险评估要考虑导致风险的原因和风险源、事件的正面和负面的后果及其发生的可能性、影响后果和可能性的因素、不同风险及其风险源的相互关系以及风险的其他特性,还要考虑现有的管理措施及其效果和效率。

风险评估多采用定性与定量相结合的方法,评估风险因素发生的可能性及给项目带来经济损失的程度,主要包括专家调查法、综合评价法、概率树法和蒙特卡洛模拟法。具体分析方法的选用,要根据项目的性质、决策者的需要以及所具备的财力人力等决定。

1)专家调查法

专家调查法是指风险管理专家基于经验,系统性地识别并列出项目可能面临的各类风险,并依据不同标准(如直接/间接、财务/非财务、政治性/经济性等)对风险进行分类,并对风险程度进行定性评估。为确保全面性,所邀请的专家应广泛且具有代表性。专家调查法因其简单、易操作,能够综合多位专家的知识经验形成分析结论,相较于单一经验识别法更具客观性。

专家调查法的应用步骤如下(图5.12):

(1)确定目标和范围

明确是对项目的整体风险进行评估,还是针对某个特定阶段或特定风险类别进行分析。例如,是评估一个软件开发项目的整体风险,还是仅针对开发阶段的技术风险进行调查。

(2)选择专家

选择的专家应涵盖项目涉及的各个领域,如技术、市场、财务、法律、环境等。可以从行业协会、高校、科研机构、咨询公司等选取。专家的数量一般根据项目的复杂程度而定,通常在10~30人。

(3)设计调查问卷

调查提纲应明确具体,问题选择要得当,数量不宜过多,并提供必要的背景材料,以确保调查的有效性。

(4)实施调查

根据选定的方法(头脑风暴、德尔菲法或访谈法)实施调查,确保信息收集的完整性和准确性。

(5) 结果分析和整理

对收集到的信息进行整理、统计和分析,得出关于项目风险的结论,包括风险清单、风险发生概率、影响程度等。

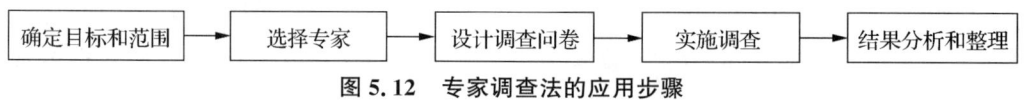

图 5.12 专家调查法的应用步骤

例如,某大型跨海大桥建设项目,该项目涉及技术、市场、财务、法律、环境等多个领域,风险复杂且多样。为了确保项目的顺利进行,应用专家调查法对该项目的整体风险进行评估,步骤如下:

(1) 确定目标和范围

明确评估目标:对该跨海大桥建设项目的整体风险进行评估。确定评估范围涵盖技术、市场、财务、法律、环境等所有相关领域。

(2) 选择专家

从行业协会、高校、科研机构、咨询公司等选取涵盖技术、市场、财务、法律、环境等领域的专家。专家数量根据项目的复杂程度而定,选择具有丰富经验和专业知识的专家。

(3) 设计调查问卷

设计一份详细的调查问卷,包括技术风险、市场风险、财务风险、法律风险、环境风险等多个方面。问卷问题具体明确,数量适中,并提供必要的背景材料,以确保调查的有效性。

(4) 实施调查

采用德尔菲法(即专家调查法的一种),通过匿名方式反复征询并收集专家的意见。确保信息收集的完整性和准确性,对专家的反馈进行及时整理和反馈。

(5) 结果分析和整理

对收集到的信息进行整理、统计和分析,得出关于项目风险的结论。编制风险清单,列出所有已识别的风险及其发生概率和影响程度。根据风险的优先级,制定相应的应对措施,如改进技术、加强市场监测、优化财务结构、完善法律合规等。

2) 综合评价法

综合评价法是指使用比较系统的、规范的方法对于多个指标、多个单位同时进行评价的方法。综合评价法不只是一种方法,更是一个方法系统,是指对多指标进行综合评价的一系列有效方法的总称。综合评价法针对研究的对象,建立一个能够进行测评的指标体系,利用一定的方法或模型,对搜集的资料进行分析,对被评价的事物作出定量化的总体判断。

层次分析法(Analytic Hierarchy Process,AHP)和网络层次分析法(Analytic Network Process，ANP)是综合评价法中常用的两种方法。

(1) 层次分析法

AHP 是一种定性与定量相结合的层次权重决策分析方法。作为一种多准则决策分析工具，AHP 在风险分析中主要有两种用途：一是通过正向分解，将风险因素逐层分解识别，直至最基本的风险因素；二是通过反向合成，对同一层次的风险因素进行重要程度比较，列出该层风险因素的判断矩阵(该矩阵可由专家调查法得出)。判断矩阵的特征根就是该层次各个风险因素的权重，如果已知同层次风险因素概率的分布，可以利用权重与同层次风险因素概率分布的组合，求得上一层风险的概率分布，直至求出总目标的概率分布。如图 5.13 所示，展示了 AHP 在风险分析中的基本流程。

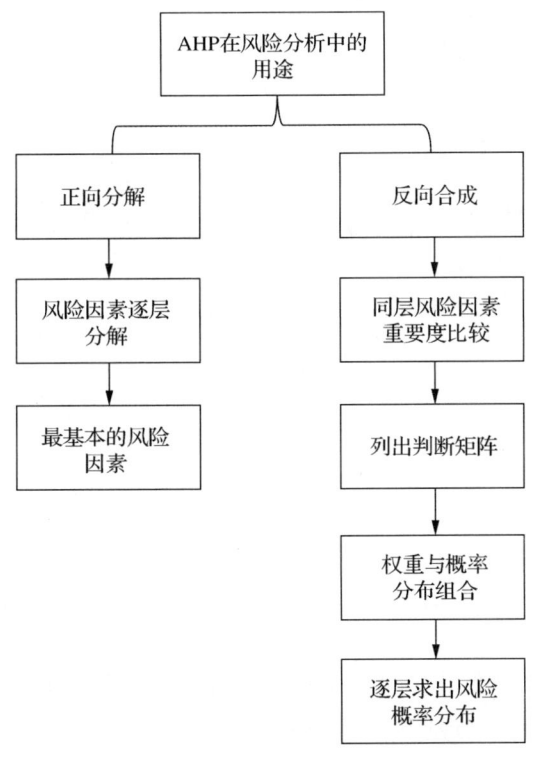

图 5.13　AHP 的应用

(2) 网络层次分析法

网络层次分析法(ANP)是在层次分析法(AHP)基础上发展的决策方法，用于处理非独立递阶层次结构问题。ANP 在风险分析中主要有三种用途：首先，它通过构建网络结构，取代 AHP 的层次结构，全面考虑风险因素间的相互影响，精准剖析复杂系统中各风险因素的相互作用机制。其次，ANP 能准确计算风险元素权重。通过明确问题和目标、构建网络结构、依据 1—9 标度法则建立未加权超矩阵、进行一致性检验、计算一级指标权重并对超矩阵加权处理，最终得到极限超矩阵，从而得出精确的风险评价指标权重。

此外,ANP 还能识别影响项目风险的关键因素。将计算出的权重与各风险因素概率相结合,可确定对整体风险影响较大的关键因素,助力决策者聚焦重点,采取有效措施管控风险,在多领域复杂风险评估中发挥重要作用。如图 5.14 所示,展示了 ANP 在风险分析中的基本流程。

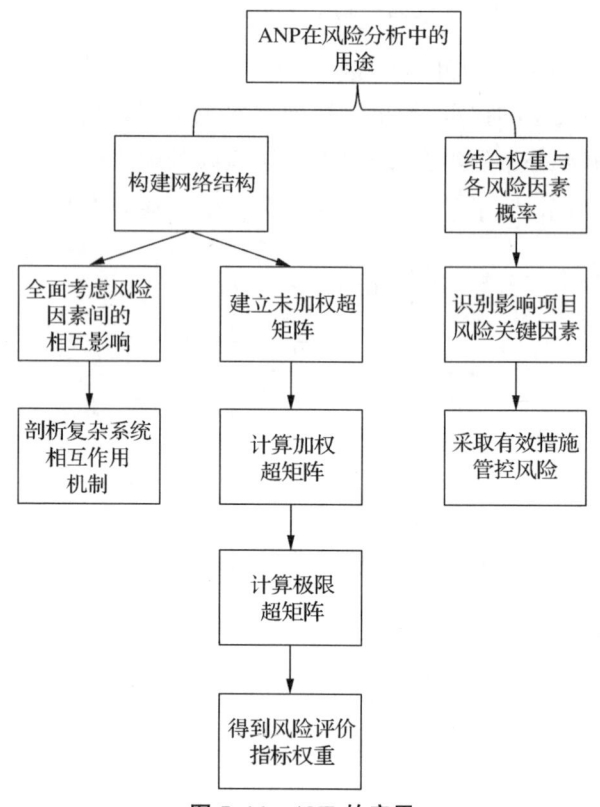

图 5.14　ANP 的应用

3) 概率树分析

概率树分析假定风险变量之间相互独立,在构造概率树的基础上,将每个风险变量的各种状态取值组合计算,分别计算每种组合状态下的评价指标值及相应的概率,得到评价指标的概率分布,并统计出评价指标低于或高于基准值的累计概率,据此计算评价指标的期望值、方差、标准差和离散系数。

概率树分析的一般步骤是:

(1) 列出要考虑的各种风险因素,如投资额、经营成本、销售价格等。

(2) 设想各种风险因素可能发生的状态,即确定其数值发生变化的个数。

(3) 分别确定各种状态可能出现的概率,并使概率之和等于 1。

(4) 分别求出各种风险因素发生变化时,方案净现金流量各状态发生的概率及相应 j 状态下的净现值 $NPV^{(j)}$。

(5) 求方案净现值的期望值(均值)$E(NPV)$。

$$E(NPV) = \sum_{j=1}^{k} NPV^{(j)} \times P_j \qquad (5.12)$$

式中,P_j——j 种状态出现的概率;

k——可能出现的状态数。

(6) 求出方案净现值非负的累计概率。

(7) 对概率分析结果作说明。

【例 5.6】 某项目的技术方案在其寿命期内可能出现的五种状态的净现金流量及其发生的概率见表 5.4 所示,假定各年份净现金流量之间互不相关,基准折现率为 10%,求:

(1) 方案净现值的期望值、方差、均方差;

(2) 方案净现值不小于零的概率;

(3) 方案净现值不小于 17.5 万元的概率。

解:(1) 对于状态 S_1,净现值计算结果如下:

$$NPV^{(1)} = -22.5 + 2.45(P/A, 10\%, 9)(P/F, 10\%, 1) + 5.45(P/F, 10\%, 11)$$
$$= -22.5 + 2.45 \times 5.759 \times 0.9091 + 5.45 \times 0.3505 = -7.76 \text{ 万元}$$

用相同的方法可求得其他 4 种状态的净现值结果,见表 5.4 所列。

表 5.4　例 5.6 不同状态的发生概率及净现金流量　　　　单位:万元

年末	状态				
	S_1	S_2	S_3	S_4	S_5
	概率				
	$P_1=0.1$	$P_2=0.2$	$P_3=0.4$	$P_4=0.2$	$P_5=0.1$
0	−22.5	−22.5	−22.5	−24.75	−27
1	0	0	0	0	0
2~10	2.45	3.93	6.90	7.59	7.79
11	5.45	6.93	9.90	10.59	10.94
NPV	−7.76	0.51	17.10	18.70	17.62

计算方案净现值的期望值、方差、均方差如下:

$$E(NPV) = \sum_{j=1}^{k} NPV^{(j)} \times P_j$$
$$= 0.1 \times (-7.76) + 0.2 \times 0.51 + 0.4 \times 17.1 + 0.2 \times 18.7 + 0.1 \times 17.62$$
$$= 11.67 (\text{万元})$$

$$D(NPV) = \sum_{j=1}^{k}[NPV^{(j)} - E(NPV)]^2 \times P_j$$
$$= [(-7.76)-11.67]^2 \times 0.1 + (0.51-11.67)^2 \times 0.2 + (17.1-11.67)^2 \times 0.4$$
$$+ (18.7-11.67)^2 \times 0.2 + (17.62-11.67)^2 \times 0.1$$
$$= 87.87$$

$$\sigma(NPV) = \sqrt{D(NPV)} = 9.37 \text{ 万元}$$

（2）方案净现值的概率树图如图 5.15 所示。从图中可知，方案净现值不小于零的概率为：

$$P(NPV \geqslant 0) = 0.2 + 0.4 + 0.2 + 0.1 = 0.9$$

（3）方案净现值不小于 17.5 万元的概率为：

$$P(NPV \geqslant 17.5 \text{ 万元}) = 0.2 + 0.1 = 0.3$$

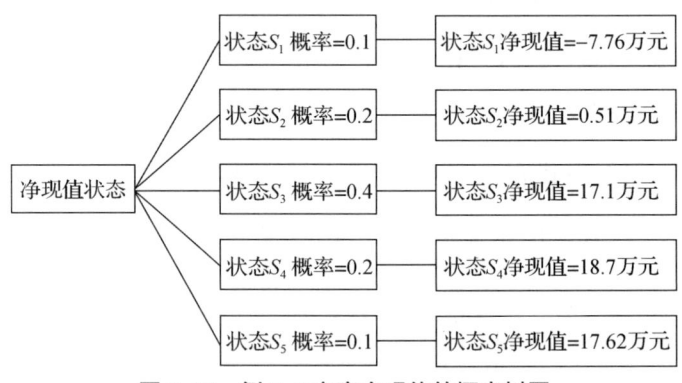

图 5.15　例 5.6 方案净现值的概率树图

4）蒙特卡洛模拟法

蒙特卡洛模拟法，又称随机模拟法或统计试验法，是一种通过对随机变量进行统计试验和随机模拟，求解数学、物理以及工程技术等有关问题的近似的数学求解方法。该方法通过随机抽样生成输入变量的数值集合，并据此计算项目评价指标。在足够多的抽样次数下，可获得评价指标的概率分布，并计算出累计概率分布、期望值、方差、标准差，计算项目由可行转变为不可行的概率，从而估计项目投资风险。此模拟法需通过反复抽样以模拟项目的各种随机状态，且样本数需足够大，因此计算工作量非常大，用手工计算难以实现大样本模拟，通常需借助计算机进行模拟计算。

5.4.4　风险应对

风险应对是选择并执行一种或多种改变风险的措施，包括改变风险事件发生的可能性或后果的措施。风险应对决策应当考虑各种环境信息，包括内部和外部利益相关者的风险承受度，以及法律、法规和其他方面的要求等。风险应对的四种基本方法是：风险规避、风险控制、风险转移和风险保留。

1）风险规避

风险规避，又称风险回避，是指通过有计划的变更来消除风险或风险发生的条件，将损失发生的可能性降到零，保护目标免受风险的影响。风险规避并不意味着完全消除风险，规避的是风险可能造成的损失。一是要降低损失发生的概率，主要是采取事先控制措施；二是要降低损失程度，主要包括事先控制、事后补救两个方面。

例如，在张石高速公路的建设过程中，施工方和社会各界普遍关注项目可能面临的风险。为了规避这些风险，项目团队在充分调研项目所处的地质环境、社会环境、经济环境等外部因素后，对存在的潜在风险进行识别，并使用相关方法对风险等级进行评价。通过这种方式，项目团队能够识别出可能对项目产生负面影响的风险因素，并采取相应的预防措施，如调整施工方案、加强安全管理等，以降低风险发生的可能性，保护项目目标免受风险的影响。

2）风险控制

风险控制是指通过风险受控对象的信息输入、输出与反馈，发现并采取有效的措施控制其发展演化过程中的风险，克服不确定性对风险受控对象造成的影响，使其稳定在可能性空间中，确保目标及预定计划得以实现。

例如，在上海地铁11号线的风险评估过程中，针对高架跨越地面道路施工、河道工程施工、盾构穿越沪宁铁路施工等关键节点工程，进行了风险评估。项目团队采用专家调查法和层次分析法对各风险点进行了评估，得到了定量的风险估计，为工程的决策、招投标及工程保险等提供了较为可靠的科学依据。通过这些风险控制措施，最大程度地减小市区地铁施工中的风险事故发生率以及事故造成的损失。

3）风险转移

风险转移是指将风险及其可能造成的损失全部或部分转移给另一方的风险融资技术。风险转移有非保险转移和保险转移两种基本形式。非保险转移是通过外部资金来支付可能发生的损失，转移财务负担；保险转移是指通过购买保险将可能发生的损失转移给保险人承担，以确定的支出换取不确定的损失。

例如，在港珠澳大桥珠海连接线工程安全风险评估中，项目团队能够识别潜在的风险因素，如地质条件、施工技术要求等，并采取相应的风险转移措施，例如通过购买建筑工程一切险、安装工程一切险、第三者责任险等保险或通过合同条款将部分风险转移给承包商，以降低项目面临的不确定性和潜在损失。这些措施有助于确保工程的顺利进行，并保护项目免受风险的影响。

4）风险保留

风险保留是风险管理的一种策略，意味着可以选择自己承担一部分风险，而不是通过购买保险或者其他方式来转移这些风险。

仍以张石高速工程项目为例,项目团队在评估后决定对部分风险进行保留,具体措施如下:项目团队决定自行承担征地风险,通过加强与当地政府和社区的沟通,提前进行征地补偿和民众安抚工作,减少征地困难和民众不满;项目团队决定自行承担设计风险,通过加强内部设计审核和专家咨询,确保设计方案的科学性和合理性,减少设计失误的可能性;项目团队决定自行承担施工工艺风险,通过加强施工人员培训和现场管理,确保施工工艺的规范性和安全性,减少技术问题对项目的影响。

数字资源

习题

1. 风险分析和不确定性分析有何区别和联系?
2. 什么是盈亏平衡分析?
3. 敏感性分析要经过哪些步骤?
4. 在当前国家和地方政府的优惠政策推动下,我国新能源汽车市场持续增长,但不少车企的利润空间依旧有限。为了增强竞争力和盈利能力,提高技术壁垒成为新能源汽车行业的关键策略。一家新能源车企计划推出一款新车型,预计年总产量为5万辆,年生产成本为3.5亿元,其中固定成本为2亿元,单位可变成本为7万元/辆。该车型的预计售价为10万元/辆,税金及附加按售价的3%计算。试计算该项目投产后的盈亏平衡产量。
5. 随着科技的不断进步,智能可穿戴设备行业迎来了快速发展的时期。一家科技公司计划推出一款新型健身追踪智能手表,年设计生产能力为15万件,预计单位产品售价为3 000元,总成本费用预计为3.3亿元,其中固定成本为1.2亿元,总变动成本与产品产量成正比,税金及附加按售价的5%计算。试计算该项目以产量、生产能力利用率、销售价格、营业收入、单位产品变动成本表示的盈亏平衡点。

6. 某新兴能源企业欲投资建设一个太阳能发电厂,项目固定成本为 8 亿元,单位发电量变动成本为 0.3 元/kWh,预计电价为 0.8 元/kWh,随着发电量的增加,电价会因市场竞争而下降,电价的下降率为发电量增加值的 0.5%。若税率为 13%,试进行非线性盈亏平衡分析,找出盈亏平衡点的发电量。

7. 随着大数据与人工智能时代的到来,智能家居市场迎来了爆发式增长。面对这一蓬勃发展的市场,一家智能照明公司计划推出一款新型智能 LED 灯,面临三种不同的生产方案选择。方案 A,从国外引进全自动生产线,预计年固定成本为 900 万元,单位产品的变动成本为 200 元;方案 B,引进国外核心设备,其他设备和材料采用国产,预计年固定成本为 700 万元,单位产品的变动成本为 300 元;方案 C,全部采用国产化生产设备,预计年固定成本为 400 万元,单位产品的变动成本为 400 元。需要对这三种方案在不同生产规模下的经济性进行分析,以确定每种方案的适用生产规模和成本效益。

8. 电力物联网是物联网在智能电网行业中的应用,正迎来新的发展机遇。假设一家电力公司计划投资一项智能电力监测终端设备项目,具体投资方案如下:预计总投资为 1 500 万元,设计年产量为 12 万台,产品预计售价为 40 元/台,年经营成本预计为 150 万元,项目预计经济寿命为 12 年,设备残值估计为 100 万元,基准折现率设定为 12%。试对该项目的投资额、产品售价及项目寿命期进行敏感性分析,以评估这些关键因素对项目净现值的影响。

9. 一家软件开发公司计划开发一款新的企业管理软件,预计开发成本为 300 万元,预计每年能带来 600 万元的收入,运营成本为 200 万元,项目预计寿命为 6 年,折现率为 11%。试对该软件项目进行单因素敏感性分析,考察收入、成本和折现率变化对项目内部收益率的影响。

10. 一家化工企业计划开发一种新型环保材料,预计研发和生产固定成本为 1 亿元,预计年销售收入为 8 000 万元,单位产品变动成本为 2 000 元,项目预计运营周期为 15 年,折现率为 10%。试对该项目进行双因素敏感性分析,考察销售收入和单位产品变动成本同时变化时对项目内部收益率的影响。

6 项目可行性研究

项目可行性研究是项目决策的核心环节,不仅关系到项目的顺利实施,还关系到项目的经济效益和社会影响。可行性研究涉及对项目的技术、经济、环境和社会影响的全面评估,能够帮助项目决策者识别潜在的风险和机遇,优化资源配置,确保项目在经济上的合理性和财务上的可行性。项目社会评价关注项目对环境和社会的长远影响,确保项目符合可持续发展的原则。项目后评价则通过对已完成项目的分析,为未来的项目提供宝贵的经验和教训,促进项目管理的持续改进。本章主要内容包括项目可行性研究、项目区域经济与宏观经济影响分析、项目社会评价和项目后评价,旨在提供一套完整的项目评价框架,以指导实际的工程经济分析和决策。

6.1 可行性研究概述

6.1.1 可行性研究的概念

可行性研究(Feasibility Study)是一种运用多种学科(工程技术科学、社会学、经济学、系统工程学等)知识,对拟建项目的必要性、可能性以及经济和社会有利性进行全面、系统、综合的分析和论证,以便进行正确决策的研究活动,是一项综合的经济分析。

一个建设项目要经历建设前期、勘测设计期、建设期及运营期四个时期,其全过程如图 6.1 所示。

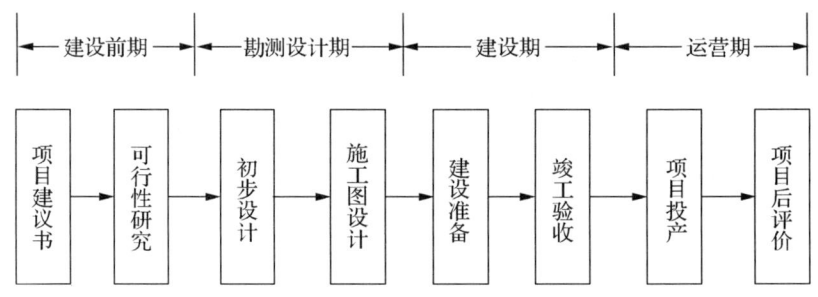

图 6.1 项目投资决策和建设全过程示意图

建设前期是决定工程项目经济效果的关键时期,是研究和控制的重点。可行性研究的任务是以市场为前提、以技术为手段、以经济效果为最终目标,对拟建的投资项目,在投资前期全面、系统地论证该项目的必要性、可能性、有效性和合理性,对项目做出可行或不可行的评价。它至少应包括以下三个方面的内容:

（1）分析论证工程项目建设的必要性。主要是通过市场预测，分析工程项目所提供的产品或劳务的市场需求情况。

（2）分析论证工程项目建设的可行性。主要是通过对工程项目的建设条件、技术手段等进行论证分析。

（3）分析论证工程项目建设的合理性，包括财务上的盈利性和经济上的合理性。主要通过工程项目的效益分析来完成，是工程项目可行性研究中最核心和最关键的部分。

可行性研究不仅可以为投资者的科学决策提供依据，同时还可以为项目批复、项目融资、寻求合作伙伴、工程设计等提供依据和基础资料，它是决策科学化的必要步骤和手段。

项目的建设前期阶段是决定投资项目经济效果的关键阶段，是投资者研究和控制的重点。科学合理的前期决策及可行性分析，能够避免出现建设实施阶段甚至运营阶段发现工程费用过高、市场对项目产品需求不强、原材料供应不能保证等问题，避免投资者造成巨大损失。因此，可行性研究是项目投资决策的重要环节，可以消除盲目性、减少投资风险，提高投资获利的可靠度。

6.1.2 可行性研究的阶段划分

联合国工业发展组织（UNIDO）出版的《工业项目可行性研究手册》将可行性研究工作分为三个阶段：机会研究、初步可行性研究和详细可行性研究。

1）机会研究

机会研究主要是为项目投资者寻求具有良好发展前景、对经济发展能产生较大推动作用且成功概率较高的投资与发展机会，并在此基础上形成项目设想。机会研究相当于项目建议书编制，其主要任务是提供可能进行建设的投资项目。如果证明项目投资的设想可行，再进行更深入的调查研究。从本质上讲，机会研究是项目生成的关键起始点。机会研究的一般方法是依据经济、技术、社会以及自然环境等方面的基本条件及动态变化趋势，挖掘潜在的发展契机，通过创新性思维提出项目设想。

2）初步可行性研究

初步可行性研究又称为预可行性研究。机会研究所提出的项目设想是否真正可行，需要从产品的市场需求、经济政策、法律、资源、能源、交通运输、技术、工艺及设备等方面对项目的可行性进行系统分析。然而，一个完善的可行性研究工作量巨大，需消耗大量的人力、物力和财力，且时间较长。因此，在投入必要的资金、人力及时间进行详细可行性研究之前，可以先进行初步可行性研究。

初步可行性研究的主要任务及主要解决的问题如表 6.1 所示。

表 6.1 初步可行性研究的主要任务及主要解决的问题

分类	内容
初步可行性研究的主要任务	1. 分析机会研究的结论,并在详尽资料的基础上做出投资决定
	2. 根据项目设想产生的依据,确定是否进行下一步的详细可行性研究
	3. 确定哪些关键性问题需要进行辅助性专题研究,如市场需求预测、实验室试验等
	4. 判断项目设想是否有生命力,能否获得较大的利润
	5. 编制初步可行性研究报告
初步可行性研究主要解决的问题	1. 产品市场需求量的估计,预测产品进入市场的竞争能力
	2. 机器设备、建筑材料和生产所需原材料、燃料动力的供应情况及其价格变动的趋势分析
	3. 工艺技术在实验室或实验工厂试验情况的分析
	4. 厂址方案的选择,重点是估算并比较交通运输费用和重大设施的费用
	5. 合理经济规模的研究,对几种不同生产规模的建厂方案,估算其投资支出、生产成本、产品售价和可以获得的利润,从而选择合理的经济规模
	6. 生产设备选型,着重研究决定项目生产能力的主要设备和投资费用较大的设备

初步可行性研究是项目机会研究和详细可行性研究的中间阶段。该阶段投资和生产费用中的主要部分应当详细计算,次要部分可以通过扩大指标估算法进行粗略估算。

3) 详细可行性研究

详细可行性研究是建设项目前期工作中的关键环节,此阶段会对建设项目展开详细且深入的技术经济分析与论证,是项目决策研究的核心部分。通过初步可行性研究的项目,需要制定具体的实施方案与计划,应通过详细可行性研究予以确定,方可进一步推进。项目拟采用的技术经济方案及其预期效果,也主要依据详细可行性研究来判断。

详细可行性研究的主要任务包括对项目的产品纲要及规划、技术工艺选择与设备选型、项目选址及布局规划、投资预算、资金筹集方式、建设进度安排以及项目的经济收益等进行全面系统的分析论证,并对多方案进行对比分析,从而筛选出最优方案,为项目的顺利实施提供坚实可靠的依据。

在实际工作中,可行性研究的三个阶段未必十分清晰。有些小型和简单项目,常把机会研究与初步可行性研究合并。在我国,许多项目的前两个阶段常与详细可行性研究工作相互交织。本书介绍的可行性研究主要是指详细可行性研究。

6.1.3 可行性研究的内容

依据国家相关政策法规、行业标准规范以及项目投资决策的基本要求,可行性研究的内容一般包括 18 个部分,如表 6.2 所示。内容涵盖了从项目的提出背景、市场调研、资源评估到建设方案、技术选择、经济与社会效益分析等多个维度,全面且系统地为项目决策提供科学依据,确保项目在技术上可行、经济上合理、社会环境可接受,对项目的顺利推进和成功实施起着关键的指导作用。

表6.2 可行性研究基本内容

序号	内容模块	作用	主要内容
1	项目兴建理由与目标	论证项目建设的必要性和可能性	必要性分析:从项目本身(产品特性、投资效益)和国民经济(宏观经济适配性)维度论证;可能性分析:评估市场、资源、技术、资金、环境、社会、施工、法律等基本条件;验证目标合理性(建设规模、技术装备、成本收益等)
2	市场预测	为确定项目建设规模与产品方案提供依据	市场现状调查(容量、价格、竞争力);产品供需预测(数量、品种、质量);价格预测(销售价、采购价);竞争力分析(技术经济优化);风险分析(供需波动、竞争变化、政策影响等)
3	资源条件评价	评价项目资源开发的合理性与价值	资源开发合理性(可持续性);可利用量(储量评估);自然品质(成分、性能);赋存条件(开采难度);开发价值(经济性分析)
4	建设规模与产品方案	确定项目技术、设备、工程方案等	比选内容:单位产品投资、投资效益(投入产出比)、多产品资源综合利用方案;方案优化依据:技术匹配性、市场需求、资源约束、经济效益等
5	场址选择	确定项目具体坐落位置	研究内容:位置、占地、地形地貌、工程地质、环境条件、交通水电供应等;比选维度:工程条件(土地类型、地质、拆迁等)与经济性条件(建设投资、运营费用)
6	技术方案、设备方案和工程方案	确定项目具体实施的技术与工程安排	技术比选:先进性、可靠性、适应性、环境影响、成本;设备选型:规格、来源、运输安装措施;工程方案:满足功能、场址适配、标准合规、经济性等
7	原材料与燃料供应	确定原材料和燃料的供应方案	研究内容:品种、规格、价格、来源、运输方式;比选标准:供应稳定性、经济性(价格与运输成本)等
8	总图运输与公用辅助工程	研究项目整体布局与配套工程	总图布置(流程优化、紧凑经济);场内外运输(运输量、方式、路线);公用工程(水电、通信、供热);辅助工程(维修、仓储、检测)
9	环境影响评价	评估项目对环境的影响并提出治理措施	环境调查(自然、生态、社会环境);因素分析(污染源、破坏程度);保护措施(治理技术、监测方案);比选标准(技术可行性、环境效益)
10	劳动安全、卫生与消防	分析并防范不安全因素	分析建设与生产中的安全隐患(机械、化学、火灾等);提出防护措施(设备防护、消防设施、应急预案)
11	组织机构与人力资源配置	确定项目组织与人员配置	机构设置(部门职能划分);人力资源(岗位配置、技能要求);培训计划(技术、安全、管理)

续表

序号	内容模块	作用	主要内容
12	项目实施进度	确定项目建设工期与进度安排	任务分解(WBS)、甘特图制定；进度跟踪(会议与报告)；进度预测(CPM/PERT方法)；调整措施(资源重分配、任务优化)
13	资金来源与融资方案	研究资金筹措与融资安排	资金来源渠道(自有、贷款、股权)；成本(利息、手续费)；风险(利率、汇率)；比选标准(资本结构优化、财务指标评估)
14	财务分析	评估项目的财务可行性	效益与费用预测(收入、成本、税金)；评价指标(IRR、NPV、回收期)；能力分析(盈利、偿债、生存能力)
15	经济费用效益分析	从宏观经济角度评价项目经济性	调整范围与价格(影子价格)；分析经济效率(资源优化配置)、社会福利贡献(就业、公共效益)；适用项目类型(非经营性公共项目)
16	社会评价	判断项目的社会可行性	影响分析(就业、文化、民生)；适应性评估(社区接受度、政策兼容性)；社会风险(移民安置、利益冲突)
17	不确定性与风险分析	识别风险因素并提出规避对策	识别潜在风险因素；判别风险程度；提出风险规避对策
18	研究结论与建议	择优推选方案并总结论证结果	推选方案描述；优点与潜在问题指出；明确项目可行性结论

6.1.4 可行性研究报告编写大纲

投资项目可行性研究报告编写大纲是对项目可行性研究报告编写内容和深度的一般要求，围绕投资项目建设必要性、方案可行性及风险可控性三大目标开展系统、专业、深入的论证。根据《关于投资项目可行性研究报告编写大纲的说明(2023年版)》，可行性研究报告的主要内容应包括：概述、项目建设背景和必要性、项目需求分析与产出方案、项目选址与要素保障、项目建设方案、项目运营方案、项目投融资与财务方案、项目影响效果分析及项目风险管控方案，根据国家发展改革委的相关文件，详细内容如下：

1) 概述

拟建项目和项目单位基本情况是项目决策机构掌握项目全貌、决定是否建设的前提和基础，也是投资项目可行性研究报告的重要内容。

"项目概况"是对拟建项目的建设地点、建设内容和规模、总体布局、主要产出、总投资和资金来源、主要技术经济指标等内容的阐述，为项目决策机构对拟建项目的相关事项开展分析评价奠定基础。

"项目单位(企业)概况"是对项目单位基本信息的阐述，为项目决策机构分析判断项目单位是否具备承担拟建项目的能力、国有控股企业是否聚焦主责主业等提供依据。拟新组建项目法人的，提出项目法人组建方案。政府资本金注入项目还需简述项目法人基本信息、投资人(或者股东)构成及政府出资人代表等情况。

"编制依据"主要说明拟建项目取得相关前置性审批要件、主要标准规范及专题研究成果等情况,为相关研究评价和数据提供来源和支撑。

"主要结论和建议"简述可行性研究的主要结论和建议,必要时可进行列表展示。

2) 项目建设背景和必要性

"项目建设背景"主要简述项目提出背景、前期工作进展等情况,便于项目决策机构掌握项目来源、工作基础和需要解决的重要问题等。说明项目投资管理手续办理情况,如建设项目用地预审与选址意见书、环境影响评价、排污许可、文物保护、矿产压覆、水土保持、地震安全性评价等行政审批手续,以及相关手续取得的保障条件。

"规划政策符合性"应体现经济社会发展战略和规划,从扩大内需、共同富裕、乡村振兴、科技创新、节能减排、碳达峰碳中和、国家安全、基本公共服务保障等重大政策目标层面进行分析,研究提出项目建设的必要性,评价项目与战略目标、政策要求的一致性。

"项目建设必要性"主要从宏观、中观和微观层面展开分析,研究项目建设的理由和依据。对于主要满足社会公共需求的非经营性项目,应进行社会需求研究,通过对项目的产出品、投入品或服务的社会容量、供应结构和数量等进行分析,为确定项目的目标受益群体、建设规模和服务方案提供依据。

3) 项目需求分析与产出方案

"需求分析"要根据经济社会发展规划、国家和地方标准规范以及项目自身特点,通过文案资料、现场调研、数字化技术等方法,分析需求现状和未来预期等情况,研究提出拟建项目近期和远期目标、产品或服务的需求总量及结构,为研究确定项目建设内容和规模提供支撑。对于重大项目,应立足于构建以国内大循环为主体、国内国际双循环相互促进的新发展格局,研究两个市场、两种资源,促进畅通循环,论证产业链、供应链的韧性和安全性。企业投资项目以满足市场需求为导向,应结合"企业发展战略需求分析",更多从"项目市场需求分析""市场竞争力"等角度研究论证项目建设的必要性。

"项目建设内容和规模""产出方案"应在需求分析基础上,阐述拟建项目总体目标及分阶段目标,提出拟建项目建设内容和规模,明确项目产品方案或服务方案及其质量要求,并评价项目建设内容、规模以及产品方案的合理性。企业投资项目还要研究"项目商业模式",分析拟建项目收入来源和结构,判断项目是否具有充分的商业可行性和金融机构等相关方的可接受性,并研究项目综合开发等模式创新路径及可行性。

4) 项目选址与要素保障

"项目选址或选线"应坚持国土空间"唯一性"要求,从规划条件、技术条件、经济条件和资源节约集约利用等方面,以国土空间规划和用途管制规则为基本依据,基于国土空间规划"一张图",将耕地和永久基本农田保护、生态红线保护、节约集约利用土地作为方案比选核心要素,对拟定的备选场址方案或线路方案进行比较和择优。选址方案研究应鼓励公众参与,充分考虑不同影响和风险因素的早期筛查判断和初步分析成果,并结合利益相关方的诉求或建议反馈,完善和优化选址选线方案。

"项目建设条件"主要分析拟建项目所在地的自然环境、交通运输、公用工程等支撑项目建设的外部因素。

"要素保障分析"包括土地要素保障,以及水资源、能耗、碳排放强度和污染减排指标控制要求及保障能力等。对于新占用土地的投资项目,应当明确拟建项目场址或选线的土地权属、供地方式、土地利用状况、矿产压覆、占用耕地和永久基本农田、涉及生态保护红线、地质灾害危险性评估等情况。对于涉及新增占用耕地的项目,应明确耕地占补平衡落实方案。对于涉及耕地、永久基本农田、生态保护红线的项目,开展节约集约用地研究,评价土地资源节约集约利用水平。根据"要素跟着项目走"原则,重大项目应根据法规政策要求,提出要素予以特别保障的方案。企业投资项目应鼓励市场化配置资源,重点分析项目亟需的用地、用能、碳排放等要素的可得性。

5) 项目建设方案

项目建设方案主要从工程技术方案及工程实体建设的角度研究工程可行性,在绿色低碳、节约集约、智慧创新、安全韧性等方面加强比选。为有序推进项目实施,建设方案要对项目组织实施、工期安排、招标方案等进行分析,明确"建设管理方案",并根据项目实际情况研究提出"数字化方案",促进投资建设全过程数字化应用。同时,要对项目"技术方案""设备方案""工程方案"的合理性、先进性、适用性、自主性、可靠性、安全性、经济性等进行多方案比选,研究工程技术方案的可行性。根据生态文明建设、推进绿色发展、全面节约资源等要求,"工程方案"应重视节约集约用地、绿色建材、绿色建筑、超低能耗建筑、装配式建筑、生态修复等绿色及韧性工程相关内容。

"用地用海征收补偿(安置)方案"应根据有关法律法规政策规定,对于投资项目涉及土地征收或用海海域征收的,明确征收范围、土地现状、征收目的、补偿方式和标准、安置对象、安置方式、社会保障、补偿(安置)费用等内容。其中,土地征收涉及补偿和安置等内容,用海征收一般只涉及补偿,不涉及安置。项目土地征收需要采取集中安置的,应提出集中安置点规划设计方案。项目采取过渡安置方式的,应明确过渡期限等,并分析其合理性。项目用地征收补偿(安置)方案应保证被征地农民原有生活水平不降低、长远生计有保障。

6) 项目运营方案

可行性研究要改变"重建设、轻运营"的做法,强调项目全生命周期的方案优化和系统性论证,既要重视工程建设方案可行性研究,也要重视项目建成后运营方案的可行性研究。同时,还要结合项目的工程技术特点,遵循有关部门颁布的各类运营管理标准(包括强制性标准和参考性标准等),确保满足产品或服务质量、安全标准等要求。

运营方案要重视研究"运营模式选择"和创新。政府投资项目要评价市场化运营的可行性和利益相关方的可接受性,企业投资项目要确定"生产经营方案",突出运营有效性。项目运营需要研究"运营组织方案",并制定项目全生命周期关键绩效指标和绩效管理机制,提出项目主要投入产出效率、直接效果、外部影响和可持续性等绩效管理要求,即"绩效管理方案"。

项目运营要牢固树立安全发展理念,提出"安全保障方案",明确安全生产责任和应急管理要求,强化运营单位主体责任,落实政府监管要求。

7) 项目投融资与财务方案

项目投融资与财务方案是在明确项目产出方案、建设方案和运营方案的基础上,研究项目投资需求和融资方案,计算有关财务评价指标,评价项目盈利能力、偿债能力和财务持续能力,据以判断拟建项目的财务合理性,分析项目对不同主体的价值贡献,为项目投资决策、融资决策和财务管理提供依据。

可行性研究阶段对项目"投资估算"的准确度要求在±10%以内,以切实提高投资估算的精度,为项目全过程投资控制提供依据。政府投资项目的投资估算应依据国家颁布的投资估算编制办法和指标进行编制。投资估算要充分考虑项目周期内有关影响和风险管理的费用安排,如环境保护与治理、社会风险防范与管控、节能与减碳、安全与卫生健康等相关建设投入和费用支出等。

对于政府资本金注入项目和企业投资项目,"盈利能力分析"是项目财务方案的重要内容。项目"融资方案"是在对项目自身盈利能力进行分析的基础上,研究项目的可融资性,以及采用政策性开发性金融工具、发行产业基金、权益型金融工具、专项债等融资方式的可行性。债务融资的投资项目要重视评价债务清偿能力;如果项目经营期出现经营净现金流量不足,还应研究提出资金接续方案,重点评价项目财务可持续性。

项目"盈利能力分析"重点是现金流分析,通过相关财务报表计算财务内部收益率、财务净现值等指标,判断投资项目盈利能力。财务收入是构成投资项目财务现金流入的主要来源;成本费用是项目产品定价的基础,也是项目财务现金流出的主要构成。对于没有营业收入的非经营性项目,可不进行盈利能力分析,主要开展项目建设和运营阶段资金平衡分析,提出开源节流措施。如果营业收入不足以覆盖项目成本费用,应研究提出可行性缺口补助方案。

为了适应投资项目融资主体多元化、融资渠道多样化、融资方式复杂化的变化,项目"融资方案"研究需要强化对融资结构、融资成本和融资风险等的分析。政府投资项目要从公共财政角度分析。

论证财政资金支持的必要性、支持途径和方式,以及资金筹措替代方案等,关注如何更好发挥政府作用。企业投资项目要关注项目业主、出资人、股东合法权益和价值实现,从财务管理的角度设计合理的投资模式和融资方案,评价项目的可融资性。综合性开发项目需要关注项目潜在综合收益,拓展项目市场化发展空间。基础设施项目应根据需要,研究项目建成后采取基础设施领域不动产投资信托基金(REITs)等方式盘活存量资产、实现项目投资回收的路径。

"债务清偿能力分析"是论证项目计算期内是否有足够的现金流量,按照债务偿还期限、还本付息方式偿还项目的债务资金,从而判断项目支付利息、偿还到期债务的能力。政府投资或付费类项目还要分析评价当地财政可负担性和是否可能引发隐性债务等情况。

"财务可持续性分析"是根据财务计划现金流量表,综合考察项目计算期内各年度的投资活动、融资活动和经营活动所产生的各项现金流入和流出,计算净现金流量和累计盈余资金,判断项目是否有足够的净现金流量维持正常运营。

8) 项目影响效果分析

可行性研究报告应重视经济社会、资源环境等外部影响效果的评价,并注意与节能评价、环境影响评价等专项评价的结果相衔接。

"经济影响分析"是从经济资源优化配置的角度,利用经济费用效益分析或经济费用效果分析等方法,评价项目投资的真实经济价值,判断项目投资的经济合理性,从而确保项目取得合理的经济影响效果。重大投资项目还要分析其对宏观经济、区域经济和产业经济的影响。

"社会影响分析"主要从项目可能产生的社会影响、社会效益和社会接受性等方面,研究项目对当地产生的各种社会影响,评价项目在促进个人发展、社区发展和社会发展等方面的社会责任,并提出减缓负面社会影响的措施和方案。

"生态环境影响分析"是从推动绿色发展、促进人与自然和谐共生的角度,分析拟建项目所在地的生态环境现状,评价项目在污染物排放、生态保护、生物多样性和环境敏感性等方面的影响。

"资源和能源利用效果分析"是从实施全面节约战略、发展循环经济等角度,分析论证除了项目用地(海)之外的各类资源节约集约利用的合理性和有效性,提出关键资源保障和供应链安全等方面的措施,评价项目能效水平以及对当地能耗调控的影响。

"碳达峰碳中和分析"通过估算项目建设和运营期间的年度碳排放总量和强度,评价项目碳排放水平,以及与当地"双碳"目标的符合性,提出生态环境保护、碳排放控制措施。

此外,根据项目特点和实际需要,还可以开展安全影响效果论证,更好统筹发展和安全,提升供应链韧性和安全水平,实现经济效益、社会效益、生态效益和安全效益相统一。

9) 项目风险管控方案

可行性研究应重视风险管控,确保有效规避项目全生命周期风险。"风险识别与评价"主要是识别项目存在的各种潜在风险因素,包括市场需求、要素保障、关键技术、供应链、融资环境、建设运营、财务盈利性、生态环境、经济社会等领域的风险,并分析评价风险发生的可能性及其危害程度,提出规避重大和较大风险的对策措施及应急预案,即"风险管控方案"和"风险应急预案",建立健全投资项目风险管控机制。

重大项目应当对社会稳定风险进行调查分析,征询相关群众意见,查找并列出风险点、风险发生的可能性及影响程度,提出防范和化解风险的方案措施,提出采取相关措施后的社会稳定风险等级建议。可能引发"邻避"问题的,应提出综合管控方案。要通过深入分析评价,论证相关风险管控方案能否将项目各种风险均降低到可接受的状态。

数字资源

6-1 知识点拓展　工程环境影响评价

6-2 测试　本节测验题

6.2 项目区域经济与宏观经济影响分析

6.2.1 概述

区域经济影响分析,是从区域经济层面出发,全面综合地考量特大型建设项目在建设阶段以及投入运行后的全过程,对特定区域内经济活动各方面所产生的影响,包括对区域现存的发展条件、经济结构、城镇化建设、劳动就业、土地利用方式、生态环境等方面的影响分析。

宏观经济影响分析是指从国民经济角度出发,综合分析特大型建设项目的建设和运行对国家宏观经济的影响,包括对国民经济总量变化、产业结构调整、生产力布局优化、自然资源开发利用、劳动就业结构变化、物价变化、收入分配等方面。需要注意的是,区域经济与宏观经济影响分析主要适用于特大型建设项目,这类项目包含特大型基础设施建设项目,如大型交通枢纽、跨区域能源输送工程等;资源开发类项目,如大规模的矿产资源开采、森林资源开发等;特大型工业企业建设,如大型钢铁厂、石化企业等;大规模区域开发项目,如新区建设、经济开发区拓展等;高精尖科技攻关项目,如前沿信息技术研发、高端装备制造研发等;以及特大型生态环保工程,如大型流域生态治理、大规模沙漠化防治工程等。

特大型项目往往具有以下特征:

(1) 对社会、经济和环境具有重要而深远的影响,在社会发展、国民经济和生态文明建设中占有重要的战略地位。会对社会结构、人口分布、人文环境等产生广泛影响;对区域乃至国家的经济发展有重大推动作用,能够带动上下游相关产业发展和进出口,创造大量就业机会,促进经济增长;对生态系统、自然资源等产生较大影响。

(2) 规模宏大,工程体量巨大,对人力资源、物力资源和自然资源的需求量大且较为集中,需要巨额的资金投入,能够提供的产品产量或服务规模巨大。

(3) 技术复杂,需要综合运用多个学科和领域的先进技术,针对工程需求常常要进行重大技术创新和突破,并将不同类型不同来源的技术进行集成,面临巨大的技术集成挑战。

(4)工程建设周期长,在项目前期的立项、选址、可行性研究、方案设计等环节,需要进行大量的调研、论证和审批工作;由于工程规模大、技术复杂,施工过程异常复杂,需要分多阶段、长周期完成;建成后需要较长时间进行调试、试运行和完善,方能投入使用。

(5)宏观层面的风险性大,大规模投资会受经济、社会与环境不同层面的影响,包括市场需求变化、原材料价格波动、金融市场不稳定等引发的经济风险,也会遭遇社会及网络舆情、利益相关者反对等社会风险,以及建设和运营过程中面临的环境不可逆破坏、环境监管政策变化等环境风险;同时,由于技术复杂和创新性要求高,容易产生技术风险,造成技术研发失败、技术应用效果不佳等问题,引发关联产业或新产业群体的发展变化。

6.2.2 原则和内容

1)遵循原则

为保证项目区域经济与宏观经济影响分析的全面性和准确性,分析工作应遵循系统性、综合性、定性分析与定量分析相结合的原则。

(1)系统性原则。一方面,应针对特大型建设项目自身的系统性特征,开展可行性研究与建设方案设计,并进行系统性财务分析;另一方面,应从区域经济和国民经济的角度,将建设项目视为宏观系统中的子系统,全面分析项目的经济性,分析其对区域或宏观经济系统的贡献。

(2)综合性原则。针对特大型建设项目的开发周期长、投入大、对区域和宏观经济影响全面而深远等特点,综合考虑其对区域经济和宏观经济产生的产业结构、就业结构、供给结构、消费结构、价格体系和区域经济结构等方面的影响,进行综合分析。

(3)定性分析与定量分析相结合的原则。考虑到特大型建设项目对区域经济和宏观经济的影响具有广泛性,可量化的经济型效果与难以量化的非经济型效果同时并存,需要采用定性和定量相结合的方法,从而得到全面的评价结论。

2)主要内容

区域经济与宏观经济影响分析应立足于项目的实施能够促进和保障经济有序高效运行和可持续发展,分析重点应是项目与区域发展战略和国家长远规划的关系。分析内容应包括下列直接贡献和间接贡献、有利影响和不利影响:

(1)项目可能产生的有利影响分析

① 项目对区域经济或宏观经济的直接贡献分析:对经济增长的促进作用,对经济结构优化效果,对提高居民收入、增加就业和减少贫困的作用,对扩大进出口的影响,改善生态环境的效果,以及增加地方或国家财政收入与保障国家经济安全等方面的作用。

② 项目对区域经济或宏观经济的间接贡献分析:对人口合理分布和流动、城市化发展的促进作用,带动相关产业发展、克服经济瓶颈促进经济社会均衡发展,提高居民生活质量,合理开发、有效利用资源,促进技术进步,提高产业国际竞争力等方面。

(2) 项目可能产生的不利影响分析

项目可能产生的土地资源非有效占用、水土资源流失、环境污染、生态平衡损害等资源环境问题，历史文化遗产破坏等文化问题，供求关系与生产格局失衡、通货膨胀、地方传统经济受到冲击、国家经济安全受到影响等经济问题，产生新的相对贫困阶层或群体、隐性失业等社会问题等。

6.2.3 评价指标体系

区域经济与宏观经济影响分析评价指标如表 6.3 所示。不仅能从经济总量层面直观展现项目对国民经济大盘的贡献，还能深入到经济结构、产业关联、技术进步等细微处，剖析项目对经济发展模式和产业布局的重塑力量。同时，社会与环境指标考量了项目在就业、收益分配、资源利用及环境保护上的表现，国力适应性指标则从国家整体承载能力角度为项目可行性把关。

表 6.3 区域经济与宏观经济影响分析评价指标

指标类别	具体指标	含义	应用场景
经济总量指标	增加值、净产值、纯收入、财政收入等	增加值指项目投产后对国民经济的净贡献，即每年形成的国内生产总值；净产值是项目全部效益扣除各项费用（不包括工资和附加值）后的余额；纯收入是净产值扣除工资及附加值后的余额	衡量项目对国民经济总量的贡献，评估项目对国家整体经济规模的影响
经济结构指标	三次产业结构、就业结构、影响力系数	产业结构按各产业增加值计算，反映各产业在国内生产总值中所占份额；就业结构包括产业结构、行业结构、地区结构、职业结构等；影响力系数衡量某一产业增加一个单位最终产品时，对国民经济各部门产生的生产需求波及程度	分析项目对经济结构的影响，判断项目对产业布局和就业格局的作用
社会与环境指标	就业效果、收益分配效果、资源合理利用和环境影响效果	就业效果用项目单位投资带来的新增就业人数表示；收益分配效果检验项目收益在国家、地方、企业、职工间的分配比重；资源合理利用和环境影响效果包含节能、节约时间、节约用地、节约用水等指标	评估项目对社会就业、收益分配以及资源环境的影响
国力适应性指标	项目使用资源占全部资源总量百分比、财政资金投入占财政收入/支出百分比	表示国家的人力、物力和财力所能承担重大项目的能力	判断国家是否有足够能力支撑项目建设
产业关联度指标	前向关联度、后向关联度	前向关联度反映项目所在产业对其下游产业的推动作用（例如：大型房地产项目建成后，带动装修装饰、家具制造、家电等下游产业发展）；后向关联度体现项目所在产业对其上游产业的带动作用（例如：房地产项目施工需大量水泥、钢材、玻璃等材料，并促进建筑施工设备租赁业务增长）	衡量项目所在产业与其他产业的相互联系和影响程度，分析项目在产业链中的地位和作用

续表

指标类别	具体指标	含义	应用场景
技术进步指标	全要素生产率（TFP）、新技术应用率、研发投入强度	全要素生产率衡量在各种生产要素投入水平既定的条件下，所达到的额外生产效率；新技术应用率指项目中采用新技术、新工艺的程度；研发投入强度反映项目主体对技术研发的重视程度和投入力度	评估项目对技术创新和技术进步的推动作用，判断项目对产业升级和经济结构优化的影响

===== 数字资源 =====

6-3 知识点拓展
项目区域经济影响分析

6-4 知识点拓展
项目宏观经济影响分析

6-5 测试
本节测验题

6.3 项目社会评价

6.3.1 概念与范围

项目社会评价是分析拟建项目对当地社会的影响、当地社会条件对项目的适应性和接受程度，评价项目的社会可行性。项目社会评价可以被视为一个考虑社会发展问题和社会发展目标的过程，用于分析和评价项目为实现国家和地方的各项社会发展目标的贡献与影响，以及项目与社会的互适性的一种系统性的调查、研究、分析和评价方法。项目社会评价又被认为是把社会分析和公众参与融入发展项目的设计和实施中的一种行动工具和行为手段。

社会评价的时间跨度应贯穿于建设项目周期的全过程。在建设项目周期的不同阶段，社会评价的任务和内容也有所不同。在项目建议书阶段，应进行初步社会筛选（指在项目规划过程中，对项目进行的初步评估和筛选，以确定项目是否符合特定的社会目标）；在项目的可行性研究阶段，应进行详细社会分析；在项目实施阶段，应进行社会监测与评估。

社会评价的范围包括了上述三个阶段，但不同项目范围不一，无需开展全部评价。对于社会因素复杂、社会影响久远、社会风险较大和社会问题较多的项目，应当进行全面的社会评价。这些项目一般包括以下几种特征：

（1）引发大规模移民征地的项目，如煤矿、水电等能源开发项目，跨流域调水、大型灌溉等水利工程项目，高铁、机场等交通基础设施项目，大型园区、城市更新等城市发展与新区建设项目；

（2）具有明确社会发展目标的项目，如教育与文化领域项目、医疗卫生领域项目、生态环保与可持续发展领域项目、就业与社会保障领域项目等。

其他项目需先开展初步社会筛选,再依据筛选结果,判定是否开展详细社会分析。需进一步开展详细社会分析的项目通常具备以下特征:

(1) 发展权益受损:项目地区人口长期难以从过往发展中获益,始终处于不利地位。
(2) 社会经济失衡:区域内存在严重的社会经济不平衡状况。
(3) 社会问题突出:项目地区有诸多严重社会问题亟待解决。
(4) 就业风险加剧:面临大规模企业结构调整,极有可能引发失业。
(5) 负面效应显著:项目会带来重大负面影响,如非自愿大规模移民、文物古迹被破坏。
(6) 行为观念转变:项目活动会改变当地人口的现行行为方式与价值观念。
(7) 社区参与关键:社区参与对项目成功实施与效果可持续性起着关键作用。
(8) 信息掌握不足:项目设计人员对影响群体需求和地区发展制约因素了解不足。

6.3.2 主要内容

1) 社会影响分析

项目的社会影响分析旨在全面评估项目可能对社会各个层面产生的影响,包括正面影响与负面影响,判断其对社会发展的贡献和潜在风险。

一般来说,可能包括以下几个方面,包括对居民收入的影响,对居民生活水平和生活质量的影响,对居民就业的影响,对不同利益群体的影响,对弱势群体利益的影响,对文化教育、卫生的影响,对基础设施、社会服务容量和城市化进程等的影响,以及对少数民族风俗习惯和宗教的影响等8个方面,如表6.4所示。

表6.4 项目社会影响分析内容

序号	影响类别	主要内容
1	项目对居民收入的影响	分析与预测项目实施造成当地居民收入增减的范围、程度及原因;判断收入增减的公平性,是否扩大贫富差距,提出促进公平分配措施建议;扶贫项目着重分析减贫及脱贫人数
2	项目对居民生活水平和生活质量的影响	分析与预测项目实施后居民居住、消费、消费结构、人均寿命的变化及原因
3	项目对居民就业的影响	分析与预测项目建设和运营对当地居民就业结构和就业机会的正面(增加就业机会和人数)与负面影响(减少原有就业机会和人数及引发的社会矛盾)
4	项目对不同利益群体的影响	分析与预测项目建设和运营使哪些群体受益或受损,以及对受损群体的补偿措施和途径;对易引发非自愿移民的项目加强此方面分析
5	项目对弱势群体利益的影响	分析与预测项目建设和运营对当地妇女、儿童、残疾人员利益的正面和负面影响
6	项目对文化教育、卫生的影响	分析与预测项目建设和运营是否引起当地文化教育水平、卫生健康程度变化及对人文环境影响,提出减少不利影响措施建议,公益性项目着重加强此方面分析
7	项目对基础设施、社会服务容量和城市化进程等的影响	分析与预测项目建设和运营是否增加或占用当地基础设施(道路、桥梁、供电等)及产生的影响

续表

序号	影响类别	主要内容
8	项目对少数民族风俗习惯和宗教的影响	分析与预测项目建设和运营是否符合民族和宗教政策,是否尊重当地民族风俗习惯等,是否会引发民族矛盾、宗教纠纷影响社会安定

通过以上分析,对项目的社会影响作出评价,并编制项目社会影响分析表,详细描述社会影响的范围、程度,可能出现的后果,以及措施与建议。

2) 社会互适性分析

互适性分析主要是分析与预测项目与社会环境相互适应程度,判断项目能否为当地的社会环境、人文条件所接纳,以及当地政府、居民对项目存在与发展的支持程度,考察项目与当地社会环境的相互适应关系,项目与社会环境相互适应程度。

(1) 利益相关者适应性分析:分析、预测与项目相关的不同利益者对项目建设和运营的态度及参与程度,选择可以促使项目成功的各利益相关者的参与方式,对可能阻碍项目发展的因素提出防范措施。

(2) 现有组织结构适应性分析:分析与预测项目所在地区的各类组织对项目建设和运营的态度,判断可能在哪些方面、在多大程度上对项目予以支持配合或者阻碍项目发展。分析判断当地是否能够提供保障交通、电力、通信、供水等基础设施条件,粮食、蔬菜、肉类等生活供应条件,以及医疗、教育、文化、体育等社会福利条件。

(3) 技术文化条件适应性分析:分析与预测项目所在地区现有技术、文化状况能否适应项目建设和发展。对于为了发展地方经济,改善当地居民生产生活条件兴建的水利项目、公路交通项目、扶贫项目,应分析当地居民的教育水平能否适应项目要求的技术条件,能否保证实现项目既定目标。

(4) 社会环境适应性分析:分析与预测项目能否适应当地社会制度、法律法规、社会秩序等社会环境。项目应严格遵守当地法律法规要求,并在实施过程中维护社会秩序稳定,避免引发社会矛盾。

通过项目与所在地的互适性分析,就当地对项目适应性和可接受程度做出评价。编制社会对项目适应性和可接受程度分析表,如表6.5所示。

表6.5 社会互适性分析表

序号	社会因素	适应程度	可能出现的问题	措施与建议
1	不同利益相关者			
2	当地组织结构			
3	当地技术文化条件			
4	当地社会环境			

3) 社会风险分析

项目的社会风险分析是对可能影响项目全生命周期的各种社会因素进行识别和分

析,判断可能产生的潜在负面影响以及可能引发的社会问题,并选择影响大、持续时间长,并容易导致较大矛盾的社会因素进行预测,分析可能出现这种风险的社会环境和条件,并提出防范措施,编制项目社会风险分析表,如表6.6所示。项目社会风险分析关乎项目成败,对项目所在地的社会稳定与发展有着深远影响。其涵盖了风险因素识别、分析方法选用以及应对措施制定等关键环节,如表6.7所示。

表6.6 项目社会风险分析表

序号	风险因素	持续时间	可能导致的后果	措施与建议
1				
2				
3				

表6.7 项目社会风险分析关键环节概述

关键环节	具体内容	详细描述
社会风险因素识别	利益分配不均	项目实施中,不同利益相关方对收益分配存在争议,如土地征用补偿标准过低引发不满
	文化冲突	项目涉及不同文化背景群体,因文化差异产生冲突,如文化遗产保护区域的旅游开发
	就业与失业问题	项目建设和运营阶段就业机会有限,失业率上升,外来劳动力与本地劳动力竞争引发矛盾
	社会舆论负面导向	不实信息或负面消息通过网络传播误导公众,引发社会舆论抵制项目
社会风险分析方法	问卷调查法	向相关群体发放问卷,收集对项目社会影响的看法和态度,分析潜在风险因素
	访谈法	与利益相关者进行面对面访谈,深入了解诉求、担忧和期望
	专家打分法	邀请多领域专家对风险因素进行评估打分,量化评价风险的可能性和影响程度
	历史案例分析法	研究类似项目的历史案例,分析原因、过程和应对措施,总结经验教训
	综合评价法	综合运用多种评价指标和方法,构建综合评价模型,如层次分析法和模糊综合评价法
	系统仿真法	建立仿真模型,模拟社会风险因素动态变化,预测风险发展趋势
社会风险应对措施	建立公平合理的利益分配机制	制定公平透明的利益分配方案,确保补偿资金足额发放,建立监督机制
	加强文化沟通与融合	深入调研当地文化,开展文化交流活动,遵循文化遗产保护法规
	促进就业与稳定就业	优先招聘当地劳动力,开展职业技能培训,制定合理薪酬政策,避免不合理竞争
	加强舆情监测与引导	建立舆情监测团队,及时回应负面舆情,宣传项目正面意义,营造良好舆论环境

6.3.3 步骤和常见方法

1）社会评价的步骤

社会评价的一般步骤如图 6.2 所示。

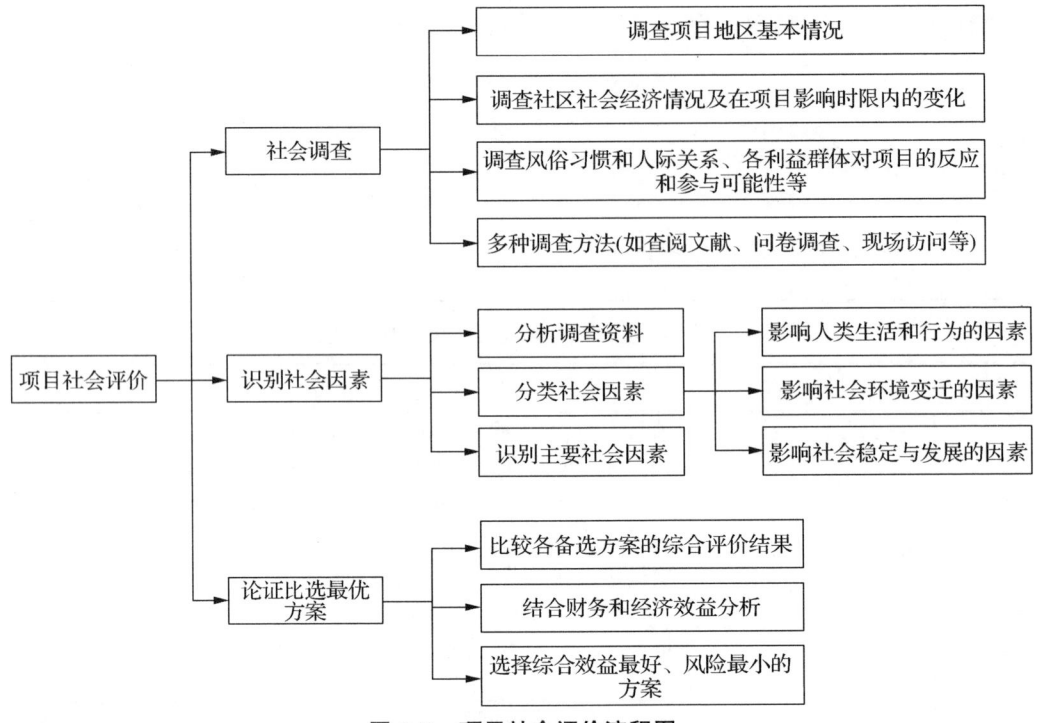

图 6.2 项目社会评价流程图

（1）社会调查

调查的内容包括项目所在地区的基本情况和受影响社区的基本社会经济情况在项目影响时限内可能的变化。具体包括人口统计资料，基础设施与服务设施状况；当地的风俗习惯、人际关系；各利益群体对项目的反应、要求与接受程度；各利益群体参与项目活动的可能性，可能参与的形式、时间。社会调查可采用多种调查方法，如查阅历史文献、统计资料，问卷调查，现场访问、观察，召开座谈会等。

（2）识别社会因素

分析社会调查获得的资料，对项目涉及的各种社会因素进行分类。一般可分成三类：影响人类生活和行为的因素、影响社会环境变迁的因素以及影响社会稳定与发展的因素。然后从中识别和选择影响项目实施和项目成功的主要社会因素，作为社会评价的重点和论证评选方案的主要内容之一。

（3）论证比选最优方案

对各备选方案的综合评价结果进行比较，根据重要的关键指标选出最优方案，并结合项目的财务分析和经济费用效益分析结果，选择财务、经济和社会效益均好，不利影响最小,受损群众最少,社会补偿措施费用最低和社会风险最小的方案为最优方案。

2)社会评价的基本方法

社会评价的基本方法分为快速社会评价法和详细社会评价法。如表 6.8 所示。快速社会评价法主要用于项目前期阶段,侧重于分析负面社会因素,主要通过定性分析识别主要社会因素、确定利益群体和估算接受程度。详细社会评价法则用于可行性研究阶段,采用定性与定量分析相结合的方式,进一步分析社会因素、利益群体、互适应程度,并比选优化方案。此外,详细社会评价法还强调公众参与,通过咨询式、邀请式和委托式参与,提高项目透明度,降低社会风险。

表 6.8 社会评价的基本方法

评价方法	特点	主要步骤	具体操作
快速社会评价法	项目前期简便方法,着眼负面社会因素分析,以定性分析为主	识别主要社会因素	按与项目相关程度和预期影响程度,将社会影响因素分为影响一般、较大、严重三级,侧重分析影响严重的因素
		确定利益群体	分析项目所在地区受益和受损群体,按受损程度分受损一般、较大、严重三级,侧重分析受损严重群体的人数、结构、态度及可能引发的矛盾
		估算接受程度	分析当地经济、社会条件对项目的接受程度,分高、中、低三级,侧重分析接受程度低的因素并提出应对措施
详细社会评价法	可行性研究阶段广泛应用,定性与定量分析结合,在快速评价基础上深化分析并优化方案	识别社会因素	按影响性质(正/负)、持续时间、风险度、风险变化趋势分组,着重论证持续时间长、风险度大、可能激化的负面影响因素
		识别利益群体	按直接损益(受益/受损)、间接损益性质、减轻或补偿受损措施代价分组,详细论证利益群体间关系及其与项目的利害关系和可能的社会矛盾
		分析互适应程度	详细分析项目建设运营从地方获取支持配合的程度,研究地方利益群体、政府和非政府机构参与方式及意愿,提出协调矛盾的措施
		比选优化方案	归纳上述分析结果,比选推荐合理方案。一般采用参与式评价,具体形式有:① 咨询式参与:社会评价人员将涉及居民生产生活内容交居民讨论征询意见;② 邀请式参与:邀请不同利益群体代表座谈,听取反对意见并分析;③ 委托式参与:委托当地政府或机构组织相关群体讨论需要支持配合的问题并收集反馈意见

———— 数字资源 ————

6 6 测试

本节测验题

6.4 项目后评价

6.4.1 概念与分类

投资项目后评价是在项目完成并运行一段时间后,对建设项目从项目研究决策,到建成投产,并在生产经营一定时期后进行的全方位、全过程的总体评价,将项目投资决策前分析、预测、估算的指标与项目投产后实际达到的水平进行比较分析,对项目的目标、执行过程、效益、影响和持续性等方面进行全面、系统、客观的分析与评价,真实、全面地总结评价项目在受评期间内的工作质量,从中吸取经验教训,为正在投产营运的项目和以后同类项目建设提供经验与建议。

一般来讲,从项目开工到项目寿命周期终结,由监督部门所进行的各种评价都属于项目后评价。根据评价时点,项目后评价可细分为跟踪评价、完成评价和影响评价三种类型。

1)跟踪评价

跟踪评价是指在项目开工以后到项目竣工以前任何一个时点所进行的评价,由独立机构完成。主要目的是:实时监测项目进展,及时发现项目执行过程中的问题,检查评价项目的进度、质量、安全等实施状况,诊断产生问题的原因,并提出对策建议。

2)完成评价

完成评价是指项目投资活动全部结束,工程竣工投入使用之后,项目已产生初步的生产效果之际,开展的较为全面系统的评价。完成评价旨在对项目建设全过程进行分析总结,科学评判项目目标的实现程度、实施过程合理性与合规性、实际产生的效益、技术适用性、社会影响等,并总结经验教训。

3)影响评价

影响评价是指在项目运行较长时间后(一般是投资完成 5~10 年)开展,对项目产生的经济、社会、文化及环境等方面的长远影响进行评价,侧重于对项目长期目标的评价,通过调查实际状况、评估实际投资效益,评价项目发展趋势和影响,并识别项目实际运营过程中的问题,提出改进措施,提升项目的可持续发展能力。

6.4.2 主要内容

项目后评价的主要内容包括项目目标后评价、项目过程后评价、项目效益后评价、项目影响后评价、项目可持续性后评价等。

1)项目目标后评价

根据项目实际完成情况,对比项目立项时所预定目标,评估目标的实现程度。目标后评价一方面应分析造成目标产生偏差的市场环境变化、技术不足、管理不善等原因,并提出补救措施;另一方面,目标评价应同时评价项目既定目标的正确性、合理性及可实施性,如发现项目的目标不明确或不符合实际情况,造成项目实施过程中发生调整和变化,应给予重新分析和评价。

2）项目过程后评价

项目过程后评价应对项目从规划、设计、施工到运营的全过程进行比较和分析,发现与立项评估或可行性研究时所预计情况之间的偏差程度,分析原因,主要涉及项目前期决策的科学性、项目建设过程实施情况(如进度控制、质量控制、成本控制、安全管理等)、项目运营阶段效益、项目组织管理及财务管理等。

3）项目效益后评价

项目效益后评价是对项目实际取得的效益进行财务分析和经济费用效益分析,评价采用的数据是实际发生的,主要评价指标与项目前评价一致,即内部收益率、净现值及投资回收期等,可以对比分析是否取得预期效益。同时,也会涉及社会和环境效益,社会效益关注项目在促进社会发展、保障劳动就业、提升居民收入等方面取得的收益,环境效益关注项目在保护生态环境方面取得的收益。

4）项目影响后评价

项目后评价中的影响评价,是指在项目投产后对项目所在区域经济、环境、社会等所产生的长期影响和作用,经济影响评价主要分析项目对地区、行业及国家所产生的产业发展、财政增收、经济结构优化等方面的影响,环境影响评价主要评价项目实施后对大气、水、土地、生态等方面的影响(如污染控制、地区环境质量、区域生态平衡、生态承载力等),社会影响评价主要分析项目对社会发展目标的影响和贡献(如社会文化教育、社会结构与生活发展等)。

5）项目可持续性后评价

项目可持续性后评价主要判断项目是否具备在建设完成运营过程中能够持续发挥效益,直到实现既定目标的可持续发展能力,主要涉及技术、市场、管理、财务、资源、生态环境、社会等多方面的分析,如分析项目技术是否具有先进性、分析市场需求是否持续稳定、分析项目管理团队是否稳定且能够持续运营管理项目、分析项目能否持续发挥效益、分析项目资源供应是否充足、分析项目与生态环境的适应性、分析项目与社会的适应性等。

6.4.3　常见方法

项目后评价的基本方法就是将项目投产后的实际情况、实际效果等与决策时期的目标或预测值相比较,从中找出差距、分析原因、提出改进措施和建议,进而总结经验教训。常见方法如下:

1）统计预测法

项目后评价包括对项目已经发生事实的总结和对项目未来发展的预测。后评价时点前的统计数据是评价对比的基础,后评价时点的数据是评价对比的对象,后评价时点后的数据是预测分析的依据。统计预测法主要步骤如表 6.9 所示。

表 6.9 统计预测法主要步骤与内容

序号	主要步骤	主要内容	主要方法
1	统计调查	根据研究的目的和要求,采用科学的调查方法,有策划、有组织地收集被研究对象的原始资料	直接观察法、报告法、采访法和被调查者自填法等
2	统计资料整理	根据研究的任务,对统计调查所获得的大量原始资料进行加工汇总,使其系统化、条理化、科学化,以得出事物总体特征	归纳总结法
3	统计分析	根据研究的目的和要求,对研究的对象进行解剖、对比、分析和综合研究,揭示事物内在联系和发展变化规律	分组法、综合指标法、动态数列法、指数法、抽样和回归分析法、投入产出法等
4	预测	预测是对尚未发生或目前还不明确的事物进行预先的估计和推测,对事物将要发生的结果进行探索和研究	对无项目条件下可能产生的效果进行假定的估测、有无对比、未来效益预测

2）社会调查法

社会调查法侧重于从社会层面收集一手信息,深入了解项目对不同利益相关者和社会环境产生的实际影响。该方法通过对项目涉及的各类人群进行调查,获取他们对项目的真实看法、感受以及项目带来的实际改变,为全面、客观地评价项目提供丰富的数据和事实依据,是衡量项目社会成效不可或缺的手段。主要步骤和内容如表 6.10 所示。

表 6.10 社会调查法主要步骤和内容

序号	主要步骤	主要内容
1	调查准备	① 明确调查目标,如了解项目对当地就业、居民生活质量等方面的影响; ② 界定调查范围,涵盖项目所在地域及相关利益群体;组建具备社会学、统计学等专业知识的调查团队; ③ 设计调查工具,如问卷应包含封闭式和开放式问题,访谈提纲应针对不同对象设置不同问题
2	调查实施	① 问卷调查主要采用合适抽样方法,如简单随机抽样或分层抽样,可以通过线上或者线下的方式发放问卷; ② 访谈可包括个体访谈关键人物和小组访谈利益群体; ③ 实地观察应深入项目现场,查看设施运行、环境变化等情况
3	调查分析	① 整理问卷数据,剔除无效问卷并录入清理; ② 对访谈记录进行整理标注; ③ 数据分析,主要运用统计软件进行定量分析,计算满意度等指标; ④ 对访谈和观察记录进行定性分析,归纳观点和建议; ⑤ 撰写报告,包含调查背景、目的、方法、发现、结论与建议,为项目改进和类似项目提供参考

3）对比法

（1）前后对比法：前后对比法是一种将项目实施前与实施后的情况加以对比,以确定项目效益的方法。在项目后评价中,它是一种纵向的对比,将项目前期的可行性研究和项目评估的预测结论与项目的实际运行情况相比较,以发现差异,分析原因。这种对比可以分析计划、决策和实施的质量,是项目过程评价的重要环节。

(2)有无对比法:有无对比是指将项目实施后实际发生的情况与项目不实施可能发生的情况进行对比,以度量项目的实际效益、影响和作用。通过对比"有"和"无"这两种情况的差异性,确定项目的价值,从而科学评价项目的效果和效益,排除其他因素对项目的干扰,从而准确衡量项目的实际影响。

4)因素分析法

项目的投资效果往往由多种因素共同影响,因此,项目后评价的因素分析法是一种通过分析影响项目投资效果的各种因素,来确定各因素对项目目标实现的影响程度和贡献大小的方法。因素分析法把综合性指标分解成若干原始因素,确定指标完成好坏的具体原因。运用因素分析法,首先要确定分析指标的因素组成,其次是确定各个因素与指标的关系,最后确定各个因素对指标影响的作用。

5)成功度法

成功度法依靠评价专家或专家组的经验,根据项目各方面的执行情况,并通过系统准则或目标判断表来评价项目目标的实现程度和总体的成功程度,是一种综合评价方法。成功度评价以项目目标的实现程度为基础,以项目的目标和效益为核心,对项目进行全面系统的评价。成功度法需要对项目的实施过程、效益、影响等多个方面进行分析,对项目的成功程度做出判断。项目的成功度往往受到多个因素的影响,包括宏观目标和产业政策、决策及其程序、布局与规划、经济适应性、设计与技术水平、资源和建设条件、资金来源和融资情况、项目进度及其控制、项目质量及其控制、项目投资及其控制、项目组织机构、项目经济效益和影响、社会和环境影响、项目可持续性等。

6)逻辑框架法

逻辑框架法是一种概念化论述项目的方法,即用一张简单的框图来清晰地分析一个复杂项目的内涵和关系,将项目划分为投入、产出、目的、目标四个层次,通过对项目各层次目标及其相互关系的分析,确定项目的逻辑关系。该方法强调在项目的目标层次之间建立清晰的逻辑关系,有助于对项目的合理性、可行性和有效性进行全面评估。

以一座城市跨江大桥建设项目为例,其项目后评价采用逻辑框架法如表6.11所示:

表6.11 逻辑框架法应用示例

层次	具体内容
投入	① 大量资金:用于购买建筑材料、支付施工人员薪酬、租赁施工设备等; ② 专业技术人员:桥梁设计师、结构工程师、施工管理人员等; ③ 建筑材料:钢材、水泥、砂石等; ④ 施工设备:大型起重机、混凝土搅拌车等

续表

层次	具体内容
产出	① 建成符合设计标准的跨江大桥:具备规定长度、宽度和承载能力,引桥和主桥结构稳固; ② 配套完善交通附属设施:照明系统、交通标识、防护栏等; ③ 有效保护周边环境:减少施工扬尘、噪声等污染
目的	① 改善交通通行状况:缩短两岸居民出行时间,提高交通便利性; ② 促进经济交流合作:带动两岸商业、旅游业等产业发展; ③ 提升城市形象和竞争力:增强对外部投资的吸引力
目标	推动城市可持续发展,促进区域经济协调发展,提升居民生活质量和幸福感

———— 数字资源 ————

6-7 测试
本节测验题

6-8 虚拟仿真拓展实验
行业初创决策

习题

1. UNIDO 将项目可行性研究分为几个阶段？各个阶段有哪些主要工作内容？
2. 项目可行性研究的内容有哪些？
3. 投资项目可行性研究报告应涵盖哪些主要内容？
4. 区域经济与宏观经济影响分析的主要内容有哪些？
5. 项目经济影响分析中,如何衡量其对产业结构调整的作用？
6. 什么是项目社会评价,主要包括哪些内容？
7. 项目后评价的方法有哪些？
8. 有无对比和前后对比的区别是什么？
9. 根据评价时点的不同,项目后评价分为几类？各类后评价分别包括哪些方面的内容？
10. 从项目全生命周期管理的角度出发,探讨项目后评价对项目前期规划、建设实施和运营管理的反馈机制及具体影响,同时提出如何有效利用后评价结果优化未来项目管理的建议。
11. 找一份投资项目的项目建议书、可行性研究报告、社会评价报告或后评价报告,依据本章相关理论和知识,剖析其优点和缺点。

7 建设项目财务分析

建设项目财务分析(也称财务评价)是项目前期研究工作的重要内容,是在完成市场调查与预测、拟建规模、营销策划、资源优化、技术方案论证、投资估算与资金筹措等可行性分析的基础上,对拟建项目各方案投入与产出的基础数据进行推测、估算,对拟建项目各方案的财务可行性和经济合理性进行科学的分析论证,做出全面、正确的经济评价结论,为投资者提供科学的决策依据。为了使财务评价的指标体系科学化、标准化、规范化和实用化,本章以国家发展改革委和建设部 2006 年颁发的《建设项目经济评价方法与参数(第三版)》为主要依据,介绍建设项目财务分析的内容、方法和基本步骤,并通过计算示例,介绍财务评价报表的编制过程。

7.1 财务分析的内容与类型

财务分析是以国家现行财税制度和价格体系为依据,从项目的角度出发,计算项目范围内的财务效益和费用,分析项目的盈利能力、清偿能力及生存能力,评价项目在财务上的可行性,明确项目对财务主体的价值以及对投资者的贡献,为投资决策、融资决策以及银行审贷提供依据。

建设项目财务分析的计算期包括建设期和运营期。建设期应参照项目建设的合理工期或项目的建设进度计划合理确定;运营期应根据项目特点参照项目的合理经济寿命确定。时间单位一般采用"年",也可采用其他常用的时间单位。

财务分析应采用以市场价格体系为基础的预测价格。在建设期内,一般应考虑投入的相对价格变动及价格总水平变动。在运营期内,若能合理判断未来市场价格变动趋势,投入与产出可采用相对变动价格;若难以确定投入与产出的价格变动,一般可采用项目运营期初的价格;有要求时,也可考虑价格总水平的变动。

7.1.1 财务分析的内容

建设项目财务分析主要包括盈利能力分析、偿债能力分析和财务生存能力分析。具体内容应根据项目性质、项目目标、项目投资者、项目财务主体以及项目对经济与社会的影响程度等情况确定。

建设项目按项目的目标分为经营性项目和非经营性项目。经营性项目是为了盈利而进行的项目,非经营性项目是指为了满足公共需求或社会福利而进行的项目。对于经营性项目主要分析项目的盈利能力、偿债能力和财务生存能力;对于非经营性项目应主要分析项目的财务生存能力。

1）盈利能力分析

通过一系列指标计算分析项目投资在财务上的盈利水平,它直接关系到项目投产后能否生存和发展,是评价项目在财务上可行性的基本标志。盈利能力的大小是企业进行投资活动的原动力,也是企业进行投资决策时考虑的首要因素。

盈利能力分析的指标包括项目投资财务内部收益率和项目投资财务净现值、项目资本金财务内部收益率、投资回收期、总投资收益率和项目资本金净利润率等。

2）偿债能力分析

通过一系列指标计算分析使用债务资金的项目的财务状况和是否具有按期偿还债务的能力,它直接关系到企业面临的财务风险和企业的财务信用等级。对需要筹措债务资金的项目,偿债能力的大小是企业进行筹资决策的重要依据。

偿债能力分析的指标包括利息备付率、偿债备付率和资产负债率等。

3）财务生存能力分析

通过考查项目计算期内的投资、融资和经营活动所产生的各项现金流入和流出,计算净现金流量和累计盈余资金,分析项目是否有足够的净现金流量维持正常运营,以实现财务可持续性。对于非经营性项目,财务生存能力分析还兼有寻求政府补助以维持项目持续运营的作用。

财务可持续性首先体现在有足够大的经营活动净现金流量,其次各年累计盈余资金不应出现负值。若出现负值,应进行短期借款,同时分析该短期借款的年份长短和数额大小,进一步判断项目的财务生存能力。

7.1.2 融资前分析和融资后分析

项目决策分为投资决策和融资决策两个层次。投资决策重在考察项目净现金流的价值是否大于其投资成本;融资决策重在考察资金筹措方案能否满足要求。严格地说,投资决策在前,融资决策在后。根据不同的决策需要,财务分析可分为融资前分析和融资后分析。一般宜先进行融资前分析,在融资前分析结论满足要求的情况下,初步设定融资方案,再进行融资后分析。

1）融资前分析

融资前分析是指在考虑融资方案前就可以开始进行的财务分析,即不考虑债务融资条件下进行的财务分析,融资前分析广泛应用于项目各阶段。融资前分析只进行盈利能力分析,并以项目投资折现现金流量分析为主。融资前项目投资现金流量分析,是从项目投资总获利能力角度考察项目方案设计的合理性。

进行现金流量分析应正确识别和选用现金流量,包括现金流入和现金流出。融资前财务分析的现金流量与融资方案无关,从该原则出发,融资前项目现金流量分析的现金流量主要包括建设投资、营业收入、经营成本、流动资金、营业税金及附加和所得税。为了体现与融资方案无关的要求,各项现金流量的估算中都需要剔除利息的影响,例如采用不含利息的经营成本作为现金流出,而不是总成本费用;在流动资金估算、经营成本中的修理费和其他费用估算过程中应注意避免利息的影响。

融资前分析以动态分析为主,静态分析为辅。融资前动态分析考查整个计算期内现金流入和现金流出,编制项目投资现金流量表,利用资金时间价值的原理进行折现,计算项目投资内部收益率和净现值指标。融资前分析也可以通过非折现现金流量计算投资回收期指标(静态分析),用以反映收回项目投资所需要的时间。融资前分析计算的相关指标,应作为初步投资决策与融资方案研究的依据和基础。

根据需要,融资前分析可从所得税前和(或)所得税后两个角度进行考察,分别选择计算所得税前和(或)所得税后指标。计算所得税前指标的融资前分析(所得税前分析)是从息前税前角度进行的分析;计算所得税后指标的融资前分析(所得税后分析)是从息前税后角度进行的分析。在规划和机会研究阶段的融资前分析可只选取所得税前指标。所得税前和所得税后分析的现金流入完全相同,但现金流出略有不同,所得税前分析不将所得税作为现金流出,所得税后分析视所得税为现金流出,这里的所得税为调整所得税。调整所得税计算公式为:

$$调整所得税 = 息税前利润 \times 所得税率 \qquad (7.1)$$

计算所得税前指标,是投资盈利能力的完整体现,用以考查由项目方案设计本身所决定的财务盈利能力,它不受融资方案和所得税政策变化的影响,仅仅体现项目方案本身的合理性。所得税前指标可以作为初步投资决策的主要指标,用于考查项目是否基本可行,并值得去为之融资。所得税前指标应受到项目有关各方(项目发起人、项目业主、项目投资人、银行和政府管理部门)广泛的关注,特别适用于建设方案设计中的方案比选。所得税后分析是所得税前分析的延伸。调整所得税作为现金流出,可用于在融资的条件下判断项目投资对企业价值的贡献,是企业投资决策依据的主要指标。

如果融资前分析结果表明项目效益符合要求,再考虑融资方案,继续进行融资后分析;如果分析结果不能满足要求,可以通过修改方案设计完善项目方案,必要时甚至可据此做出放弃项目的建议。

2) 融资后分析

只有通过了融资前分析的检验,才有必要进一步进行融资后分析。在融资前分析结果可以接受的前提下,可以考虑融资方案,进行融资后分析。融资后分析是指以设定的融资方案为基础进行的财务分析。

融资后分析主要是针对项目资本金折现现金流量和投资各方折现现金流量进行分析,既包括盈利能力分析,又包括偿债能力分析和财务生存能力分析等内容。通过融资后分析进而判断项目方案在融资条件下的合理性。

融资后分析是比选融资方案,进行融资决策和投资者最终决定出资方案的依据。可行性研究阶段必须进行融资后分析，但只是阶段性的。实践中，在可行性研究报告完成之后，还需要进一步深化融资后分析，才能形成最终融资决策。

7.1.3 新设法人项目财务分析和既有法人项目财务分析

根据项目融资主体的不同，可分为新设法人项目融资和既有法人项目融资。

1）新设法人项目融资及财务分析

新设法人融资是以新组建的具有独立法人资格的项目公司为融资主体的融资方式。采用新设法人融资方式的建设项目，项目法人大多是企业法人，社会公益性项目和某些基础设施项目也可能组建新的事业法人实施。采用新设法人融资方式的建设项目，一般是新建项目，但也可以是将既有法人的一部分资产剥离出去后重新组建新的项目法人的改扩建项目。

新设法人融资方式的基本特点是：

(1) 由项目发起人（企业或政府）发起组建新的具有独立法人资格的项目公司，由新组建的项目公司承担融资责任和风险；

(2) 建设项目所需资金的来源，包括项目公司股东投入的资本金和项目公司承担的债务资金；

(3) 依靠项目自身的盈利能力来偿还债务；

(4) 一般以项目投资形成的资产、未来收益或权益作为融资担保的基础。

采用新设法人融资方式，项目发起人与新组建的项目公司分属不同的实体，项目的债务风险由新组建的项目公司承担。

新设项目法人项目财务评价的主要内容是在编制财务现金流量表、利润与利润分配表、资金来源与运用表、借款还本付息计划表的基础上，进行盈利能力分析和偿债能力分析。由于项目能否还贷，取决于项目自身的盈利能力，因此必须认真分析项目自身的现金流量和盈利能力。

2）既有法人项目融资及财务分析

既有法人融资方式是以既有法人为融资主体的融资方式。采用既有法人融资方式的建设项目，既可以是技术改造、改建、扩建项目，也可以是非独立法人的新建项目。

既有法人融资方式的基本特点是：

(1) 由既有法人发起项目、组织融资活动并承担融资责任和风险；

(2) 建设项目所需的资金来源于既有法人内部融资、新增资本金和新增债务资金；

(3) 新增债务资金依靠既有法人整体（包括拟建项目）的盈利能力来偿还；

(4) 以既有法人整体的资产和信用承担债务担保。

由于既有法人项目不组建新的独立法人，项目的运营与理财同现有企业的运营与理财融为一体，因此与新设法人项目相比，其财务评价复杂程度高，牵扯面广，需要数据多，涉及项目和企业两个层次、"有项目"与"无项目"两个方面，其特殊性主要表现在：

(1) 在不同程度上利用了原有资产和资源,以增量调动存量,以较小的新增投入取得较大的效益;在财务评价中,注意应将原有资产作为沉没费用处理。

(2) 原来已在生产,若不改扩建,原有状况也会发生变化,因此项目效益与费用的识别与计算要比新设项目法人项目复杂得多,着重于增量分析与评价。例如,项目的效益目标可以是新增生产线或新品种,可以是降低成本、提高产量或质量等多个方面;项目的费用不仅要考虑新增投资、新增成本费用,而且还可能要考虑因改造引起的停产损失和部分原有资产的拆除和迁移费用等。

(3) 建设期内建设与生产可能同步进行;出现"有项目"与"无项目"计算期不一致问题。这时应以"有项目"的计算期为基础,对"无项目"进行计算期调整。调整的手段一般是追加投资或加大各年修理费,以延长其寿命期,在某些特殊情况下,也可以将"无项目"适时终止,其后的现金流作零处理。

(4) 项目与企业既有联系,又有区别。既要考察项目给企业带来的效益,又要考察企业整体的财务状况,这就提出了项目范围界定的问题。对于那些难以将项目(局部)与企业(整体)效益与费用严格区分的项目,增量分析将会出现一定的困难,这时应把企业作为项目范围,从总量上考察项目的建设效果。

按照费用与效益识别的有无对比原则,对既有法人项目而言,为了求得增量效益与费用的数据,必须要计算五套数据。

(1) 现状数据,是项目实施前的资产与资源、效益与费用数据,也可称为基本值,是一个时点数。它对于比较"项目前"和"项目后"的效果有重要作用。一般可用实施前一年的数据,当该年数据不具有代表性时,可选用有代表性年份的数据或近几年数据的平均值。特别是对生产能力的估计,应慎重取值。现状数据也是预测"有项目"和"无项目"的基础。

(2) "无项目数据",指不实施该项目时,在现状基础上考虑计算期内效益和费用的变化趋势(其变化值可能大于、等于或小于零),经合理预测得出的数值序列。"无项目"时的效益由"老产品"产生,费用是"老产品"投入。

(3) "有项目数据",指实施该项目后计算期内的总量效益和费用数据,是数值序列。"有项目"时的效益一般由"新产品"与"老产品"共同产生,费用包含为"新产品"的投入与为"老产品"的投入。"老产品"的效益与费用在"有项目"与"无项目"时可能有较大差异。

(4) 新增数据,是"有项目"与"现状"效益和费用数据的差额。

(5) 增量数据,是"有项目"与"无项目"效益和费用的差额,即"有无对比"得出的数据。

以上五套数据中,"无项目"数据的预测是一个难点,也是增量分析的关键所在,应采取稳妥的原则,避免人为地夸大增量效益。若将现状数据和无项目数据均看作零,则有项目数据与新增数据、增量数据相同,这时有项目就等同于新设法人项目。

数字资源

7-1 知识点拓展
项目融资

7-2 测试
本节测验题

7.2 财务分析的基本步骤

财务分析是根据建设项目经济要素的基础数据,编制财务分析辅助报表,估计财务效益和费用,在此基础上编制财务分析的基本报表,计算财务分析指标,并进行建设项目财务可行性的判断。财务分析大致可分为以下几个基本步骤:

1) 基础数据与评价参数的调查、测算与选用

基础数据在熟悉拟建项目基本情况的基础上,通过调查研究、分析、预测确定,或由相关专业人员提供,例如产出物数量、销售价格、原材料及燃料动力消耗量及其价格、人员数量和工资、折旧和摊销年限、成本计算中的各种费率、税率、汇率、利率、计算期和运营负荷等,收集整理出初级基础数据;通过初级数据计算、派生出来例如成本费用、销售(营业)收入、销售税金与附加、增值税等数据,供下一步财务分析使用。

这里的评价参数主要指判别用参数,即用于判别项目效益是否满足要求的基准参数,例如基准收益率或最低可接受收益率、基准投资回收期、基准投资利润率等,这些基准参数往往需要通过专门分析和测算得到,或者直接采用有关部门或行业的发布值,或者由投资者自行确定。

2) 财务分析报表的编制与财务分析指标的计算(详见 7.3 节、7.4 节)

依据上述的基础数据和参数,估算项目的财务效益和费用,如建设投资、营业收入、经营成本、流动资金等,完成财务分析辅助报表的编制;将财务分析辅助报表中的基础数据进行汇总计算,进而编制出现金流量表、利润与利润分配表、财务计划现金流量表、资产负债表等主要财务基本报表。利用基本报表,计算出一系列财务分析指标,包括进行项目盈利能力分析和偿债能力分析的各项静态和动态指标,如项目投资内部收益率、净现值、项目静态投资回收期、资产负债率等。

3) 做出财务效益分析结论

在开展融资前分析时,将项目投资内部收益率、净现值、项目静态投资回收期等指标与选用的基准参数进行对比,如果分析结果表明项目效益符合要求,再考虑融资方案,继续进行融资后分析;如果分析结果不能满足要求,可以通过修改调整项目的方案设计以达到项目效益的要求,如果修改或调整后仍然不能满足要求可以据此做出放弃项目的建议。

在开展融资后分析时,计算的各项财务分析指标可以反映出项目投资、项目资本金、投资各方等获得的收益水平,以及项目使用债务性资金时的财务状况和借款偿还的能力。将这些指标值与国家有关部门规定的基准值进行对比,就可得出项目在财务上是否可行的评价结论。

为了减少项目在未来实施过程中不确定性因素对经济评价指标的影响,保证项目效益的兑现,在财务分析后,还要进行不确定性分析,包括盈亏平衡分析和敏感性分析(详见本书第 5 章)。

财务分析的内容及其与基础数据的关系如图 7.1 所示。

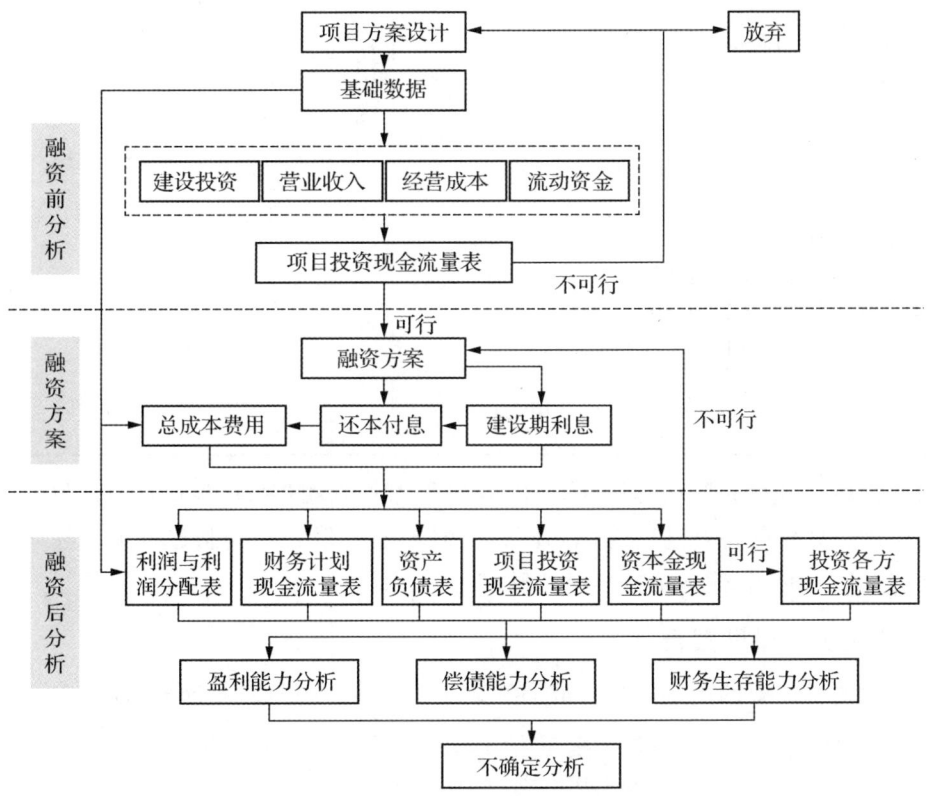

图 7.1　财务分析的内容及其与基础数据的关系

===== 数字资源 =====

7-3 微视频

财务基础数据调查与测算

7.3 财务分析报表

财务分析报表由辅助报表和基本报表共同组成。首先通过财务评价基础数据与参数的确定、估算与分析,编制出财务评价的辅助报表;将辅助报表中的基础数据进行汇总后编制出用于财务评价的基本报表。财务分析报表的构成可见表7.1所示。

表7.1 财务分析报表构成

辅助报表	基本报表

B1 建设投资估算表(概算法)
B2 建设投资估算表(形成资产法)
B3 建设期利息估算表
B4 流动资金估算表
B5 项目总投资使用计划与资金筹措表
B6 营业收入、营业税金及附加和增值税估算表
B7 总成本费用估算表(生产要素法)
  $B7_{基1}$ 外购原材料费估算表
  $B7_{基2}$ 外购燃料和动力费估算表
  $B7_{基3}$ 固定资产折旧费估算表
  $B7_{基4}$ 无形资产和其他资产摊销估算表
  $B7_{基5}$ 工资及福利费估算表
B8 总成本费用估算表(生产成本加期间费用法)
	B9 项目投资现金流量表
	B10 项目资本金现金流量表
	B11 投资各方现金流量表
	B12 利润与利润分配表
	B13 财务计划现金流量表
	B14 资产负债表
	B15 借款还本付息计划表

财务分析各种报表格式(参见7.3.1节和7.3.2节)的设置以现行会计制度为依据,同时结合项目评价的特点进行简化和调整。财务分析报表在编制过程中应注意相关表格的注释,结合项目具体情况适当增减科目。

7.3.1 财务分析辅助报表

财务分析所需要的基本数据通常都汇集在辅助报表中。财务分析的辅助报表包括:

1) 辅助报表B1——建设投资估算表(概算法)(表7.2)

表7.2 建设投资估算表(概算法)

序号	工程或费用名称	建筑工程费	设备购置费	安装工程费	其他费用	合计	其中:外币	比例/%
1	工程费用							
1.1	主体工程							
1.1.1	×××							
	……							
1.2	辅助工程							
1.3	公用工程							

续表

序号	工程或费用名称	建筑工程费	设备购置费	安装工程费	其他费用	合计	其中：外币	比例/%
1.4	服务性工程							
1.5	厂外工程							
1.6	×××							
2	工程建设其他费用							
2.1	×××							
	……							
3	预备费							
3.1	基本预备费							
3.2	涨价预备费							
4	建设投资合计							
	比例/%							100

建设投资是项目费用的重要组成，是项目财务分析的基础数据，可根据项目前期研究不同阶段、对投资估算精度的要求及相关规定选用估算方法。建设投资的构成可按概算法分类或按形成资产法分类。

建设投资估算表（概算法）反映了项目的建设投资按概算法分类的各类工程或费用的内容，以及建设投资的估算值。该表中，建设投资由工程费用、工程建设其他费用和预备费三部分构成，"工程或费用名称"可依不同行业的要求调整。

2）辅助报表B2——建设投资估算表（形成资产法）（表7.3）

表7.3 建设投资估算表（形成资产法）

序号	工程或费用名称	建筑工程费	设备购置费	安装工程费	其他费用	合计	其中：外币	比例/%
1	固定资产费用							
1.1	工程费用							
1.1.1	×××							
	……							
1.2	固定资产其他费用							
	×××							
	……							
2	无形资产费用							
2.1	×××							

续表

序号	工程或费用名称	建筑工程费	设备购置费	安装工程费	其他费用	合计	其中:外币	比例/%
	……							
3	其他资产费用							
3.1	×××							
	……							
4	预备费							
4.1	基本预备费							
4.2	涨价预备费							
5	建设投资合计							
	比例/%							100

按形成资产法分类,建设投资由形成固定资产的费用、形成无形资产的费用、形成其他资产的费用和预备费四部分组成。该表反映了项目建设投资形成的各类资产以及建设投资的估算值。该表与概算法计算的建设投资数额应一致。

3) 辅助报表 B3——建设期利息估算表(表 7.4)

表 7.4 建设期利息估算表

序号	项目	合计	建设期			
			1	2	…	n
1	借款					
1.1	建设期利息					
1.1.1	期初借款余额					
1.1.2	当期借款					
1.1.3	当期应计利息					
1.1.4	期末借款余额					
1.2	其他融资费用					
1.3	小计(1.1+1.2)					
2	债务					
2.1	建设期利息					
2.1.1	期初债务余额					
2.1.2	当期债务金额					
2.1.3	当期应计利息					
2.1.4	期末债务余额					

续表

序号	项目	合计	建设期			
			1	2	...	n
2.2	其他融资费用					
2.3	小计(2.1+2.2)					
3	合计(1.3+2.3)					
3.1	建设期利息合计(1.1+2.1)					
3.2	其他融资费用合计(1.2+2.2)					

该表反映了使用债务融资进行项目建设的情况下，建设期各年的利息以及建设期利息总额，为融资后分析计算项目的总投资提供了数据。

估算建设期利息，需要根据项目进度计划，提出建设投资分年计划，列出各年投资额，并明确其中的外汇和人民币。估算建设期利息，应注意名义利率和有效利率的换算。

计算建设期利息时，为了简化计算，通常假定借款均在每年的年中支用，借款当年按半年计息，其余各年份按全年计息。计算公式如下：

$$各年应计利息=(年初借款本息累计+本年借款额/2)\times 有效年利率 \qquad (7.2)$$

对有多种借款资金来源，每笔借款的年利率各不相同的项目，既可分别计算每笔借款的利息，也可先计算出各笔借款加权平均的年利率，再以加权平均利率计算全部借款的利息。

其他融资费用是指某些债务资金发生的手续费、承诺费、管理费、信贷保险费等。

4) 辅助报表 B4——流动资金估算表(表 7.5)

表 7.5 流动资金估算表

序号	项目	最低周转天数	周转次数	计算期				
				1	2	3	...	n
1	流动资产							
1.1	应收账款							
1.2	存货							
1.2.1	原材料							
	×××							
	......							
1.2.2	燃料							
	×××							

续表

序号	项目	最低周转天数	周转次数	计算期				
				1	2	3	…	n
	……							
1.2.3	在产品							
1.2.4	产成品							
1.3	现金							
1.4	预付账款							
2	流动负债							
2.1	应付账款							
2.2	预收账款							
3	流动资金(1−2)							
4	流动资金当期增加额							

该表反映了流动资产和流动负债的各项构成，为生产运营期各年流动资金的估算和资金筹措提供了依据。表中科目可视行业变动。

项目运营需要流动资产投资，投资项目流动资金估算可以采用分项详细估算法。分项估算法是对流动资产和流动负债的主要构成要素，即应收账款、存货、现金、预付账款以及应付账款、预收账款等几项内容分项进行估算，然后根据公式(7.3)计算得出。若不发生预付账款和预收账款，则可不列此两项。

$$流动资金＝流动资产－流动负债 \tag{7.3}$$

式中：
$$流动资产＝应收账款＋存货＋现金＋预付账款 \tag{7.4}$$

$$流动负债＝应付账款＋预收账款 \tag{7.5}$$

流动资金估算时首先确定各分项最低周转天数，计算出周转次数，然后进行分项估算。周转次数可按式(7.6)计算。

$$周转次数＝360\,天/最低周转天数 \tag{7.6}$$

各分项的最低周转天数参照同类企业的平均周转天数并结合项目特点确定，或按部门(行业)规定，在确定周转天数时应考虑存储天数、在途天数，并考虑适当的保险系数。

(1) 应收账款

应收账款是指企业对外销售商品、提供劳务尚未收回的资金。计算公式为：

$$应收账款＝年经营成本/应收账款周转次数 \tag{7.7}$$

（2）存货

存货是指企业在日常生产经营过程中持有以备出售，或者仍然处在生产过程，或者在生产或提供劳务过程中将消耗的材料或货物等。在财务分析中，为简化计算，仅考虑外购原材料、燃料、其他材料、在产品和产成品，并分项计算。计算公式为：

$$存货 = 外购原材料、燃料动力及其他材料 + 在产品 + 产成品 \quad (7.8)$$

$$外购原材料、燃料动力、其他材料 = 年外购原材料、燃料动力、其他材料费用/各分项周转次数 \quad (7.9)$$

$$在产品 = (年外购原材料、燃料动力及其他材料费用 + 年工资及福利费 + 年修理费 + 年其他制造费用)/在产品周转次数 \quad (7.10)$$

$$产成品 = (年经营成本 - 年其他营业费用)/产成品周转次数 \quad (7.11)$$

（3）现金

流动资金中的现金是指为维持正常生产运营必须预留的货币资金。计算公式为：

$$现金 = (年工资及福利费 + 年其他费用)/现金周转次数 \quad (7.12)$$

（4）预付账款

预付账款是指企业为购买各类材料、半成品或服务所预先支付的款项。计算公式为：

$$预付账款 = 年外购商品或服务费用/预付账款周转次数 \quad (7.13)$$

（5）应付账款

应付账款是指企业在一年或一个营业周期内应偿还的购买各类原材料、燃料等的款项。计算公式为：

$$应付账款 = 年外购原材料、燃料动力及其他材料费用/应付账款周转次数 \quad (7.14)$$

（6）预收账款

预收账款是指企业销售产品或提供服务等预收的营业收入。计算公式为：

$$预收账款 = 年预收的营业收入/预收账款周转次数 \quad (7.15)$$

5）辅助报表B5——项目总投资使用计划与资金筹措表（表7.6）

表7.6 项目总投资使用计划与资金筹措表

人民币单位：　　　外币单位：

序号	项目	合计			1			…		
		人民币	外币	小计	人民币	外币	小计	人民币	外币	小计
1	总投资									
1.1	建设投资									

续表

序号	项目	合计			1			...		
		人民币	外币	小计	人民币	外币	小计	人民币	外币	小计
1.2	建设期利息									
1.3	流动资金									
2	资金筹措									
2.1	项目资本金									
2.1.1	用于建设投资									
	×××									
	……									
2.1.2	用于流动资金									
2.1.3	用于建设期利息									
2.2	债务资金									
2.2.1	用于建设投资									
	××借款									
	××债券									
	……									
2.2.2	用于建设期利息									
2.2.3	用于流动资金									
2.3	其他资金									
	×××									
	……									

该表按新增投资范畴编制，用以对各年投资进行规划，并针对各年投资额制定相应的资金筹措方案，以保证项目能按计划实施。

6）辅助报表 B6——营业收入、营业税金及附加和增值税估算表（表7.7）

表7.7 营业收入、营业税金及附加和增值税估算表

序号	项目	计算期					
		1	2	3	4	...	n
1	营业收入						
1.1	产品A营业收入						
	单价						
	数量						

续表

序号	项目	计算期					
		1	2	3	4	…	n
	销项税额						
1.2	产品 B 营业收入						
	单价						
	数量						
	销项税额						
	……						
2	税金及附加						
2.1	资源税						
2.2	消费税						
2.3	增值税附加						
3	增值税						
3.1	销项税额						
3.2	进项税额						

该表根据行业或产品的不同可增减相应税收科目,反映了项目在生产运营期内各年的产品(或服务)的营业收入、税金及附加和应缴纳的增值税,是衡量项目盈利能力和财务效益的重要因素。

7) 辅助报表 B7——总成本费用估算表(生产要素法)(表 7.8)

总成本费用估算的行业性较强,估算应注意反映行业特点,或从行业规定。项目财务分析中通常采用生产要素法估算总成本费用,该表反映了项目在不同生产负荷下生产和销售产品(或提供服务)而发生的全部费用,是衡量项目利润水平的重要因素。

表 7.8 总成本费用估算表(生产要素法)

序号	项目	合计	计算期					
			1	2	3	4	…	n
1	外购原材料							
2	外购燃料及动力费							
3	工资及福利费							
4	修理费							
5	其他费用							
6	经营成本(1+2+3+4+5)							

续表

序号	项目	合计	计算期					
			1	2	3	4	…	n
7	折旧费							
8	摊销费							
9	利息支出							
10	总成本费用合计(6+7+8+9)							
	其中:可变成本							
	固定成本							

总成本费用估算表中的经营成本为流动资金的估算和现金流量分析提供了依据;可变成本和固定成本为开展盈亏平衡分析提供了依据。

总成本费用估算表中的数据来源于以下几个表中的基础数据。

(1) 外购原材料费估算表($B7_{基1}$)(表7.9)

表7.9 外购原材料费估算表

序号	项目	合计	计算期					
			1	2	3	4	…	n
1	外购原材料费							
1.1	原材料A							
	单价							
	数量							
	进项税额							
1.2	原材料B							
	……							
2	辅助材料费用							
	进项税额							
3	其他							
	进项税额							
4	外购原材料费合计							
5	外购原材料进项税额合计							

该表反映了生产运营期各年外购原材料、辅助材料等材料年耗量、单价、费用及进项税额的估算情况。

(2) 外购燃料和动力费估算表($B7_{基2}$)(表7.10)

表7.10 外购燃料和动力费估算表

序号	项目	合计	计算期					
			1	2	3	4	…	n
1	燃料费							
1.1	燃料A							
	单价							
	数量							
	进项税额							
	……							
2	动力费							
2.1	动力A							
	单价							
	数量							
	进项税额							
	……							
3	外购燃料及动力费合计							
4	外购燃料及动力进项税额合计							

该表反映了生产运营期各年外购燃料和动力年耗量、单价、费用及进项税额的估算情况。

(3) 固定资产折旧费估算表($B7_{基3}$)(表7.11)

表7.11 固定资产折旧费估算表

序号	项目	合计	计算期					
			1	2	3	4	…	n
1	房屋、建筑物							
	原值							
	当期折旧费							
	净值							
2	机器设备							
	原值							
	当期折旧费							

7 建设项目财务分析

续表

序号	项目	合计	计算期					
			1	2	3	4	...	n
	净值							
	......							
3	合计							
	固定资产原值							
	当期折旧费							
	净值							

该表反映了各类固定资产的原值以及在不同的折旧年限和折旧方法下各年的折旧费和净值。

（4）无形资产和其他资产摊销估算表（B7$_{基4}$）（表 7.12）

表 7.12 无形资产和其他资产摊销估算表

序号	项目	合计	计算期					
			1	2	3	4	...	n
1	无形资产							
	原值							
	当期摊销费							
	净值							
2	其他资产							
	原值							
	当期摊销费							
	净值							
	......							
3	合计							
	原值							
	当期摊销费							
	净值							

该表反映了无形资产和其他资产的原值以及按摊销年限计算的各年的摊销费和净值。

(5) 工资及福利费估算表($B7_{基5}$)(表 7.13)

表 7.13 工资及福利费估算表

序号	项目		合计	计算期					
				1	2	3	4	…	n
1	工人								
		人数							
		人均年工资							
		工资额							
2	技术人员								
		人数							
		人均年工资							
		工资额							
3	管理人员								
		人数							
		人均年工资							
		工资额							
4	工资总额(1+2+3)								
5	福利费								
6	合计(4+5)								

该表反映了各类员工的人数和平均年工资并估算出项目生产运营期各年的工资及福利费。

8) 辅助报表 B8——总成本费用估算表(生产成本加期间费用法)(表 7.14)

采用生产成本加期间费用法估算总成本费用时,需要各分单元(如分车间、装置或生产线)的有关数据或每种服务的有关数据。通常先分别估算各分单元的生产(服务)成本后,相加得出总的生产(服务)成本;然后与期间费用(包括管理费用、财务费用和营业费用)相加得到总成本费用。

表 7.14 总成本费用估算表(生产成本加期间费用法)

序号	项目	合计	计算期					
			1	2	3	4	…	n
1	生产成本							
1.1	直接材料费							
1.2	直接燃料及动力费							

续表

序号	项目	合计	计算期					
			1	2	3	4	...	n
1.3	直接工资及福利费							
1.4	制造费用							
1.4.1	折旧费							
1.4.2	修理费							
1.4.3	其他制造费							
2	管理费用							
2.1	无形资产摊销							
2.2	其他资产摊销							
2.3	其他管理费用							
3	财务费用							
3.1	利息支出							
3.1.1	长期借款利息							
3.1.2	流动资金借款利息							
3.1.3	短期借款利息							
4	营业费用							
5	总成本费用合计(1+2+3+4)							
5.1	其中:可变成本							
5.2	固定成本							
6	经营成本(5－1.4.1－2.1－2.2－3.1)							

该表生产成本中的直接工资和福利费指生产性人员工资和福利费;车间或分厂管理人员的工资和福利费可在制造费用中单独列项或含在其他制造费中。其他管理费用中含管理设施的折旧费、修理费以及管理人员的工资和福利费。

7.3.2 财务分析基本报表

财务分析基本报表包括各类现金流量表、利润与利润分配表、财务计划现金流量表、资产负债表和借款还本付息估算表。

1) 财务现金流量表

该表反映项目计算期内各年的现金流入与流出,用以计算各项动态和静态评价指标,进行项目财务盈利能力分析。具体可分为下列三种类型:

(1) 基本报表 B9——项目投资现金流量表(表 7.15)

表 7.15 项目投资现金流量表

序号	项目	合计	计算期					
			1	2	3	4	…	n
1	现金流入							
1.1	营业收入							
1.2	补贴收入							
1.3	回收固定资产余值							
1.4	回收流动资金							
2	现金流出							
2.1	建设投资							
2.2	流动资金							
2.3	经营成本							
2.4	税金及附加							
2.5	维持运营投资							
3	所得税前净现金流量(1-2)							
4	累计所得税前净现金流量							
5	调整所得税							
6	所得税后净现金流量(3-5)							
7	累计所得税后净现金流量							
计算指标： 所得税前投资财务内部收益率(%)：　　　所得税后投资财务内部收益率(%)： 所得税前投资财务净现值：　　　　　　　所得税后投资财务净现值： 所得税前投资回收期：　　　　　　　　　所得税后投资回收期：									

该表以项目为一个独立系统，从融资前的角度出发，不考虑投资来源，假设全部投资都是自有资金，用于计算项目投资内部收益率及净现值等财务分析指标。

项目投资的现金流入主要是营业收入，还可能包括补贴收入，在计算期的最后一年，还包括回收固定资产余值及回收流动资金。所得税前分析的现金流出主要包括建设投资、流动资金、经营成本、营业税金及附加，如果运营期内需要发生设备或设施的更新费用以及矿山、石油开采项目的拓展费用(记作维持运营投资)，也应作为现金流出。所得税后分析时，其净现金流量为所得税前净现金流量减去调整所得税。

根据上述现金流量即可计算出项目投资所得税前和所得税后财务盈利能力的相关指标。

(2)基本报表 B10——项目资本金现金流量表(表 7.16)

表 7.16 项目资本金现金流量表

序号	项目	合计	计算期					
			1	2	3	4	…	n
1	现金流入							
1.1	营业收入							
1.2	补贴收入							
1.3	回收固定资产余值							
1.4	回收流动资金							
2	现金流出							
2.1	项目资本金							
2.2	借款本金偿还							
2.3	借款利息支付							
2.4	经营成本							
2.5	税金及附加							
2.6	所得税							
2.7	维持运营投资							
3	净现金流量(1—2)							
计算指标: 资本金财务内部收益率(%)								

该表从融资后角度,从项目法人(或投资者整体)的角度出发,在拟定的融资方案下,把各年投入项目的资本金、各年缴付的所得税和国内外借款还本付息也作为现金流出,其净现金流量可以表示在缴税和还本付息之后的剩余,即投资者的权益性收益。因此,计算的项目资本金财务内部收益率指标反映了从投资者整体权益角度考查盈利能力的要求,考查了项目所得税后资本金的盈利能力,从而有助于对融资方案做出最终决策。

(3)基本报表 B11——投资各方现金流量表(表 7.17)

表 7.17 投资各方现金流量表

序号	项目	合计	计算期					
			1	2	3	4	…	n
1	现金流入							
1.1	实分利润							

续表

序号	项目	合计	计算期					
			1	2	3	4	…	n
1.2	资产处置收益分配							
1.3	租赁费收入							
1.4	技术转让或使用收入							
1.5	其他现金流入							
2	现金流出							
2.1	实缴资本							
2.2	租赁资产支出							
2.3	其他现金流出							
3	净现金流量(1−2)							

计算指标：
投资各方财务内部收益率(%)

投资各方现金流量表中现金流入是指出资方因该项目的实施将实际获得的各种收入；现金流出是指出资方因该项目的实施将实际投入的各种支出，表中科目应根据项目具体情况调整。实分利润是指投资者由项目获取的利润；资产处置收益分配是指对有明确的合营期限或合资期限的项目在期满时对资产余值按股比或约定比例的分配；租赁费收入是指出资方将自己的资产租赁给项目使用所获得的收入，此时应将资产价值作为现金流出，列为租赁资产支出科目；技术转让或使用收入是指出资方将专利或专有技术转让或允许该项目使用所获得的收入。

该表分别从各个投资者的角度出发，反映其具体的现金流入与现金流出情况，它以投资者的出资额作为计算的基础，用于计算投资各方内部收益率，可以看出各方收益是否均衡，或者其非均衡性是否在一个合理的水平上，为其投资决策和进行合作谈判提供参考依据。只有投资者中各方有股权之外的不对等利益分配时，投资各方的收益率才会有差异，才需要编制此表。

2) 基本报表 B12——利润与利润分配表(表 7.18)

表 7.18 利润与利润分配表

序号	项目	合计	计算期					
			1	2	3	4	…	n
1	营业收入							
2	税金及附加							
3	总成本费用							

续表

序号	项目	合计	计算期					
			1	2	3	4	…	n
4	补贴收入							
5	利润总额(1−2−3+4)							
6	弥补以前年度亏损							
7	应纳税所得额(5−6)							
8	所得税							
9	净利润(5−8)							
10	期初未分配利润							
11	可供分配的利润(9+10)							
12	提取法定盈余公积金							
13	可供投资者分配的利润(11−12)							
14	应付优先股股利							
15	提取任意盈余公积金							
16	应付普通股股利(13−14−15)							
17	各投资方利润分配							
	其中:××方							
	……							
18	未分配利润(13−14−15−17)							
19	息税前利润(利润总额+利息支出)							
20	息税折旧摊销前利润(息税前利润+折旧+摊销)							

该表反映项目计算期内各年的营业收入、总成本费用、营业税金及附加、利润总额、所得税及税后利润的分配情况,用于计算总投资收益率、项目资本金净利润率等指标。

3) 基本报表B13——财务计划现金流量表(表7.19)

表7.19 财务计划现金流量表

序号	项目	合计	计算期					
			1	2	3	4	…	n
1	经营活动净现金流量(1.1−1.2)							

续表

序号	项目	合计	计算期					
			1	2	3	4	...	n
1.1	现金流入							
1.1.1	营业收入							
1.1.2	增值税销项税额							
1.1.3	补贴收入							
1.1.4	其他流入							
1.2	现金流出							
1.2.1	经营成本							
1.2.2	增值税进项税额							
1.2.3	税金及附加							
1.2.4	增值税							
1.2.5	所得税							
1.2.6	其他流出							
2	投资活动净现金流量(2.1－2.2)							
2.1	现金流入							
2.2	现金流出							
2.2.1	建设投资							
2.2.2	维持运营投资							
2.2.3	流动资金							
2.2.4	其他流出							
3	筹资活动净现金流量(3.1－3.2)							
3.1	现金流入							
3.1.1	项目资本金投入							
3.1.2	建设投资借款(含建设期利息)							
3.1.3	流动资金借款							
3.1.4	债券							
3.1.5	短期借款							
3.1.6	其他流入							
3.2	现金流出							

续表

序号	项目	合计	计算期					
			1	2	3	4	...	n
3.2.1	各种利息支出							
3.2.2	偿还债务本金							
3.2.3	应付利润(股利分配)							
3.2.4	其他流出							
4	净现金流量(1+2+3)							
5	累计盈余资金							

该表反映项目计算期内各年的投资、融资和经营活动所产生的各项现金流入和流出,用于计算净现金流量和累计盈余资金,是表示财务状况进而分析项目财务生存能力和可持续性的重要报表,可为编制资产负债表提供依据。

4) 基本报表 B14——资产负债表(表 7.20)

表 7.20 资产负债表

序号	项目	合计	计算期					
			1	2	3	4	...	n
1	资产							
1.1	流动资产总额							
1.1.1	货币资金							
1.1.2	应收账款							
1.1.3	预付账款							
1.1.4	存货							
1.1.5	其他							
1.2	在建工程							
1.3	固定资产净值							
1.4	无形及其他资产净值							
2	负债及所有者权益(2.4+2.5)							
2.1	流动负债总额							
2.1.1	短期借款							
2.1.2	应付账款							
2.1.3	预收账款							
2.1.4	其他							

续表

序号	项目	合计	计算期					
			1	2	3	4	…	n
2.2	建设投资借款							
2.3	流动资金借款							
2.4	负债小计(2.1+2.2+2.3)							
2.5	所有者权益							
2.5.1	资本金							
2.5.2	资本公积							
2.5.3	累计盈余公积金							
2.5.4	累计未分配利润							
计算指标: 资产负债率(%)								

该表综合反映项目计算期内各年末资产、负债和所有者权益的增减变化及应对关系,用于计算资产负债率、流动比率、速动比率等,以考查项目资产、负债、所有者权益的结构是否合理。表中货币资金包括现金和累计盈余资金。

5) 基本报表 B15——借款还本付息计划表(表 7.21)

表 7.21 借款还本付息计划表

序号	项目	合计	计算期					
			1	2	3	4	…	n
1	借款1							
1.1	期初借款余额							
1.2	当期还本付息							
	其中:还本							
	付息							
1.3	期末借款余额							
2	借款2							
	……							
3	债券							
3.1	期初债务余额							
3.2	当期还本付息							
	其中:还本							

续表

序号	项目	合计	计算期					
			1	2	3	4	...	n
	付息							
3.3	期末债务余额							
4	借款和债券合计							
4.1	期初余额							
4.2	当期还本付息							
	其中：还本							
	付息							
4.3	期末余额							
计算指标	利息备付率/%							
	偿债备付率/%							

该表反映项目计算期内各年借款本金偿还和利息支付情况，用于计算偿债备付率、利息备付率等偿债能力分析指标。该表可以与辅助报表中的"建设期利息估算表"合二为一，反映计算期内各年债务资金的利息及偿还债务资金本息的情况。该表可续加流动资金借款的还本付息计算。

7.3.3 辅助报表与基本报表的关系

财务分析报表，大致可归纳为三类：

第一类：反映项目的总投资及投资使用与资金筹措计划情况，如辅助报表 B1~B5；

第二类：反映项目生产运营期的产品成本和费用、营业收入、税金及附加、增值税、利润总额及税后利润分配情况，如辅助报表 B6~B8 及基本报表 B12；

第三类：反映项目全过程的资金活动和各年资金平衡情况以及投资借款偿还能力，如基本报表 B9~B11、B13~B15。

财务分析辅助报表与基本报表之间的关系可以从数据走向及计算顺序中看出，如图 7.2 所示。

从图中可以看出，财务评价的数据是从辅助报表流向基本报表的，辅助报表是基本报表的基础，而基本报表则是计算财务评价各类指标的依据。

在具体计算财务分析报表中的数据时，应理清计算思路，把握数据的来龙去脉，通过各报表中的数据链接，使计算准确、快捷。在计算过程中，有以下几点需要明确：

(1) 建设投资估算表(B1、B2)是源头表格。表中的建设投资可以根据工程建设内容、技术与设备的选择以及施工安装的具体情况，事先估算出各投资费用，并按建筑工程费、设备购置费、安装工程费、其他费用进行分类，填入表 B1 或 B2 中，得到建设投资估算值。

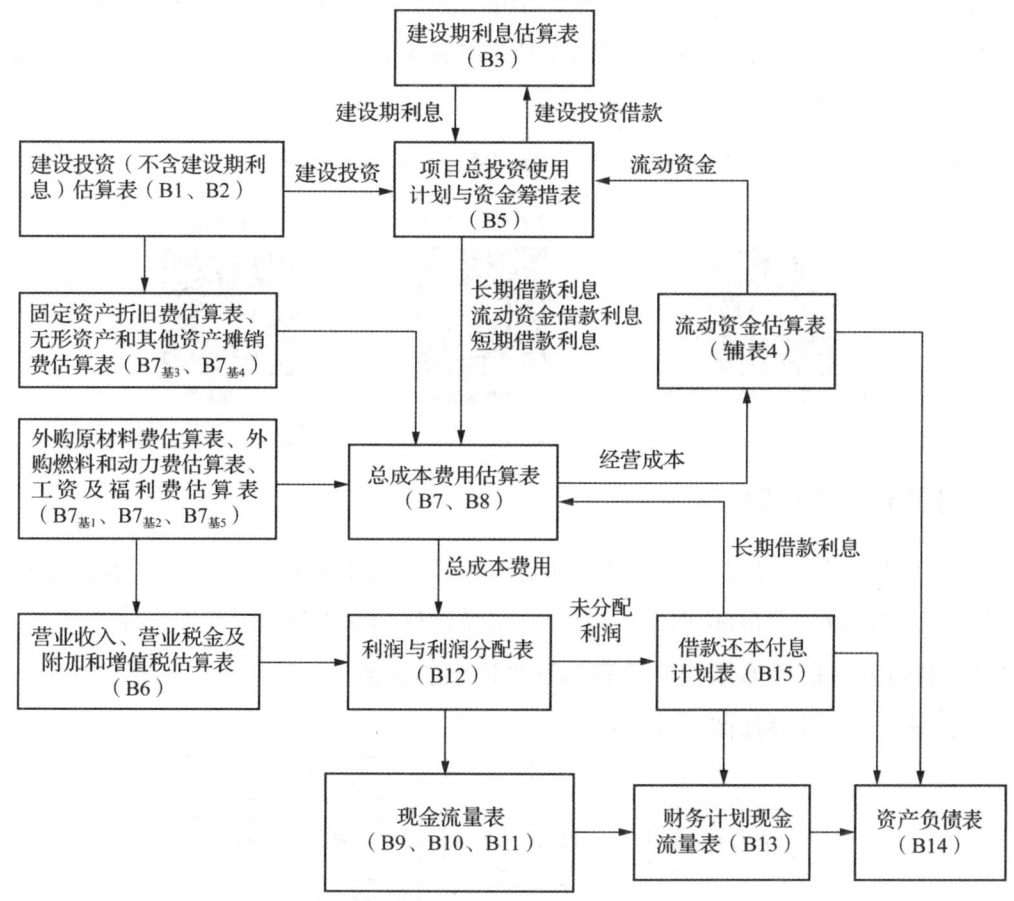

图 7.2 辅助报表与基本报表之间的关系

有了建设投资估算值,就可以按投资使用计划进行建设期逐年的投资安排和相应的资金筹措,并由此计算出建设期利息。按照资本保全的原则,从建设投资中归类出的固定资产、无形资产和其他资产的数额,是固定资产折旧费估算表($B7_{基3}$)及无形资产和其他资产摊销费估算表($B7_{基4}$)编制的依据。

(2) 外购原材料费估算表($B7_{基1}$)、外购燃料和动力费估算表($B7_{基2}$)、工资及福利费估算表($B7_{基5}$)是另一类源头表格,它为总成本费用及增值税的进项税额估算提供了依据,表中的数据应根据市场价格、生产负荷及物料消耗量、增值税税率等进行估算。总成本费用估算表中的经营成本是流动资金估算的条件之一,在流动资金估算完成后,将各年流动资金的需要量回填到投资使用计划与资金筹措表中,最终完成对该表的编制。

(3) 总成本费用估算表(B7)、利润与利润分配表(B12)以及借款还本付息计划表(B15)是形成数据回路的三张表。其中,总成本费用估算表中的"利息支出"包括长期借款利息、流动资金借款利息和短期借款利息,它们取决于生产运营期每年年初的长期借款余额、流动资金和短期借款的数额;而长期借款余额又与上年"偿还本金"有关,涉及借款还本付息计划表的计算内容。在借款还本付息计划表的编制中,每年能够偿还借款本金的资金来源包括来自利润与利润分配表中的"未分配利润"一项,而向上追溯发现"未分配利润"与"总成本费用"有关。这样,在具体编制报表时,只能逐年地在三张表间循环填写,直到长期借款还清为止。

7.4 财务分析的主要指标

利用各基本报表,可以计算出财务评价所需要的各类指标,包括动态指标、静态指标、价值型指标、效率型指标、时间型指标等,这些指标构成了财务分析的指标体系。

7.4.1 财务分析指标体系构成及其与基本报表的关系

财务分析指标体系如图7.3所示。

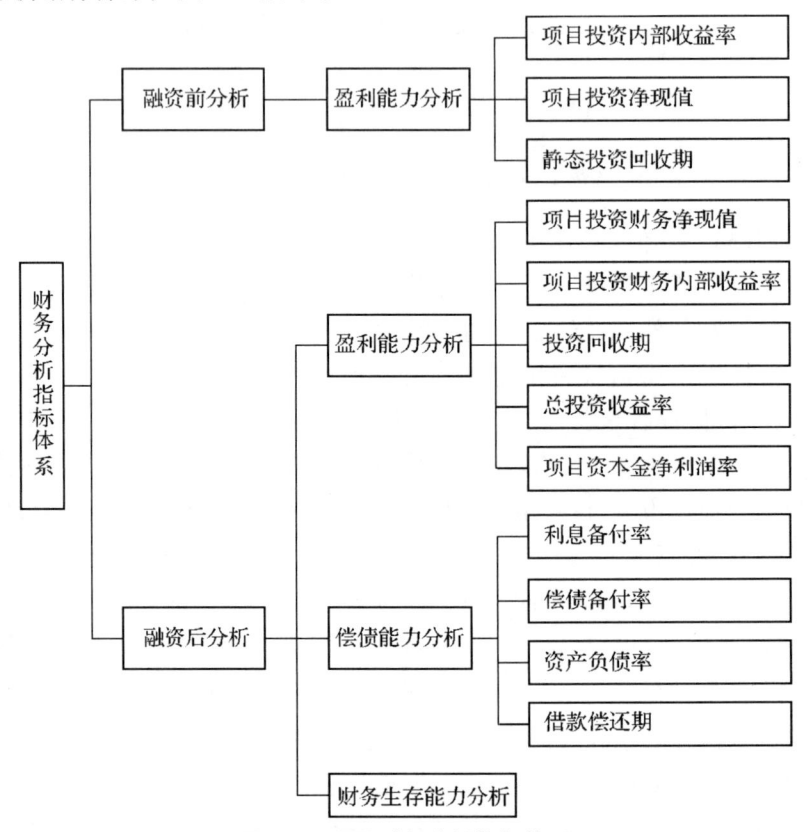

图 7.3 项目财务分析指标体系

融资前分析只进行盈利能力分析,考察整个计算期内现金流量,可计算项目投资内部收益率、项目投资净现值、静态投资回收期等指标。融资后分析以融资前分析和初步的融资方案为基础,考察项目在拟定融资条件下的盈利能力、偿债能力和财务生存能力,判断项目方案在融资条件下的可行性。

融资后的盈利能力分析主要是考察项目投资的盈利水平,它直接关系到项目投产后能否生存和发展,是评价项目在财务上可行性程度的基本标志。盈利能力的大小应从两方面进行评价:

(1) 项目达到设计生产能力的正常生产年份可能获得的盈利水平,即主要通过计算总投资收益率、资本金净利润率等静态指标,考察项目在正常生产年份年度投资的盈利能力,以及判别项目是否达到行业的平均水平;

(2) 项目整个寿命期间内的盈利水平,即主要通过计算财务净现值、财务内部收益率以及投资回收期等动态和静态指标,考察项目在整个计算期内的盈利能力及投资回收能力,判别项目投资的可行性。

融资后的偿债能力分析主要是考察项目的财务状况和按期偿还债务的能力,它直接关系到企业面临的财务风险和企业的财务信用等级。偿债能力的大小应从两方面进行评价:

(1) 考察项目偿还建设投资国内借款所需要的时间,即通过计算借款偿还期,考察项目的还款能力,判别项目是否能满足贷款机构的要求;

(2) 考察项目资金的流动性水平,即通过计算利息备付率、偿债备付率、资产负债率、流动比率、速动比率等各种财务比率指标,对项目投产后的资金流动情况进行比较分析,用以反映项目寿命期内各年的利润、盈亏、资产和负债、资金来源和运用、资金的流动和债务运用等财务状况及资产结构的合理性,考察项目的风险程度和偿还流动负债的能力与速度。

融资后的财务生存能力分析在财务分析辅助报表和利润与利润分配表的基础上编制财务计划现金流量表,分析项目是否有足够的净现金流量以维持正常运营,实现财务可持续性。

财务分析指标与基本报表的关系如图 7.4 所示。

7.4.2　盈利能力分析指标

盈利能力分析是通过计算财务净现值、财务内部收益率、投资回收期、总投资收益率和项目资本金净利润率等指标,考察在项目财务上的盈利能力。

1) 静态指标

所谓静态指标,就是在不考虑资金的时间价值前提下,对项目或方案的经济效果所进行的经济计算与度量。盈利能力分析中主要有下列几个静态指标:

(1) 项目投资回收期(P_t)

项目投资回收期(或投资返本年限)是以项目的净收益回收项目全部投资所需的时间,或者说是为补偿项目的全部投资而要积累一定的净收益所需的时间。它是反映项目

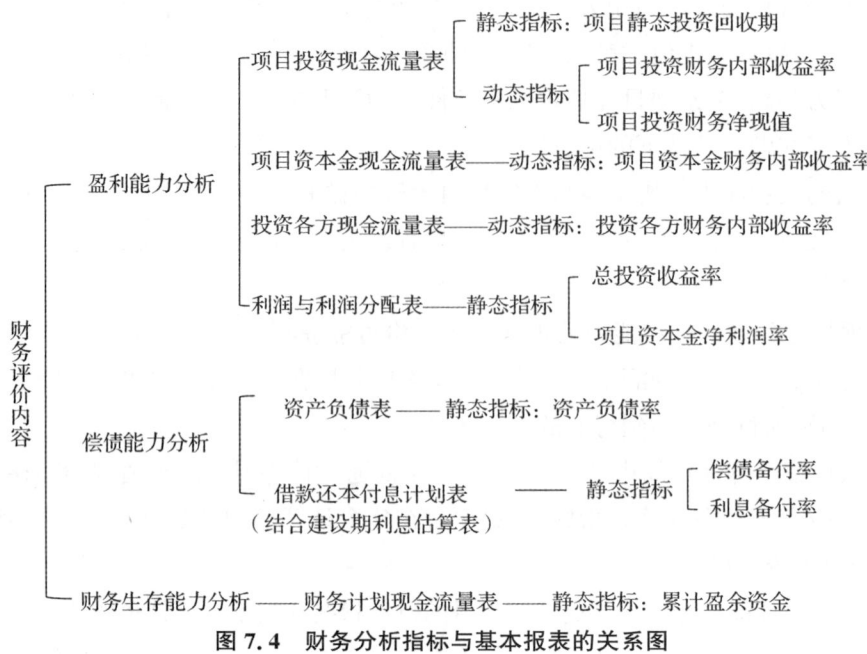

图 7.4 财务分析指标与基本报表的关系图

财务上投资回收能力的重要指标。项目投资回收期(P_t)与基准投资回收期(P_c)比较,当 $P_t \leqslant P_c$ 时,表明项目投资能在规定的时间内收回,能满足设定的要求。

投资回收期一般以年为单位,并从项目建设开始年算起。若从项目投产年算起,应予注明。项目投资回收期的计算详见 3.2 节。

(2) 总投资收益率(ROI)

总投资收益率是指项目达到设计生产能力后正常生产年份的年息税前利润或运营期内年平均息税前利润($EBIT$)与项目总投资(TI)的比率。其计算公式为:

$$ROI = \frac{EBIT}{TI} \times 100\% \tag{7.16}$$

式中:$EBIT$——项目正常年份的年息税前利润或运营期内年平均息税前利润;
TI——项目总投资。

总投资收益率表示总投资的盈利水平,可根据利润与利润分配表、项目总投资使用计划与资金筹措表求得。将总投资收益率与同行业的基准收益率对比,以判别项目单位投资盈利能力是否达到所要求的水平。总投资收益率高于同行业的收益率参考值,表明用总投资收益率表示的盈利能力满足要求。

(3) 项目资本金净利润率(ROE)

资本金利润率是指项目达到设计生产能力后正常生产年份的年净利润或运营期内年平均净利润(NP)与项目资本金(EC)的比率,它反映投入项目的资本金的盈利水平。其计算公式为:

$$ROE = \frac{NP}{EC} \times 100\% \qquad (7.17)$$

式中：NP——项目正常年份的年净利润或运营期内年平均净利润；

EC——项目资本金。

项目资本金净利润率高于同行业的净利润率参考值，表明用项目资本金净利润率表示的盈利能力满足要求。

2）动态指标

所谓动态指标，就是在考虑（以复利方法计算）资金的时间价值情况下，对项目或方案的经济效益所进行的计算与度量。与静态指标相比，它的特点是能够动态地反映项目在整个计算期内的资金运动情况，包括投资回收期以后若干年的经济效益、项目结束时的固定资产余值及流动资金的回收等。

动态指标的计算是建立在资金等值的基础上的，即将不同时点的资金流入与资金流出换算成同一时点的价值。它为不同方案和不同项目的经济性提供了可比的基础，并能反映出未来时期的发展变化情况。动态指标对投资者和决策者树立资金周转、利息、投入产出等观念，合理利用资金，提高经济效益等都具有十分重要的意义。

盈利能力分析中常用动态指标有如下几个：

（1）财务净现值（$FNPV$）

财务净现值是指项目按设定的折现率（i_c）将各年的净现金流量折现到建设起点（建设期初）的现值之和。当 $FNPV \geq 0$ 时，项目财务上盈利能力可接受；当 $FNPV < 0$ 时，项目财务上不可行。利用财务现金流量表可以计算出财务净现值 $FNPV$，其计算方法详见3.3节。

财务净现值的实质可以理解为一旦投资该项目，就能立即从该项目获得的"净收益"。这里的"净收益"应该理解为"超出设定折现率"的那部分收益。折现的意义在于从现时立场来看，扣除按设定的折现率所计算的那一部分收益，剩余的部分才是真正反映了投资该项目所能得到的超额净收益。因此，净现值的大小，可以作为判别该项目经济上是否可行的依据。

特别指出：$FNPV = 0$ 只是表示项目正好达到按设定折现率所要求的收益标准，而不是表示盈亏平衡；同样，$FNPV < 0$ 也并不意味着项目一定亏损，而是仅表示项目没有达到设定折现率的盈利水平。

（2）财务内部收益率（$FIRR$）

财务内部收益率是指项目在计算期内各年净现金流量现值累计等于零时的折现率。若 $FIRR \geq i_c$，项目财务上盈利能力可接受；若 $FIRR < i_c$，项目财务上不可行。其计算方法详见3.4节。财务内部收益率实质上反映了资金在项目内部的特殊增长速率，一旦这种增长速率超过了投资者设定的预期收益率，则项目获得通过，否则就不能通过。

应当指出的是，在项目财务评价中，存在三种不同的内部收益率：项目财务内部收益率(用于融资前分析)、项目资本金财务内部收益率(用于融资后分析)和投资各方财务内部收益率(用于融资后分析)。尽管对应的财务现金流量表内涵不完全一样,但其内部收益率的表达式和计算方法是完全相同的。

盈利能力分析的主要指标是项目投资财务内部收益率、项目投资财务净现值和项目资本金财务内部收益率,其他指标可根据项目的特点及财务分析的目的、要求等选用。

7.4.3 偿债能力分析指标

偿债能力分析主要是针对使用债务性资金的项目,通过编制借款还本付息计划表,计算利息备付率、偿债备付率、借款偿还期等指标,分析项目的借款偿还能力;并通过编制财务资产负债表,计算资产负债率、流动比率、速动比率等指标,考察项目的财务状况。

1) 利息备付率和偿债备付率

对筹措了债务资金(简称借款)的项目,通常能够预先约定或根据经验设定所要求的借款偿还期限,可直接计算利息备付率和偿债备付率,以评估项目偿还利息或债务的保障能力。并根据不同的还款方式,计算约定期内各年应偿还的本金和利息数额。

(1) 利息备付率(ICR)

利息备付率是指在借款偿还期限内的息税前利润($EBIT$)与应付利息(PI)的比值,它从付息资金来源的充裕性角度反映项目偿付债务利息的保障能力和支付能力,计算公式如下:

$$ICR = \frac{EBIT}{PI} \tag{7.18}$$

式中:$EBIT$——息税前利润;

PI——计入总成本费用的应付利息。

利息备付率应分年计算。利息备付率高,表明利息偿付的保障程度高。利息备付率应大于1,并结合债权人的要求确定,一般不低于2;若低于1则表示没有足够的资金支付利息,偿债风险很大。

(2) 偿债备付率($DSCR$)

偿债备付率是指在借款偿还期限内,用于计算还本付息的资金($EBITDA - T_{AX}$)与应还本付息金额(PD)的比值,它从还本付息资金来源的充裕性角度反映项目偿付债务本息的保障能力和支付能力,计算公式如下:

$$DSCR = \frac{EBITDA - T_{AX}}{PD} \tag{7.19}$$

式中:$EBITDA$——息税前利润加折旧和摊销;

T_{AX}——企业所得税;

PD——应还本付息金额,包括还本金额和计入总成本费用的全部利息。

偿债备付率应分年计算。偿债备付率高,表明可用于还本付息的资金保障程度高。偿债备付率应大于1,并结合债权人的要求确定,一般不宜低于1.3;若低于1则表示没有足够的资金偿付当期债务,需通过短期借款偿付已到期债务,偿债风险较大。

2)借款偿还期(P_d)

借款偿还期是针对筹措借款的项目,是在国家财政规定及项目具体财务条件下,项目投产后以可用作还款的利润、折旧、摊销及其他收益偿还(最大还款能力还款)建设投资借款本金(含未付建设期利息)所需要的时间,一般以年为单位表示。该指标适用于那些没约定偿还期限而希望尽快还款的项目,计算出的数据越小,说明偿债能力越强。其表达式为:

$$I_d = \sum_{t=1}^{P_d} R_t \tag{7.20}$$

式中:I_d——建设投资借款本金和(未付)建设期利息之和;

P_d——借款偿还期(从借款开始年计算,若从投产年算起时应予注明);

R_t——第t年可用于还款的最大资金额;

实际应用中,借款偿还期可由借款还本付息计划表直接推算,以年表示。其计算式为:

$$P_d = 借款偿还后开始出现盈余的年份数 - 开始借款年份 + \frac{当年应还借款额}{当年可用于还款的资金额} \tag{7.21}$$

当借款偿还期满足贷款机构的要求期限时,即认为项目是有清偿能力的。

需要注意的是,借款偿还期只是用于估算利息备付率和偿债备付率指标,不应与利息备付率和偿债备付率指标并列。

3)资产负债率($LOAR$)

资产负债率是指期末负债总额(TL)与期末资产总额(TA)的比率,表示总资产中有多少是通过负债得来的。它是评价项目负债水平的综合指标,反映项目利用债权人提供资金进行经营活动的能力,并反映债权人发放贷款的安全程度。资产负债率可由资产负债表求得,其计算公式为:

$$LOAR = \frac{TL}{TA} \times 100\% \tag{7.22}$$

式中:TL——期末负债总额;

TA——期末资产总额。

一般认为,过高的资产负债率表明企业财务风险太大,而过低的资产负债率则表明企业对财务杠杆利用不够,资产负债率的适宜水平在40%~60%。企业应根据宏观经济、政策、法律及行业特点和项目自身因素,权衡效益与风险之间的关系,合理控制资产负债率。适度的资产负债率,表明企业经营安全、稳健,具有较强的筹资能力,也表明企业和债权人的风险较小。对于经营风险较高的企业,例如高科技企业,为减少财务风险应选择比较低的资产负债率;对于经营风险低的企业,例如供水、供电企业,资产负债率可以较高。

在项目财务分析中,长期债务还清后,可不再计算资产负债率。

4) 流动比率

流动比率是指一定时点上流动资产与流动负债之比,反映法人偿还流动负债的能力。流动比率可由资产负债表求得,其计算公式为:

$$流动比率 = \frac{流动资产}{流动负债} \times 100\% \tag{7.23}$$

流动比率中的流动资产是短期内可变现的资产,流动负债是要在短期内偿还的债务,因此,流动比率反映了项目的短期偿债能力,同时也反映了项目的变现能力。流动比率越高,短期偿债能力与变现能力越强,但过高的流动比率也表明流动资金占用过多,可能存在产品滞销、库存积压或货币资金使用效率不高等问题。一般认为流动比率为200%(即经验值为2)较适当,理由是变现能力差的存货通常占流动资产总额的一半左右。行业间流动比率会有较大差异,行业周期较长的流动比率会相应提高。

5) 速动比率

速动比率是指一定时点上速动资产与流动负债的比率,反映法人在短时间内偿还流动负债的能力。速动比率可由资产负债表求得,其计算公式为:

$$速动比率 = \frac{速动资产}{流动负债} \times 100\% \tag{7.24}$$

式中,速动资产=流动资产-存货

速动比率是速动资产与流动负债之比。速动资产是在短期内可以变现的资产,是具有直接支付能力的资产。在流动资产中,存货必须经过销售才能变现,而销售则要受市场等诸多不确定的因素制约。因此,如果流动资产中存货占较大的比重,尽管流动比率高,但其流动性却差;而如果流动资产中容易变现的货币资产、应收账款等速动资产所占比重大,尽管流动比率不高,但其流动性却可以比较好。因此,为了真实反映流动资产的流动性及偿债能力,可以用速动比率表示立即偿还的能力,作为流动比率的辅助指标。一般认为速动比率为100%较适当。在有些行业,例如小型零售商很少有赊销业务,故很少有应收账款,因此速动比率低于一般水平,这并不意味着其缺乏流动性。

7.4.4 财务生存能力分析指标

在项目(企业)运营期间,确保从各项经济活动中得到足够的净现金流量是项目能够持续生存的条件。财务生存能力分析应根据财务计划现金流量表,计算净现金流量和累计盈余资金,分析项目是否有足够的净现金流量维持正常运营。因此,财务生存能力分析亦可称为资金平衡分析。财务生存能力分析应结合偿债能力分析进行,如果拟安排的还款期过短,致使还本付息负担重,导致为维持资金平衡必须筹借的短期借款过多,可以调整还款期,减轻各年还款负担。

1) 净现金流量

拥有足够的经营净现金流量是财务可持续的基本条件,特别是在运营初期。一个项目具有较大的经营净现金流量,说明项目方案比较合理,实现自身资金平衡的可能性大,不会过分依赖短期融资来维持运营;反之,一个项目不能产生足够的经营净现金流量,或经营净现金流量为负,说明维持项目正常运营会遇到财务上的困难,项目方案缺乏合理性,实现自身资金平衡的可能性小,有可能要靠短期融资来维持运营;或者是非经营性项目本身无能力实现自身资金平衡,提示要靠政府补贴。

2) 累计盈余资金

各年累计盈余资金不出现负值是财务生存的必要条件。在整个运营期内,允许个别年份的净现金流量出现负值,但不能容许任一年份的累计盈余资金出现负值,一旦出现负值时应适当进行短期融资,该短期融资应体现在财务计划现金流量表中,同时短期融资的利息也应纳入成本费用及其后的计算。较大的或较频繁的短期融资,有可能导致以后的累计盈余资金无法实现正值,致使项目难以持续运营。

对出现累计盈余资金为负值的年份,要分析能否通过适当的调整以满足财务上可持续的必要条件。例如,可以通过调整还款计划或融资方案,减少当年还本付息的负担;可以调整利润分配计划,以保证一定数量的累计盈余资金;也可以通过短期融资,以维持累计盈余资金不出现负值。

———— 数字资源 ————

7-7 知识点拓展

流动比率

7-8 知识点拓展

速动比率

7.5 财务分析示例及电子表格应用

本节通过某投资项目示例,说明项目财务分析的内容、步骤,财务分析报表的编制方法和各报表数据之间的关联,以及如何根据各财务分析报表计算财务分析指标并进行财务评价。在此过程中,可以运用电子表格编制财务报表,利用电子表格的数据管理和分析功能,实现财务报表内部相关数据的联动计算,保证计算的准确性。

7.5.1 示例项目基础数据

某企业拟投资一个新项目,原始资料简化如下:

项目建设期为2年,运营期为8年,项目建设投资(不含建设期借款利息和购置固定资产进项增值税)10 000万元,资本金2 000万元(建设期第1年投入1 200万元,第2年投入 800 万元),银行借款 8 000 万元(建设期分年与资本金同比例投入)。建设投资预计 90%形成固定资产,10%形成无形资产。固定资产按年限平均法计提折旧,折旧年限 10 年,残值率为 5%;无形资产按 5 年摊销。流动资金投资 1 000 万元,其中资本金 400 万元,其余为银行借款,并在投产年一次投入。

项目投入运营后,第一年的不含税销售收入为 5 000 万元,之后各正常生产年份的不含税销售收入为 7 000 万元;按生产要素不含税价格计算的经营成本第一年为 2 300 万元,之后各正常生产年份为 2 700 万元;进项增值税税额第一年为 200 万元,之后各正常生产年份为 300 万元。在企业的经营和销售中,各年的流动资产总额为 1 400 万元,其中应收账款为 400 万元,存货为 600 万元,现金为 400 万元;各年的流动负债总额为 400 万元(为应付账款)。

建设投资贷款年利率为 9.65%,按季计息,采用最大还款能力还款方式还款,银行要求在项目投产后 5 年内还清建设投资贷款;流动资金贷款年利率为 10%,按年计息。假定增值税税率为 13%,城乡维护建设税、教育费附加税及地方教育附加的税率合计为 10%,所得税税率为 25%,法定盈余公积金比率为 10%;企业设定的税前投资基准收益率为 15%,税前、税后基准投资回收期分别为 5 年和 6 年,税后资本金基准收益率为 18%。

将上述原始资料数据及编制其他报表所需的原始数据都放在"基础数据表"中,可以在电子表格中建立"基础数据表",如图 7.5 所示。

	A	B	C	D	E	F	G	H	I	J	K	L
1	一、投资数据											
2	投资构成	数额	资金来源	年份			利率	名义利率				
3				1	2	3						
4	建设投资	10000	资本金	1200	800							
5			借款	4800	3200		10%	9.65%				
6	小计:			6000	4000							
7	流动资金投资	1000	资本金			400						
8			借款			600	10%					
9	小计:					1000						
10	资本金合计:	2400		1200	800	400						
11	二、收入和费用数据											
12	年份	1	2	3	4	5	6	7	8	9	10	
13	年销售收入			5000	7000	7000	7000	7000	7000	7000	7000	
14	年经营成本			2300	2700	2700	2700	2700	2700	2700	2700	
15	年进项增值税税额			200	300	300	300	300	300	300	300	
16	三、其他数据											
17	固定资产形成比例	90%		无形资产形成比例		10%		增值税税率		13%		
18	固定资产残值率	5%		无形资产摊销年限/		5		增值税附加税率		10%		
19	固定资产折旧年限/年	10		法定盈余公积金比例		10%		所得税税率		25%		
20	基准投资收益率	15%										
21	四、流动资产、负债数据											
22	年份	1	2	3	4	5	6	7	8	9	10	
23	流动资产总额(1)			1400	1400	1400	1400	1400	1400	1400	1400	
24	其中:应收账款			400	400	400	400	400	400	400	400	
25	存货			600	600	600	600	600	600	600	600	
26	现金			400	400	400	400	400	400	400	400	
27	流动负债总额(2)			400	400	400	400	400	400	400	400	
28	其中:应付账款			400	400	400	400	400	400	400	400	
29	流动资金(1)-(2)			1000	1000	1000	1000	1000	1000	1000	1000	

图 7.5 示例项目财务分析基础数据表

图中建设投资的贷款利率可以通过名义利率计算求出。本项目建设投资贷款年利率为 9.65%(名义利率),按季计息,则年有效利率为:

$$i=\left(1+\frac{r}{m}\right)^{m}-1=\left(1+\frac{9.65\%}{4}\right)^{4}-1=10\%$$

7.5.2 财务分析报表编制与指标计算

利用电子表格,可以将所需原始数据从基础数据表中引用,计算出有关建设期利息、增值税及附加、固定资产折旧、无形资产摊销等费用,如图 7.6 所示,图中标注了相关数据引用及计算公式。

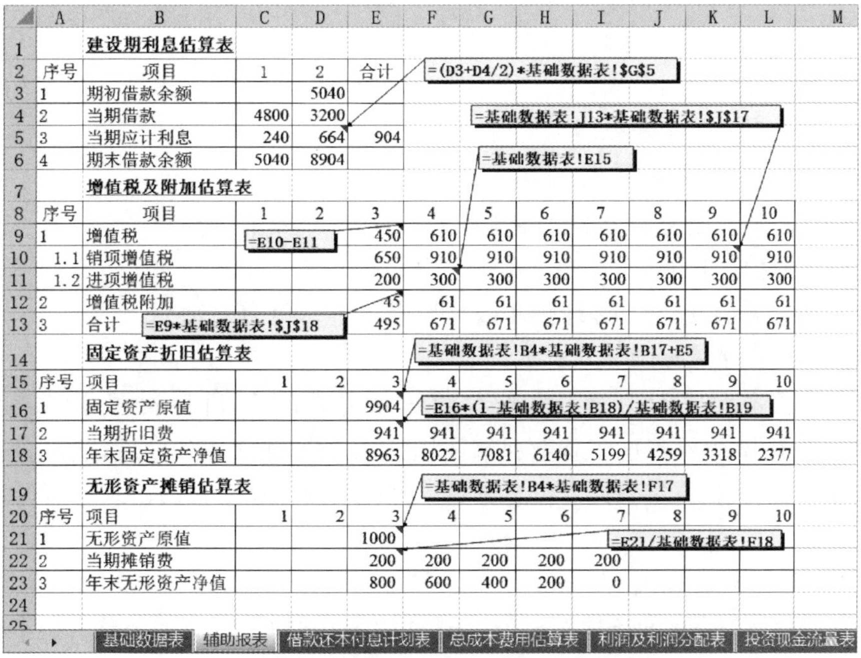

	A	B	C	D	E	F	G	H	I	J	K	L	M
1		建设期利息估算表											
2	序号	项目	1	2	合计								
3	1	期初借款余额		5040									
4	2	当期借款	4800	3200									
5	3	当期应计利息	240	664	904								
6	4	期末借款余额	5040	8904									
7		增值税及附加估算表											
8	序号	项目	1	2	3	4	5	6	7	8	9	10	
9	1	增值税			450	610	610	610	610	610	610	610	
10	1.1	销项增值税			650	910	910	910	910	910	910	910	
11	1.2	进项增值税			200	300	300	300	300	300	300	300	
12	2	增值税附加			45	61	61	61	61	61	61	61	
13	3	合计			495	671	671	671	671	671	671	671	
14		固定资产折旧估算表											
15	序号	项目	1	2	3	4	5	6	7	8	9	10	
16	1	固定资产原值			9904								
17	2	当期折旧费			941	941	941	941	941	941	941	941	
18	3	年末固定资产净值			8963	8022	7081	6140	5199	4259	3318	2377	
19		无形资产摊销估算表											
20	序号	项目	1	2	3	4	5	6	7	8	9	10	
21	1	无形资产原值			1000								
22	2	当期摊销费			200	200	200	200	200				
23	3	年末无形资产净值			800	600	400	200	0				
24													
25													

图 7.6 示例项目有关报表所需数据

1) 建设期利息估算表的编制

本示例项目建设期投资贷款年有效利率为 10%,总贷款分年按比例投入,当年借款在年中支用,即当年贷款按半年计息,上年贷款按全年计息。则建设期利息计算如下:

第 1 年利息=(0+4 800/2)×10%=240(万元)

第 2 年利息=[(4 800+240)+3 200/2]×10%=664(万元)

2) 增值税及附加估算表的编制

该示例中,税金及附加只有城乡维护建设税、教育费附加和地方教育附加这 3 项增值税附加。以第 3 年为例,计算过程如下:

第 3 年销项增值税额=不含税销售额×增值税税率=5 000×13%=650(万元)

第 3 年增值税额=销项税额-进项税额=650-200=450(万元)

第3年增值税附加＝增值税×增值税附加费率＝450×10%＝45(万元)

其余年份数据计算结果见图7.6。

3）固定资产折旧费估算表的编制

本示例项目建设投资(不含建设期利息)的90%形成固定资产,折旧年限10年,按直线折旧法,残值率为5%,计算得：

$$固定资产原值＝投资所形成的固定资产＋建设期利息$$
$$＝10\,000×90\%＋904＝9\,904(万元)$$

$$年折旧率＝\frac{1-预计净残值率}{折旧年限}×100\%＝\frac{1-5\%}{10}×100\%＝9.50\%$$

年折旧额＝固定资产原值×年折旧率＝9 904×9.50%≈941(万元)

第3年固定资产净值＝固定资产原值－当期折旧费＝9 904－941＝8 963(万元)

其余年份数据计算结果见图7.6所示。

4）无形资产摊销估算表的编制

本示例项目建设投资的10%形成无形资产,按5年摊销,则：

无形资产原值＝10 000×10%＝1 000(万元)

年摊销费＝无形资产原值/摊销年限＝1 000/5＝200(万元)

其余数据计算结果见图7.6所示。

5）借款还本付息计划表、总成本费用估算表及利润和利润分配表的编制

对建设投资借款,在考虑了贷款利率、期限和其他一些保证条件后,项目会选择合适的偿还贷款方式,包括有等额还本付息方式、等额本金利息照付方式、利息照付本金一次偿还方式等。

(1) 等额还本付息方式

这是我国目前最常见的还款方式之一,这种偿还方式就是在开始还款后把本利和逐年平均分摊偿还,借款合同期末正好还清全部借款的一种还款方式。在这种还款方式下,

$$A=I_c×\frac{i(1+i)^n}{(1+i)^n-1} \tag{7.25}$$

式中：A——每年还本付息额(等额年金)；

I_c——还款起始年年初的借款余额(含未支付的建设期的利息)；

i——借款年利率；

n——预定的还款期(从贷款偿还年算起,不包括项目建设期)。

其中：每年支付利息＝年初借款余额×年利率

每年偿还本金＝A－每年支付利息

年初借款余额＝I_c－本年以前各年偿还的借款累计。

(2) 等额本金利息照付方式

是在偿还期内偿还的本金每年相等,而每年的利息按当年初实际借款余额结算的一

种项目借款偿还方式。在这种还款方式下，

$$每年支付的利息 = 年初借款本金累计额 \times 年利率 \quad (7.26)$$

$$每年偿还的本金 = I_c/n \quad (7.27)$$

(3) 利息照付本金一次偿还方式

是在偿还期内每年的利息按还款起始年年初的借款余额结算，到预定的还款期再将还款起始年年初的借款余额还清。在这种还款方式下：

$$每年支付的利息 = 还款起始年年初的借款余额 \times 年利率 \quad (7.28)$$

$$还款期末偿还的本金 = 还款起始年年初的借款余额 \quad (7.29)$$

(4) 最大还款能力方式

对于贷款方案不明确的，项目财务分析常采用最大还款能力还款方式计算。最大还款能力方式是在借款时借贷双方没有规定偿还借款的期限，而是依据项目以后产生的经济效益以及公司当期的财务状况，尽最大能力把可用于还款的全部资金用于偿还项目借款的本金和利息。

在融资方案确定（即确定了还本期及每年还本额）的情况下，三个表可按顺序进行编制。如果融资方案不确定，则可采用最大还款能力还款方式编制三表，这时需进行三表联算。

对于流动资金借款，通常采用长期负债筹资方式，但企业会与银行达成共识，按期末偿还、期初再借的方式处理，并按一年期利率计息。因此有：

$$流动资金借款利息 = 年初流动资金借款余额 \times 流动资金借款年利率 \quad (7.30)$$

有时在运营期间由于资金的临时需要也会发生短期借款。这时短期借款的利息应计入总成本费用表的利息支出中，其计算方法同流动资金借款利息。短期借款的偿还按照随借随还的原则处理，即当年借款尽可能于下年偿还。

(5) 借款还本付息计划表

编制"借款还本付息计划表"时，建设期的利息计算同"建设期利息估算表"。这一计算过程是基于这样的假设：在建设期，建设项目既不归还借款本金、也不支付借款利息，建设期利息资本化。这样，建设期利息是复利计算并累加到借款本金上的。当生产期开始还款时，需要归还的建设投资借款本金则为建设期借款加上建设期各年应计的利息。建设投资借款的还本资金来源于项目运营所获得的未分配净收益，包括未分配利润、折旧和摊销等。

"借款还本付息计划表"可另加流动资金借款的还本付息计算。在财务分析中，流动资金通常是在项目运营初期借入并长期占用，中间各年只付息不还本，在计算期最后一年末一次偿还本金（可用回收的流动资金偿还）。借款利息支付可设为通过营业收入收回的利息（已被计在总成本费用中，并在计算利润时已扣除）支付。

(6) 总成本费用估算表

根据基础数据和前面相关表格的数据，可以完成总成本费用估算表的编制（相关费用的含义参见本书第 2 章相关内容)。需要注意的是,在总成本费用估算表中,利息支出一项包括了建设投资借款、流动资金借款和短期借款的利息支出,而利息支出则需根据各年年初借款余额来计算。其中,建设投资借款如果采用最大还款能力还款方式时,其年初本息余额要涉及总成本费用估算表、利润和利润分配表和借款还本付息计划表的循环计算,故只能逐年地进行编制。

(7) 利润和利润分配表

在利润和利润分配表中,产品营业收入、税金及附加以及总成本费用数据取自于辅助报表,其中,总成本费用因涉及利息支出,在最大还款能力还款方式下,只能逐年填写。计算出利润总额后,就可以计算出所得税、税后利润、盈余公积金、未分配利润等数据。要说明的是,根据现行会计准则,营业收入、总成本费用均按不含税价格计算,若两者按含税价格计算,计算利润时还需要扣除增值税一项。

在采用最大还款能力还款方式时,一般假设项目运营阶段的还款期不进行利润分配、也不提取法定盈余公积金,即所有的税后利润都可以用来归还借款,所以计算可用于还款的未分配利润时,也可直接采用税后利润数据。利润和利润分配表中的未分配利润应计入借款还本付息计划表,作为偿还长期借款本金的来源之一,从而可完成总成本费用估算表、利润和利润分配表、借款还本付息计划表的循环计算。

本示例项目的建设投资借款采用最大还款能力方式还款,利用电子表格进行"三表联算"得出借款还本付息计划、总成本费用估算及利润和利润分配相关数据,如图 7.7、图 7.8、图 7.9 所示。

建设投资借款偿还计划表　　单位：万元

序号	项目	1	2	3	4	5	6	7	8	9	10
1	借款										
1.1	年初本息余额		5040	8904	7340	4471	1387				
1.2	本年借款	4800	3200								
1.3	本年应计利息	240	664	890	734	447	139				
1.4	本年还本付息			2454	3603	3531	1526				
	其中：还本			1564	2869	3084	1387				
	付息			890	734	447	139				
1.5	年末本息余额	5040	8904	7340	4471	1387	0				
2	还本资金来源			1564	2869	3084	3315	3192	3127	3127	3127
2.1	未分配利润			423	1728	1943	2175	2051	2186	2186	2186
2.2	折旧			941	941	941	941	941	941	941	941
2.3	摊销			200	200	200	200	200			
计算指标	借款偿还期/年	5.42									

=G11

=(E5+E6/2)*基础数据表!$G$5

=E12

=利润及利润分配表!E19

=辅助报表!E17

=辅助报表!E22

=(H3-C3)+H5/H12

流动资金借款还本付息表　　单位：万元

序号	项目	1	2	3	4	5	6	7	8	9	10
1	本年借款			600							
2	年初本息余额			600	600	600	600	600	600	600	600
3	本年应计利息			60	60	60	60	60	60	60	60
4	本年还本付息			60	60	60	60	60	60	60	660
	其中：还本										600
	付息			60	60	60	60	60	60	60	60
5	流动资金借款余额			600	600	600	600	600	600	600	0

=E22*基础数据表!$G$8

基础数据表　辅助报表　借款还本付息计划表　总成本费用估算表　利润及利润分配表…

图 7.7　示例项目的借款还本付息计划数据计算

图 7.8 示例项目的总成本费用数据计算

图 7.9 示例项目的利润和利润分配数据计算

以第 3、第 4 年为例,我们来看三表联算过程。

首先,在图 7.7 借款还本付息计划数据计算中,计算出利息(图 7.7 中标注了电子表格计算时的计算公式及对"基础数据表"数据的引用):

第 3 年建设投资借款利息＝年初本息余额×建设投资借款年有效利率
$$=8904 \times 10\% \approx 890(万元)$$

第 3 年流动资金借款利息＝流动资金借款额×流动资金借款年有效利率
$$=600 \times 10\% = 60(万元)$$

然后,将第 3 年计算出的利息放入到图 7.8 总成本费用数据计算中,同时引用图 7.5

和图 7.6 中有关经营成本、折旧费、摊销费的数据,可以计算出第 3 年总成本费用:

第 3 年总成本费用＝经营成本＋折旧费＋摊销费＋利息(建设借款利息＋
流动资金借款利息)
＝2 300＋941＋200＋950＝4 391(万元)

再将第 3 年的总成本费用,代入图 7.9 利润和利润分配数据计算中,结合引用所需其他相关数据(图 7.9 中标注了电子表格计算时的计算公式及对"基础数据表"数据的引用),就可计算出第 3 年的所需数据:

第 3 年利润总额＝销售收入－税金及附加－总成本费用
＝5 000－45－4 391＝564(万元)

第 3 年息税前利润＝利润总额＋利息＝564＋950＝1 514(万元)

第 3 年所得税＝利润总额×所得税率＝564×25％＝141(万元)

第 3 年调整所得税＝息税前利润×所得税率＝1 514×25％≈379(万元)

第 3 年税后利润＝利润总额－所得税＝564－141＝423(万元)

由于在还款期可以不进行利润分配,所以第 3 年未分配利润等于第 3 年税后利润,即 423 万元。

之后,把第 3 年未分配利润代入到"借款还本付息计划数据计算表"中的还本资金来源中,可以计算第 3 年的还本额,就可以计算出第 3 年年末本息余额:

第 3 年还本资金来源＝未分配利润＋折旧＋摊销＝423＋941＋200＝1 564(万元)

第 3 年年末建设投资借款本息余额＝年初借款本息余额－还本资金来源
＝8 904－1 564＝7 340(万元)

第 3 年年末本息余额也即第 4 年年初本息余额。进而,就可以计算出第 4 年的建设投资借款利息:

第 4 年建设投资借款利息＝7 340×10％＝734(万元)

这样,又进入第 4 年的三表联算过程。以此类推,最终完成对这三张报表的编制。

本示例按最大能力还款方式计算,通过三表联算,可以看出第 6 年长期借款全部还清,可以计算出借款偿还期为:

借款偿还期＝借款偿还后开始出现盈余的年份数－开始借款年份
$+\dfrac{当年应还借款额}{当年可用于还款的资金额}$
$=6-1+\dfrac{1\ 387}{3\ 315}\approx 5.42(年)$

当长期借款全部还清后，第 7 年开始提取法定盈余公积金，则

第 7 年提取法定盈余公积金＝税后利润×法定盈余公积金比例

＝2 279×10％≈228(万元)

第 7 年未分配利润＝2 279－228＝2 051(万元)

6）项目投资现金流量表与项目资本金现金流量表的编制

项目投资现金流量表和项目资本金现金流量表中的现金流入、现金流出等诸项数据均来自前述的辅助报表和基本报表。通过项目投资现金流量表和项目资本金现金流量表可以计算出净现金流量、累计净现金流量，并计算出所得税前和所得税后的财务内部收益率、财务净现值、投资回收期及资本金内部收益率等指标。

项目投资现金流量表和项目资本金现金流量表中的现金流入完全相同，现金流出的项目因出发的角度不同而不同。项目投资现金流量表从项目总投资角度，剔除了利息的影响，现金流出包括建设投资、流动资金、经营成本、税金及附加和调整所得税；而项目资本金现金流量表从项目资本金角度，考虑了融资方案，现金流出包括项目资本金、借款本金偿还、借款利息偿还、经营成本、税金及附加、所得税，其中项目资本金包括建设投资和流动资金投资中的资本金，借款本金偿还包括建设投资和流动资金借款的本金偿还，借款利息支付包括建设投资和流动资金借款的利息支付。

本示例项目利用电子表格得出项目投资现金流量表和项目资本金现金流量表中相关数据，如图 7.10、图 7.11(图中标注了电子表格计算时的计算公式及对“基础数据表”数据的引用)所示。

项目投资现金流量表　　单位：万元

序号	项目	计算期 1	2	3	4	5	6	7	8	9	10
1	现金流入			5000	7000	7000	7000	7000	7000	7000	10377
1.1	销售（营业）收入			5000	7000	7000	7000	7000	7000	7000	7000
1.2	回收固定资产余值										2377
1.3	回收流动资金										1000
2	现金流出	6000	4000	3724	3536	3536	3536	3536	3586	3586	3586
2.1	建设投资	6000	4000								
2.2	流动资金			1000							
2.3	经营成本			2300	2700	2700	2700	2700	2700	2700	2700
2.4	税金及附加			45	61	61	61	61	61	61	61
2.5	调整所得税			379	775	775	775	775	825	825	825
3	税后净现金流量（1-2）	-6000	-4000	1276	3464	3464	3464	3464	3414	3414	6791
4	累计税后净现金流量	-6000	-10000	-8724	-5259	-1795	1670	5134	8549	11963	18755
5	税前净现金流量	-6000	-4000	1655	4239	4239	4239	4239	4239	4239	7616
6	累计税前净现金流量	-6000	-10000	-8345	-4106	133	4372	8611	12850	17089	24705
计算指标	财务内部收益率：	税后 22%		税前 28%							
	财务净现值/万元：	税后 2866		税前 5277							
	投资回收期/年：	税后 5.52		税前 4.97							

=辅助报表!L18
=E11
=基础数据表!F9
=辅助报表!E12
=利润及利润分配表!E13
=SUM($C$15:E15)
=IRR(C15:L15)
=IRR(C17:L17)
=NPV(基础数据表!B20,C17:L17)
=NPV(基础数据表!B20,C15:L15)
=MATCH(0,C16:L16)+ABS(LOOKUP(0,C16:L16))/INDEX(C15:L15,MATCH(0,C16:L16)+1)

基础数据表 | 辅助报表 | 借款还本付息计划表 | 总成本费用估算表 | 利润及利润分配表 | 投资现金流量表 | 资本金现…

图 7.10　示例项目的项目投资现金流量表

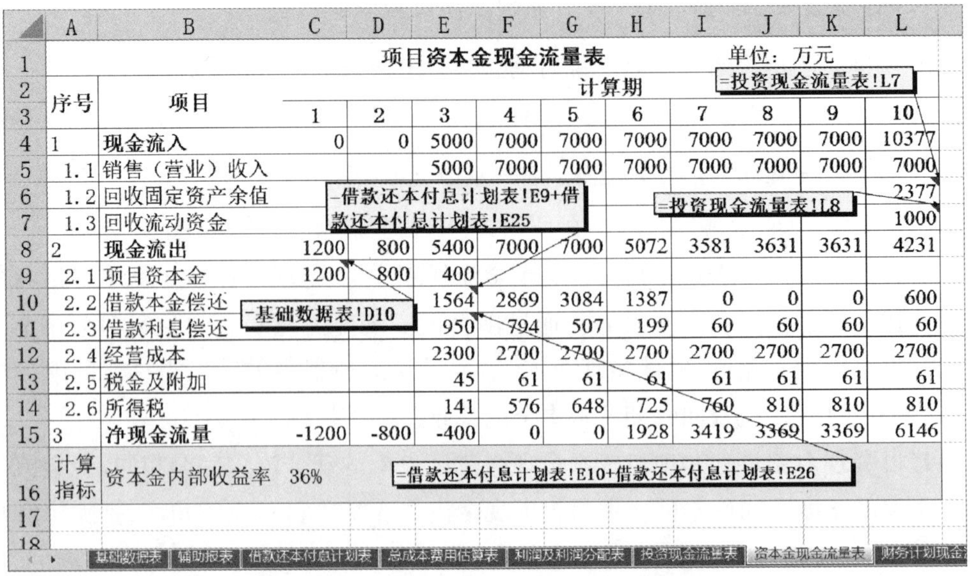

图 7.11 示例项目的项目资本金现金流量表

7) 财务计划现金流量表的编制

财务计划现金流量表反映项目计算期各年的投资、融资及经营活动的现金流入和流出。该报表中的诸项数据均来自前述的辅助报表和基本报表。由财务计划现金流量表可计算出盈余资金和累计盈余资金,为编制资产负债表提供依据。

本示例项目利用电子表格得出的财务计划现金流量表如图 7.12 所示。回收固定资产余值和回收流动资金一般是在项目结束后发生,通常在财务计划现金流量表中不再列入。另一种做法是在计算期结束后再增加一列上年余值栏,用于列入回收固定资产余值和流动资金。

8) 资产负债表的编制

资产负债表一般是项目财务分析中最后编制的报表,该表反映计算期各年末资产、负债及所有者权益的状况,并遵循"资产=负债+所有者权益"的会计等式。该表数据均来自于前面所编制的报表,若某年或某几年出现"资产≠负债+所有者权益",则说明前面报表编制有误。因此,该表也兼具检验财务分析报表编制正确与否的功能。

本示例项目利用电子表格得出的资产负债表如图 7.13 所示。资产负债表的数据为各年年末的资产、负债和所有者权益的数值,所以取值均为累计值、余值或净值等,其中在建工程应为各年建设投资(含建设期利息)累计值。

7.5.3 财务效益分析结论

1) 盈利能力分析

通过示例项目的项目现金流量表和项目资本金现金流量表,可以得到所得税前和所得税后的财务内部收益率、财务净现值、投资回收期、资本金财务内部收益率指标,还可以根据利润和利润分配表的各年利润及投资额计算总投资收益率和资本金净利润率,如表7.22所示。

序号	项目	\\	\\	\\	\\	计算期	\\	\\	\\	\\	单位:万元
		1	2	3	4	5	6	7	8	9	10
1	经营活动净现金流量(1.1-1.2)			2514	3663	3591	3514	3479	3429	3429	3429
1.1	现金流入			5650	7910	7910	7910	7910	7910	7910	7910
1.1.1	营业收入			5000	7000	7000	7000	7000	7000	7000	7000
1.1.2	增值税销项税额			650	910	910	910	910	910	910	910
1.1.3	补贴收入										
1.1.4	其他流入										
1.2	现金流出			3136	4247	4319	4396	4431	4481	4481	4481
1.2.1	经营成本			2300	2700	2700	2700	2700	2700	2700	2700
1.2.2	增值税进项税额			200	300	300	300	300	300	300	300
1.2.3	税金及附加			45	61	61	61	61	61	61	61
1.2.4	增值税			450	610	610	610	610	610	610	610
1.2.5	所得税			141	576	648	725	760	810	810	810
1.2.6	其他流出										
2	投资活动净现金流量(2.1-2.2)	-6000	-4000	-1000							
2.1	现金流入										
2.2	现金流出	6000	4000	1000							
2.2.1	建设投资	6000	4000								
2.2.2	维持运营投资										
2.2.3	流动资金			1000							
2.2.4	其他流出										
3	筹资活动净现金流量(3.1-3.2)	6000	4000	-1514	-3663	-3591	-1586	-60	-60	-60	-660
3.1	现金流入	6240	4664	1000							
3.1.1	项目资本金投入	1200	800	400							
3.1.2	建设投资借款(含建设期利息)	5040	3864								
3.1.3	流动资金借款			600							
3.1.4	债券										
3.1.5	短期借款										
3.1.6	其他流入										
3.2	现金流出	240	664	2514	3663	3591	1586	60	60	60	660
3.2.1	各种利息支出	240	664	950	794	507	199	60	60	60	60
3.2.2	偿还债务本金			1564	2869	3084	1387	0			600
3.2.3	应付利润(股利分配)										
3.2.4	其他流出										
4	净现金流量(1+2+3)	0	0	0	0	0	1928	3419	3369	3369	2769
5	累计盈余资金						1928	5348	8717	12087	14856

图7.12 示例项目的财务计划现金流量表

序号	项目			计算期							
		1	2	3	4	5	6	7	8	9	10
1	资产	6240	10904	11163	10022	8881	9669	11947	14376	16804	18633
1.1	流动资产总额			1400	1400	1400	3328	6748	10117	13487	16256
1.1.1	货币资金			400	400	400	2328	5748	9117	12487	15256
	其中:现金			400	400	400	400	400	400	400	400
	累计盈余资金			0	0	0	1928	5348	8717	12087	14856
1.1.2	应收账款			400	400	400	400	400	400	400	400
1.1.3	预付账款										
1.1.4	存货			600	600	600	600	600	600	600	600
1.2	在建工程	6240	10904								
1.3	固定资产净值			8963	8022	7081	6140	5200	4259	3318	2377
1.4	无形及递延资产净值			800	600	400	200				
2	负债及所有者权益(2.4+2.5)	6240	10904	11163	10022	8881	9669	11947	14376	16804	18633
2.1	流动负债总额			400	400	400	400	400	400	400	400
2.1.1	应付账款			400	400	400	400	400	400	400	400
2.1.2	短期借款										
2.1.3	预收账款										
2.1.4	其他										
2.2	建设投资借款余额	5040	8904	7340	4471	1387	0				
2.3	流动资金借款余额			600	600	600	600	600	600	600	400
2.4	负债小计(2.1+2.2+2.3)	5040	8904	8340	5471	2387	1000	1000	1000	1000	400
2.5	所有者权益	1200	2000	2823	4551	6494	8669	10947	13376	15804	18233
2.5.1	资本金	1200	2000	2400	2400	2400	2400	2400	2400	2400	2400
2.5.2	资本公积										
2.5.3	累计盈余公积金							228	471	714	956
2.5.4	累计未分配利润			423	2151	4094	6269	8319	10505	12691	14877
计算指标	资产负债率	80.77%	81.66%	74.71%	54.59%	26.88%	10.34%	8.37%	6.96%	5.95%	2.15%
	流动比率			3.50	3.50	3.50	8.32	16.87	25.29	33.72	40.64
	速动比率			2.00	2.00	2.00	6.82	15.37	23.79	32.22	39.14

图7.13 示例项目的资产负债表

表 7.22 示例项目盈利能力分析

评价指标		计算结果	评价基准
融资前财务分析	税前投资财务内部收益率	28%	≥15%
	税前投资财务净现值	5 277 万元	≥0
	税前投资回收期	4.97 年	≤5 年
	税后投资财务内部收益率	23%	≥15%
	税后投资财务净现值	3 239 万元	≥0
	税后投资回收期	5.35 年	≤6 年
融资后财务分析	资本金财务内部收益率	36%	≥18%
	总投资收益率	25%	≥15%
	资本金净利率	82%	—

表中总投资收益率和资本金净利润率计算如下：

根据利润和利润分配表,计算运营期年平均息税前利润与净利润：

$$年平均息税前利润 = \frac{1\,514 + 3\,098 \times 4 + 3\,298 \times 3}{8} = 2\,975(万元)$$

$$年平均净利润 = \frac{423 + 1\,728 + 1\,943 + 2\,175 + 2\,279 + 2\,429 \times 3}{8} \approx 1\,979(万元)$$

项目总投资 = 建设投资(含建设期利息) + 流动资金投资
= 10 000 + 904 + 1 000 = 11 904(万元)

项目资本金 = 建设投资中的资本金 + 流动资金投资中的资本金
= 2 000 + 400 = 2 400(万元)

则

$$总投资收益率 = \frac{2\,975}{11\,904} \times 100\% \approx 25\%$$

$$资本金净利润率 = \frac{1\,979}{2\,400} \times 100\% \approx 82\%$$

从表 7.22 中融资前后评价指标可以看出,该项目有较强的盈利能力,满足投资收益率的要求,且能保证在基准投资回收期内能收回投资。

2) 偿债能力分析

本示例项目采用最大还款能力还款方式还款,因此计算的指标是借款偿还期。根据借款还本付息表计算出的借款偿还期为 5.42 年,不含建设期则为 3.42 年,即投产后 3.42 年即还清建设投资借款,满足银行要求的投产后 5 年清偿借款的期限。

从资产负债表中计算的资产负债率、流动比率和速动比率来看,尽管计算期前3年的资产负债率高于40%～60%的适宜水平,但总体呈下降趋势,且计算期10年的平均资产负债率约为35%,说明负债水平并不高,贷款安全程度较高。生产期各年的流动比率均大于2.0,速动比率均大于1.0,说明项目偿还流动负债及其快速偿付的能力较强、资产的流动性较好。总体上,项目在计算期内财务状况较好。

3) 财务生存能力分析

从财务计划现金流量表来看,项目生产期各年经营活动的净现金流量较多,计算期初期的建设期和还款期累计盈余资金为0,资金的来源和应用维持平衡,未出现个别年份为负值而需要增加短期借款的情况;计算期的其他年份累计盈余资金均大于0,且逐年增长。可见,在计算期内项目可维持正常运营,财务可持续性较好,财务生存能力较强。

习题

1. 简述建设项目财务分析的核心内容与方法。
2. 简述建设项目财务评价中还本付息的几种主要方法。
3. 7.5节财务分析示例中其他条件不变,假定融资方案已定,采用5年等额还本付息方式。请编制项目现金流量表,计算项目投资的税前净现值、内部收益率和资本金税后净现值,进行项目盈利能力分析。
4. 某新建项目生产某产品,年生产能力为2万t,产品售价(不含税)为4 615.38元/t。建设期1年,生产期10年。投产第1年生产负荷为60%,第2年为80%,以后达到100%。已知年总成本费用估算依据如下:

(1) 年外购原材料费(以100%生产负荷计)为7 194.87万元(不含税)。

(2) 年外购燃料动力费(以100%生产负荷计)为58.41万元(不含税)。

(3) 劳动定员108人,人均年职工薪酬6万元。

(4) 修理费第2年为50万元,第3~11年为64万元。

(5) 固定资产按年限平均法分类进行折旧计算。本项目新增生产设备及其他固定资产原值为942万元,按10年折旧,残值率为5%;新增建筑物原值为208万元,按20年折旧,残值率为5%。

(6) 其他资产32万元,按5年摊销完毕。

(7) 项目无借款,不计利息支出。

(8) 年其他营业费按当年营业收入的2%估算;年其他制造费取固定资产原值(扣除建设期利息)的5%估算;年其他管理费用按年职工薪酬总额的150%估算。

另外,产品销项税率为13%,外购原材料进项税率为13%,外购燃料动力进项税率为9%,城市维护建设税税率为7%,教育费附加税率为5%。

根据以上数据,试编制以不含税价为计算基础的总成本费用估算表,营业收入、税金及附加和增值税估算表。

8 施工设备经济性分析

对于一个工程而言,选择合适的施工设备是保障工程进度、质量和安全的基础。因此,对工程施工设备进行经济性分析具有重要意义。施工设备经济性问题是工程经济分析的重要内容,包括施工设备经济寿命计算、磨损及其补偿形式(维修、更新、现代化改造)和租赁等各种经济性问题。

8.1 施工设备及其经济性

8.1.1 施工设备的综合效益

施工设备的效益不仅仅包括经济效益,还包括社会效益和环境效益。在工程经济学中,一般只考虑经济效益,但也不能忽视社会效益和环境效益。

1) 经济效益

对施工设备的投入和产出进行分析比较,在技术可行性研究的基础上,对拟购或拟更新改造的施工设备的成本费用进行分析。在衡量施工设备的经济效益时,应以建设生产质量目标为基础,运用各种技术、经济和组织措施,对施工设备从规划、设计(部分工程需要)、购置、安装、使用、维护、改造、更新直至报废的整个寿命周期进行全过程分析。

2) 社会效益

在进行施工设备选择时,应考虑设备的运行安全舒适性和操作工人培训素质提升等社会效益。施工设备的安全舒适性是指施工设备对安全、健康生产的保障性能,在设备选型时就要从保证运行安全性、操作环境安全性等角度出发,改善劳动条件。施工设备的操作由专门的技术操作人员完成,通过对操作工人培训提升工人素质,从而获得整体的社会效益。随着施工机械化进程的推进,劳动者的劳动性质发生质的变化,会取得一定的社会效益。

3) 环境效益

由于工程建设自身特点以及施工设备对传统燃料的依赖,施工设备对于环境的污染集中于噪声、燃烧尾气等方面。施工设备选型时,应在保证建设质量的前提下,综合考虑环保节能。施工设备的安装及运行对周边环境的影响程度越小,由环境效益带来社会资源的公平性越好。

8.1.2 施工设备的全寿命周期费用

施工设备全寿命周期费用(Life Cycle Cost,LCC)是指在其寿命周期内发生的全部费用,包括施工设备初期的研制、开发、设计、制造、安装、调试、使用和维修等,直至设备终止使用(淘汰或报废)为止所发生的费用。施工设备LCC基本构成见图8.1。

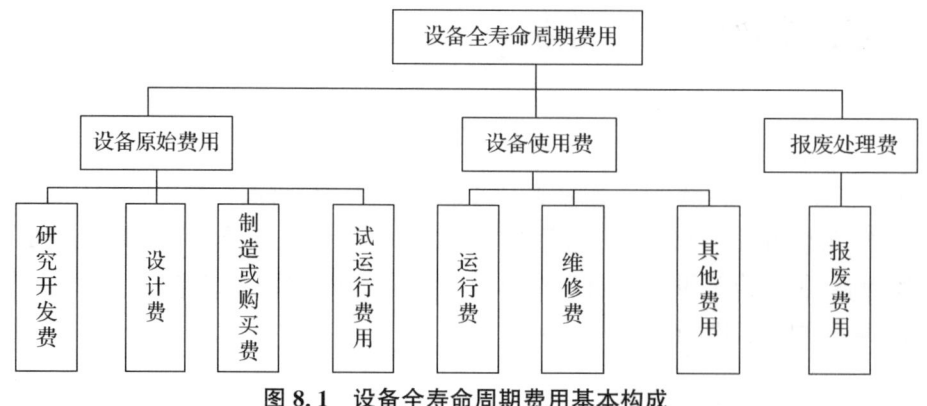

图8.1 设备全寿命周期费用基本构成

下面对设备全寿命周期费用的构成作具体的介绍。

1) 设备原始费用

(1) 研究开发费包括开发规划费、市场调查费、试验费、试制费、试验设备器材费、试验用消耗品费、试验用动力费和相关人力资源费;

(2) 设计费包括设计硬件费、软件费、人工费、协作费、资料费和专利使用费;

(3) 制造或购买费包括制造加工费、原材料费、包装费、运输费、库存费、安装费、操作指导书的编印费、操作人员的培训费、培训设施费和备品购置费;

(4) 试运行费用包括燃料动力费、材料费和操作费。

2) 设备使用费

(1) 运行费包括操作人员费、辅助人员费、燃料动力费、消耗品费、水费、操作人员培训费、专利使用费和空调费;

(2) 维修费包括维修材料费、备件费、内部维修劳务费、外委劳务费、改造费、维修人员培训费、备用设备费和停机损失费;

(3) 其他费用包括仓库保管费、图样资料编制费、保险费、安全设施费、环境保护费和固定资产税。

3) 报废处理费

报废处理费中的报废费用包括拆除费用和出售工作费用。

在进行施工设备经济寿命计算或进行设备更新分析时,需要对上述各项费用进行估算。外购设备原价可通过询价方式获得,自制设备的研制费用可以根据细分的费用组成进行逐项估算,运输费及安装和调试费可按一些定额费率进行计取。设备使用费可以根据设备的各项性能指标及设备运转生产计划,参考同类设备的历史数据,采用参数法或类比法等进行估算。有关设备寿命周期费用计算方法的详细介绍可参考"工程估价"及

"设备管理"等方面的文献。

设备使用期的维持费可能会比初始的购置费用高得多。然而,目前许多建筑企业在对施工设备进行经济评价时只考虑初期成本的投入,照单购买施工设备,一旦将施工设备移交给项目现场便认为已经大体上完成了任务。至于为什么要添置这种设备,在运行过程中如何达到合理使用的要求等往往很少过问。这样便导致了缺乏对施工设备的运行期成本、期末残值的考虑。

从工程经济性角度出发,无论是施工设备购置决策,还是维修和更新决策,均应从施工设备全寿命周期出发进行思考,考虑施工设备或系统的规划、设计、制造、购置、安装、运行、维修、改造、更新、直至报废的全过程,以全寿命周期相对成本最小为决策原则。

===== 数字资源 =====

8-1 微视频
设备全寿命周期费用及基本构成

8-2 学生课程报告
全寿命期费用视角下某智慧型白蚁检测设备的经济性分析

8-3 测试
本节测验题

8.2 施工设备寿命及其经济寿命计算

8.2.1 施工设备寿命类型

施工设备寿命从不同角度可划分为折旧寿命、物理寿命、技术寿命和经济寿命。

1)折旧寿命

折旧寿命就是折旧年限,是指按照规定的折旧方法和原则,将施工设备的原值通过折旧的形式转入产品成本,直到提取的折旧费与设备原值相等的全部时间。折旧寿命与折旧提取的方法有关,一般不等于施工设备的物理寿命。

2)物理寿命

物理寿命又称自然寿命,是指施工设备从全新状态开始使用,一直到不再具有正常功能报废的所有时间。

3)技术寿命

技术寿命是指从施工设备开始使用到因为技术落后而被淘汰所经历的全部时间。它是由无形磨损决定的,一般比自然寿命短。技术寿命的长短主要决定于技术进步的发展速度,与有形磨损无关。科学技术进步越快,技术寿命越短。

4）经济寿命

经济寿命是指施工设备从开始使用到其年平均使用成本最低的使用年限,是施工设备的有形磨损和无形磨损共同作用的结果。

一般情况下,施工设备的技术寿命短于经济寿命,而经济寿命又短于物理寿命。经济寿命是设备经济分析中最重要的概念,设备更新的依据一般就是经济寿命。

8.2.2 施工设备经济寿命计算

施工设备更新的最佳时间取决于设备的经济寿命,而经济寿命取决于施工设备年平均费用达到最低的时间。施工设备的年平均费用包括设备的年折旧费用和年维持费用,设备的年维持费用(Annual Maintenance Cost)与年折旧额(Annual Depreciation)之和就是设备的年平均费用(Annual Average Cost)。即:

$$设备的年平均费用 = 设备的年折旧费 + 年维持费用 \tag{8.1}$$

随着设备使用时间的增长,设备逐渐老化,年维持费用逐渐增加,设备的残值越来越少,相应设备的年折旧额逐渐减少,年维持费用逐渐增加。

根据设备经济寿命的概念,经济寿命即是图 8.2 中所示的 n 点。

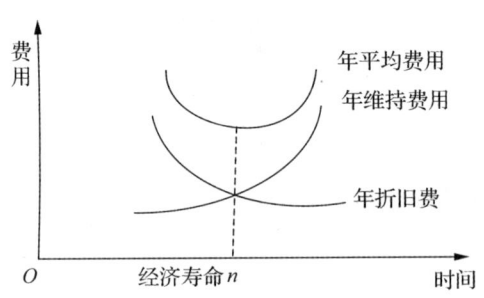

图 8.2　施工设备的经济寿命

当施工设备的年平均费用最低时,所对应的时间即为设备的经济寿命。图 8.2 中的 n 就是设备的经济寿命。无论是时间小于 n 还是时间大于 n,设备的年平均费用都高于 n 年对应的费用。

（1）折旧费是用设备每年的折旧来收回最初的一次性投资。施工设备属于固定资产,因此设备的折旧方法与固定资产的折旧计算方法相同。

（2）设备的年维持费用包括年运行费用和修理费用两部分。

运行费用主要是指设备在使用过程中耗费的水、电、油、燃料等费用。修理费用是指设备在使用过程中对磨损零部件的修复、更新的费用,包括购买零部件的费用和操作人工费用。

设备的年平均费用可以用公式(8.2)表示:

$$C = \frac{P-F}{N} + O + M \tag{8.2}$$

式中,C——设备的年平均费用;

P——设备原值;

F——设备残值;

O——设备的年运行费用;

M——设备的年维修费用;

N——设备的自然寿命。

【例 8.1】 已知某施工设备的寿命期为 10 年,期初的原值为 900 万元,每年的年度使用费用和年末残值见表 8.1 所示。计算该设备的经济寿命。

表 8.1 例 8.1 某设备年度使用费及残值 单位:万元

费用分类	寿命期									
	1	2	3	4	5	6	7	8	9	10
年度使用费	10	15	20	20	25	30	35	40	45	55
年末残值	840	800	780	750	700	660	620	570	540	380

解:根据上面的公式可以计算设备的经济寿命。t 表示年份数,P 表示设备原值,F 表示残值。计算过程和结果见表 8.2 所示。

表 8.2 例 8.1 计算结果表 单位:万元

费用分类	寿命期									
	1	2	3	4	5	6	7	8	9	10
年度使用费	10	15	20	20	25	30	35	40	45	55
累计年度使用费	10	25	45	65	90	120	155	195	240	295
年平均维持费	10	12.5	15	16.25	18	20	22.14	24.38	26.67	29.5
年末残值	840	800	780	750	700	660	620	570	540	380
年折旧费$(P-F)/t$	60	50	40	37.5	40	40	40	41.25	40	52
年平均费用	70	62.5	55	53.75	58	60	62.14	65.63	66.67	81.5

根据表 8.2,第 4 年该设备的年平均费用最低,所以该设备的经济寿命为 4 年。

8.2.3 资金时间价值对施工设备经济寿命的影响

资金时间价值会对施工设备的残值、年度使用费产生影响,进而对施工设备经济寿命产生影响。在不考虑资金时间价值和考虑资金时间价值的情况下,施工设备的经济寿命是不同的。

1) 不考虑资金时间价值时的经济寿命

假设 t 为设备的使用年限,P 为设备原值,F_t 为设备使用到 t 年末的残值;Q_t 为设备第 t 年的设备年度使用费(包括运行费 O 和维修费 M),则设备的年平均费用 C 可用公式(8.3)计算：

$$C = \frac{P - F_t}{t} + \frac{\sum_{t=1}^{t} Q_t}{t} \tag{8.3}$$

其中，$\frac{P-F_t}{t}$ 为施工设备的年折旧费，$\frac{\sum_{t=1}^{t} Q_t}{t}$ 为施工设备的年维持费，一般可以采用列表法得出年平均费用最低的使用年限，即为设备的经济寿命。

【例8.2】 已知某施工设备原始费用为20 000元，每年的使用费及年末的残值见表8.3所示，请计算这台施工设备的经济寿命。

表8.3 某施工设备使用费及年末残值表　　　　　　　　　　　　　单元：元

使用年限	年度使用费	年末残值
1	2 200	10 000
2	3 300	9 000
3	4 400	8 000
4	5 500	7 000
5	6 600	6 000
6	7 700	5 000
7	8 800	4 000
8	9 900	3 000
9	11 000	2 000
10	12 100	1 000

解：用列表法计算该施工设备的经济寿命，如表8.4所示。

表8.4 施工设备经济寿命计算表（不考虑资金时间价值）　　　　　　单元：元

使用年限(1)	年度使用费(2)	年末使用费之和(3)=Σ(2)	年维持费用(4)=(3)÷(1)	年末的估计残值(5)	年折旧费(6)=[20 000-(5)]÷(1)	年平均费用(7)=(4)+(6)
1	2 200	2 200	2 200	10 000	10 000	12 200
2	3 300	5 500	2 750	9 000	5 500	8 250
3	4 400	9 900	3 300	8 000	4 000	7 300
4	5 500	15 400	3 850	7 000	3 250	7 100
5	6 600	22 000	4 400	6 000	2 800	7 200
6	7 700	29 700	4 950	5 000	2 500	7 450

续表

使用年限(1)	年度使用费(2)	年末使用费之和(3)=Σ(2)	年维持费用(4)=(3)÷(1)	年末的估计残值(5)	年折旧费(6)=[20 000-(5)]÷(1)	年平均费用(7)=(4)+(6)
7	8 800	38 500	5 500	4 000	2 286	7 786
8	9 900	48 400	6 050	3 000	2 125	8 175
9	11 000	59 400	6 600	2 000	2 000	8 600
10	12 100	71 500	7 150	1 000	1 900	9 050

从表 8.4 可以看出，该施工设备第 4 年的年平均费用最低，所以该施工设备的经济寿命为 4 年。

2) 不考虑资金时间价值的经济寿命计算特例

在不考虑资金时间价值计算施工设备的经济寿命时，有一种特殊情况，即设备每年残值固定不变(F)，且设备使用费每年以 q 值增加（劣化值）。这种情况下，设备年平均费用的计算公式为：

$$C = \frac{P-F}{t} + Q + \frac{q}{2}(t-1) \tag{8.4}$$

其中，P 为设备原值，F 为每年残值，t 为设备的使用年限，Q 为设备初始的年度使用费，q 为设备的劣化值。

求导可以得到设备的经济寿命 T^* 为：

$$T^* = \sqrt{\frac{2(P-F)}{q}} \tag{8.5}$$

【例 8.3】 某施工设备的原值为 800 元，残值为 50 元。该施工设备第一年使用费为 200 元，劣化值为 100 元，求出该施工设备的经济寿命和当年的年平均费用。

解： 该施工设备的经济寿命：

$$T^* = \sqrt{\frac{2(P-F)}{q}} = \sqrt{2\times(800-50)/100} \approx 3.87(年)$$

经济寿命时该施工设备的年平均费用为：

$$C = \frac{800-50}{3.87} + 200 + \frac{100}{2}\times(3.87-1) \approx 537.30(元)$$

3) 考虑资金时间价值时的经济寿命

当考虑资金时间价值时，设基准收益率为 i_c，设备的年平均费用 C 的计算公式为：

$$C = \frac{P-F_t}{t} + \frac{\sum_{t=1}^{t} Q_t}{t} \tag{8.6}$$

8 施工设备经济性分析

式中,$\dfrac{P-F_t}{t}$ 可以表示为 $P(A/P,i_c,t)-F_t(A/F,i_c,t)$;$\dfrac{\sum_{t=1}^{t}Q_t}{t}$ 可以表示为 $\sum_{t=1}^{t}Q_t(P/F,i_c,t)(A/P,i_c,t)$,$t$ 为设备的使用年限,P 为施工设备原值,F_t 为设备使用到 t 年末的残值;Q_t 为设备第 t 年的年度使用费(包括运行费 O 和维修费 M)。

当考虑资金的时间价值时,也是用列表法计算施工设备的经济寿命。

【例 8.4】 例 8.2 中,如果考虑资金的时间价值且 $i_c=10\%$,计算该施工设备的经济寿命。

解:列表计算该施工设备的时间价值(表 8.5)。

表 8.5　施工设备经济寿命计算表(考虑资金时间价值)　　　　单位:元

年限 t	F_t	Q_t	$P(A/P,10\%,t)$	$F_t(A/F,10\%,t)$	$Q_t(1+10\%)^{-t}$	$\sum Q_t(1+10\%)^{-t}$	$\sum Q_t(1+10\%)^{-t} \times (A/P,10\%,t)$	年平均费用 C
1	10 000	2 200	22 000	10 000	2 000	2 000	2 200	14 200
2	9 000	3 300	11 524	4 285.8	2 727	4 727	2 724	9 962
3	8 000	4 400	8 042	2 416.8	3 306	8 033	3 230	8 856
4	7 000	5 500	6 310	1 508.5	3 757	11 790	3 719	8 520
5	6 000	6 600	5 276	982.8	4 098	15 888	4 191	8 484
6	5 000	7 700	4 592	648	4 347	20 234	4 646	8 590
…	—	—	—	—	—	—	—	—
9	2 000	11 000	—	—	—	—	5 910	9 235
10	1 000	12 100	3 256	62.7	4 665	38 699	6 296	9 489

从表 8.5 可以看出,该施工设备的经济寿命为 5 年。

———— 数字资源 ————

8-4 微视频
设备经济寿命

8-5 微视频
原型设备更新

8-6 微视频
新型设备更新

8-7 学生课程报告
GAAS80 闪光焊机调查分析报告

8-8 学生课程报告
地铁钢轨维保经济性分析

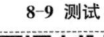

8-9 测试
本节测验题

8.3　施工设备磨损及其补偿形式的经济分析

8.3.1　施工设备磨损

施工设备在使用和闲置过程中都会逐渐发生磨损。磨损分为有形磨损和无形磨损两种形式。

1) 施工设备的有形磨损

有形磨损又称为物质磨损或物理磨损,是指设备在使用过程中,在外力作用下产生的磨损,以设备发生实体性磨损,其使用价值降低或丧失为特征。

有形磨损按其产生的原因,又可分为因使用产生的磨损和因闲置而产生的磨损。

因使用产生的磨损又称为第一类有形磨损,是指机器设备在运转过程中,由于机械力等外力的作用,其零部件发生摩擦、振动和疲劳现象,从而引起机器设备的实体发生磨损。通常表现为:

(1) 机器设备零部件的原始尺寸改变,甚至形状发生改变;

(2) 公差配合性质发生改变,精度降低;

(3) 零部件损坏,甚至整机损坏。

第一类有形磨损可使设备的精度降低,使用效率下降。当这种磨损达到一定程度时,整个机器的功能就会下降并可能发生事故,导致设备使用费剧增,甚至难以正常工作,丧失使用价值。这类磨损程度取决于使用时间及负荷强度,也与设备自身质量及其安装水平、维修程度、操作管理水平有关。

因闲置而产生的磨损又称为第二类有形磨损,是由于设备在闲置中受日晒、雨淋、风吹以及外界温度、湿度变化等自然力的作用,使机器生锈、金属腐蚀及橡胶和塑料件老化,从而引起使用价值降低或丧失。这类磨损程度与生产过程中的使用无关,其磨损程度取决于闲置时间的长短、外界自然力作用的大小以及设备的防腐性能和保养程度。

2) 施工设备的无形磨损

设备的无形磨损又称精神磨损,是指由于科学技术的进步而不断出现性能更加完善、生产效率更高的设备,相比之下原有设备的价值降低或者是生产同样功能设备的价值不断降低而使原有设备贬值,不表现为设备实体的变化,而表现为设备原始价值的贬值。

设备的无形磨损按照其成因也可以分为两种:第Ⅰ种无形磨损和第Ⅱ种无形磨损。

设备的第Ⅰ种无形磨损是指由于技术进步,设备制造工艺不断改进,社会劳动生产率不断提高,使相同功能设备再生产价值降低而产生的原有设备价值贬值。这种无形磨损的后果只是现有设备的原始价值部分贬值,设备本身的技术特性和功能即使用价值并没有变化,故不会影响现有设备的使用。

设备的第Ⅱ种无形磨损是指由于不断出现技术上更完善、经济上更合理的设备,使原有设备显得陈旧落后而产生经济磨损。第Ⅱ种无形磨损会使原设备的使用价值受到冲击,如果继续使用,会降低经济效益。

3) 施工设备的综合磨损

施工设备在使用中,有形磨损和无形磨损是并存的,所以设备所受的磨损是双重的、综合的。两种磨损都引起设备原始价值贬值。不同的是,遭受有形磨损的设备,特别是有形磨损严重的设备,在修理之前,常常不能正常工作。而遭受无形磨损的设备,即使无形磨损损失严重,仍可以继续使用,只不过继续使用在经济上不合算了,需要分析研究。

8.3.2 施工设备磨损的补偿形式

施工设备受到磨损需要补偿,设备磨损形式不同,补偿方式也不同。补偿方式一般有修理、更新和现代化改装三种(如图8.3所示)。

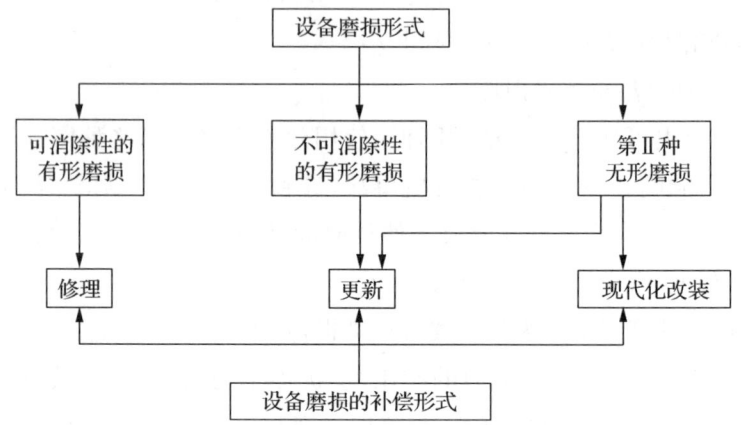

图8.3 设备磨损形式与补偿方式的关系

1) 设备修理

设备修理是修复由于正常的或不正常的原因造成的设备损坏和精度劣化的过程。通过修理,更换已经磨损、老化和腐蚀的零部件,使得设备性能得到恢复。

2) 设备更新

设备更新是指以结构更先进、技术更完善、效率更高、性能更好、消耗更低、外观更新颖的设备代替落后、陈旧,遭受第Ⅱ种无形磨损,且在经济上不宜继续使用的设备。这是实现企业技术进步,提高经济效益的主要途径。亦可以用结构相同的新设备去代替遭受严重有形磨损而不能继续使用的设备,但是,由于当今科学技术发展迅速,对这一种更新不宜过多采用,否则会导致企业技术停滞。

3) 设备现代化改装

设备现代化改装及设备的技术改造,就是应用现代化的技术成就和先进的经验,根据生产的具体需要,改变旧设备的结构或增加新装置、新部件等,以改善旧设备的技术性能与使用指标,使它局部或全部达到所需要的新设备的水平。

通常,依据经济评价的结果对三种补偿方式进行选择。

8.3.3 施工设备修理的经济分析

1) 施工设备修理的概念

在设备实际使用中,为了保持设备在寿命期内的使用状态而进行的局部修复或更换称为维修或修理。按照修理的程度和工作量的大小,修理分为大修、中修和小修。大修、中修和小修修理的内容不同,间隔时间也不同,所花费的资金及资金来源也不同。中修和小修所需要的资金一般直接计入生产成本,而大修费用则由大修费用专项资金开支。

设备大修理是对发生磨损的设备,采用调整、修复或更换已经磨损的零部件的方法,来恢复设备局部丧失的生产能力,是补偿有形磨损的方法之一,是设备修理中规模最大、费用最高、用时最长的一种计划修理,是对设备在原有实物形态上的一种局部更新。它通过恢复所有不符合要求的零部件,尽可能地全面排除缺陷,使设备在生产率、精确度、速度等性能指标方面达到或基本达到原设备出厂时的标准,采用大修理的方法来恢复设备原有的功能要比制造新设备来得快,它还可以继续利用被保留下来的零部件,节约大量原材料和加工工时,这些都是保证设备修理的经济性的有利条件。因此,对维修经济性的研究,主要是针对大修而言的。

尽管经过大修理的设备基本能够达到原设计性能并满足生产需求,但实践中,经过大修理的设备从精确度、运行速度、故障率等技术方面,或生产率、有效运行时间等经济方面,与同类型新设备相比要逊色不少,其综合性能指标有一定程度的降低。设备每大修理一次,恢复的性能指标总是比新设备或前一次修理后达到的性能标准有所降低,当修理达到一定次数后,其综合性能指标特别是经济性指标再也无法达到继续使用的要求或超出了一定的经济界限,就不应该再修理了。设备大修性能劣化的过程如图 8.4 所示。

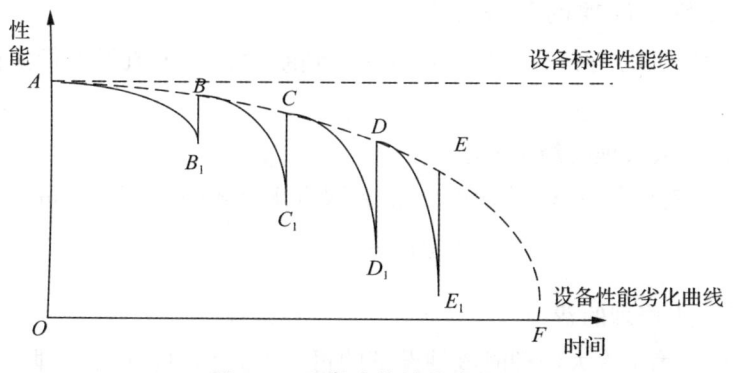

图 8.4 设备大修性能劣化图

在图 8.4 中,OA 表示设备的标准性能。在使用过程中,设备性能随 AB_1 下降,如果不进行修理则寿命很短;但是在 B_1 点进行修理之后,设备性能恢复到 B 点。如此反复,直到 F 点,设备性能完全消失,其物理寿命宣告结束。图 8.4 中 A、B、C、D、E、F 各点相连而成的曲线就构成了设备的性能劣化曲线。

从图 8.4 中可以看出,每次大修过后,虽然设备性能有所提高,但是不能到达上次大修之后的性能最优点;随着大修次数的增加,每两次大修之间的时间间隔越来越短,即大修周期越来越短。

从经济角度来讲,设备不能进行无休止的大修,因为随着大修次数的增加,设备大修费用和运行费用都会不断增加。图 8.5 描述了设备大修间隔期、大修次数和运行费用之间的关系。

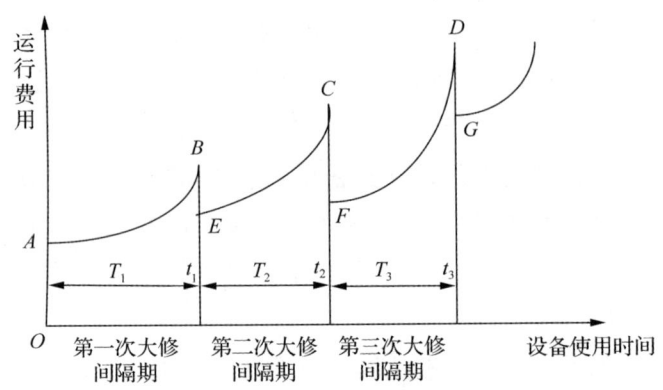

图 8.5 设备大修间隔期与运行费用之间的关系

从图 8.5 可以看出,随着设备使用年限的增加,两次大修间的间隔越来越短,大修次数越来越多,运行费用随之上升。随着设备使用年限的增加,设备运行费用越来越高,在大修前达到极大值;大修后,设备运行费用显著降低,进入下一个大修间隔期;随着设备的使用,运行费用逐渐增加;经过大修后又显著降低,如此循环,直至设备的经济寿命结束。

2)施工设备大修理的经济界限

施工设备大修理的经济界限Ⅰ和Ⅱ是用于判断设备是否值得进行大修理的两个重要标准。

(1)施工设备大修理的经济界限Ⅰ

从理论上讲,对设备进行大修理的经济界限可用公式(8.7)进行判断:

$$R \leqslant K_j - L_j \tag{8.7}$$

式中:R——某次大修理的费用;

K_j——设备第 j 次大修理时该种设备的再生产价值(即在大修理年份购买相同设备的市场价);

L_j——设备第 j 次大修理时的残值。

由上式可知,当大修理费小于或等于设备现价(新设备费)与设备残值的差,则大修理在经济上是合理的;否则,应优先选择购买新设备。

应注意的是,利用式(8.7)进行判断时,要求大修后的设备在技术性能上与同种新设备的性能大致相同。

设备磨损后,虽然可以用大修理来进行补偿,但是也不能无止境地一修再修,应有其技术经济界限。

在下列情况下,设备必须进行更新:

① 设备役龄长,精度丧失,结构陈旧,技术老化,无修理或改造价值;
② 设备先天不足,粗制滥造,生产效率低,不能满足产品工艺要求,并且很难修好;
③ 设备技术性能落后,工人劳动强度大、影响人身安全;
④ 设备出现严重漏油、漏电、漏气或漏水,能耗高,污染环境;
⑤ 一般经过三次大修,再修理也难恢复出厂精度和生产效率,且大修费用超过设备原值的60%以上。

(2) 施工设备大修理的经济界限Ⅱ

设备大修理的经济界限如何,不能仅从大修理费用与设备价值之间的关系来判断,还必须与生产成本联系起来。其评价标准是在大修理后使用该设备生产的单位产品的成本,应该不超过用相同的新设备生产的单位产品的成本,这样的大修理在经济上是合理的。事实上,这是更为重要的设备大修理的经济界限。

当考虑使用设备的产品成本后,设备大修理的经济效果,可以用公式(8.8)判断:

$$I_j = C_j/C_0 \leqslant 1 \quad 或 \quad \Delta C_j = C_0 - C_j \geqslant 0 \tag{8.8}$$

式中:I_j——第j次大修理后的设备与新设备加工单位产品成本的比值;

C_j——在第j次大修理后的设备上加工单位产品的成本;

C_0——在新设备上加工单位产品的成本;

ΔC_j——在新设备与第j次大修理后的设备上加工单位产品成本的差额。

由式(8.8)可知,只有当$I_j \leqslant 1$ 或 $\Delta C_j \geqslant 0$ 时,设备的大修理在经济上才是合理的。

8.3.4 施工设备更新的经济分析

设备更新是对正在使用的设备进行整体更换,即用新设备代替老设备。一台设备是否更新、何时更新、选用何种设备更新,既要考虑技术发展需求,又要考虑经济效益,这就需要对设备更新进行经济计算。

1) 施工设备最佳更新期经济模型Ⅰ

模型Ⅰ是一种不计算设备残值,不考虑时间价值的静态分析方法,以年平均成本最低的使用年限为最优更新期:

$$AC(N) = \frac{P}{N} + \frac{1}{N}\sum_{j=1}^{N} C_j \tag{8.9}$$

式中:$AC(N)$——使用N年时的平均年成本;

P——设备的初值；

C_j——第 j 年的设备使用费（包括维修、保养、动力、工资等费用）。

当 $AC(N)$ 为最小值时，寿命 N 为 N^*，则必有：

$$AC(N^*+1) \geqslant AC(N^*) \tag{8.10}$$

$$AC(N^*-1) \geqslant AC(N^*) \tag{8.11}$$

将式(8.10)代入式(8.9)

$$\frac{P}{N^*+1} + \frac{1}{N^*+1}\sum_{j=1}^{N^*+1}C_j \geqslant \frac{P}{N^*} + \frac{1}{N^*}\sum_{j=1}^{N^*}C_j$$

$$\frac{P}{N^*+1} - \frac{P}{N^*} + \left(\frac{1}{N^*+1} - \frac{1}{N^*}\right)\sum_{j=1}^{N^*}C_j + \frac{1}{N^*+1}C_{N^*+1} \geqslant 0$$

两边同乘 $N^*(N^*+1)$ 得

$$-P - \sum_{j=1}^{N^*}C_j + N^*C_{N^*+1} \geqslant 0$$

即

$$C_{N^*+1} \geqslant AC(N^*) \tag{8.12}$$

同样以(8.11)式代入(8.9)式，得

$$AC(N^*-1) \geqslant C_{N^*} \tag{8.13}$$

故有

$$C_{N^*} \leqslant AC(N^*) \leqslant C_{N^*+1} \tag{8.14}$$

该模型的计算结果即为不考虑资金时间价值的设备经济寿命。

【例 8.5】 有一设备初值为 12 000 元，使用和维修费用第一年为 4 000 元，以后每年递增 1 000 元，不考虑利息和残值，计算该设备的最佳更新期。

解：列表计算平均年成本 $AC(N)$（表 8.6）。

表 8.6 例 8.5 计算结果表　　　　　　　　　　　　　　　　　　单位：元

N	P/N	C_j	$\sum_{j=1}^{N}C_j$	$\frac{1}{N}\sum_{j=1}^{N}C_j$
1	12 000	4 000	4 000	4 000
2	6 000	5 000	9 000	4 500
3	4 000	6 000	15 000	5 000
4	3 000	7 000	22 000	5 500

续表

N	P/N	C_j	$\sum_{j=1}^{N} C_j$	$\frac{1}{N}\sum_{j=1}^{N} C_j$
5	2 400	8 000	30 000	6 000
6	2 000	9 000	39 000	13 000

由表 8.6 和(8.10)、(8.11)式,得 $N^*=5$,根据(8.14)式和表 8.9 计算得:
$$C_6=9\,000 > AC(5)=8\,400 > C_5=8\,000$$

所以该设备最佳更新期为 5 年。

2) 施工设备最佳更新期经济模型 Ⅱ

施工设备最佳更新期经济模型 Ⅱ 是考虑资金时间价值的年平均现值比较法,认为年平均现值最低时的设备使用年限就是该设备的经济寿命。设备残值和利率都不为零,若一台设备使用到经济寿命后,以同种设备更新,新设备到经济寿命期后,再以同种设备更新,如此循环,则总现值可按式(8.15)计算:

$$PW(N)=\left[P+\frac{C_1}{1+i}+\frac{C_2}{(1+i)^2}+\cdots+\frac{C_N}{(1+i)^N}-\frac{L_N}{(1+i)^N}\right]\frac{(1+i)^N}{(1+i)^N-1} \quad (8.15)$$

式中:$PW(N)$——设备寿命为 N 时,不断更新的费用总现值。

$$AC(N)=PW(N)(A/P,i,\infty)=PW(N)\frac{i(1+i)^\infty}{(1+i)^\infty-1}=PW(N)\cdot i \quad (8.16)$$

将式(8.15)代入式(8.16)得

$$\begin{aligned} AC(N)&=\left[P+\frac{C_1}{1+i}+\frac{C_2}{(1+i)^2}+\cdots+\frac{C_N}{(1+i)^N}-\frac{L_N}{(1+i)^N}\right]\frac{i(1+i)^N}{(1+i)^N-1}\\ &=\left[P+\frac{C_1}{1+i}+\frac{C_2}{(1+i)^2}+\cdots+\frac{C_N}{(1+i)^N}-\frac{L_N}{(1+i)^N}\right](A/P,i,N) \end{aligned}$$
(8.17)

同样,当式(8.12)及式(8.13)的关系存在时

$$N=N^* \quad (8.18)$$

或当

$$C_{N^*}+L_{N^*-1}(1+i)-L_{N^*} \leqslant AC(N^*) \leqslant C_{N^*+1}+L_{N^*}(1+i)-L_{N^*+1}$$

时,$N=N^*$。

显然,模式 Ⅱ 计算结果即为考虑资金时间价值的设备经济寿命。

8.3.5 施工设备现代化改造的经济分析

1) 施工设备现代化改造的概念与意义

设备的现代化改造是指应用现代的技术成就和先进经验,满足生产的具体需要,改变现有设备的结构,改善现有设备的技术性能,使之全部达到或者局部达到新设备水平的过程。设备的现代化改造是改变现有设备的技术陈旧状态、消除因技术进步而导致的无形磨损、促进技术进步的方法之一,也是扩大设备的生产能力、提高设备质量的重要途径。

施工设备经过现代化改造,可以实现:

(1) 提高设备所有技术特性使之达到现代新设备的水平;

(2) 改善设备某些技术特性,使之局部达到现代新设备的水平;

(3) 设备的技术特性得到某些改善。

在多数情况下,通过设备现代化改造使陈旧设备达到需要的水平,所需投资往往比更新设备要少。因此,在很多情况下设备现代化改装在经济上有很大的优越性。设备现代化改装具有很强的针对性和适应性。经过现代化改装的设备更能适应生产的具体要求,在某些情况下,其适应具体生产需要的程度,甚至可以超过新设备。

2) 施工设备现代化改造的技术经济综合评价程序

设备现代化改造技术经济评价或论证的一般程序如图 8.6 所示。

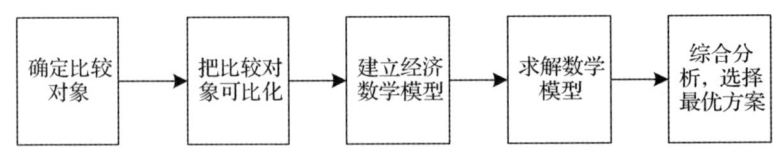

图 8.6 设备现代化改造技术经济评价或论证的一般程序图

(1) 确定比较对象

一般情况下,与设备现代化改造并存的可能方案有:旧设备原封不动地继续使用;旧设备的大修理;用相同结构新设备更换旧设备或用效率更高、结构更优的新设备更换旧设备。为了保证技术经济评价的客观性,要求深入调查研究,广泛搜集资料,并用科学的方法预测未来的数据,搜集资料应按资料本身的重要程度不同采用不同的搜集方法,讲求经济性。

(2) 把比较对象可比化

由于各方案的指标与参数不同,需要将不同的数量和质量指标尽可能化为统一的可比的数量指标。一般是化为货币指标,并应用相应的折值方法(如现值法)换算成同一时间因素的价值,以具备可比条件。

(3) 建立经济数学模型

在多个可能方案中选择总成本最小的方案,就是我们所要决策的方案。为避免计算复杂化,在建立经济数学模型时,要正确选择纳入数学模型的主要经济指标和参考变量。

常用的决策方法为最低总成本法(总费用现值法)和差额投资回收期法。

(4) 求解数学模型,比较数量指标

把各具体的资料和数据代入数学模型中进行运算,求出各技术方案经济指标的具体数值,再进行比较和评价。

(5) 综合分析后选择最佳方案

在对不同方案的指标进行分析计算的基础上,面对其整个指标体系和相关因素进行定量和定性的综合比较和评价,从中选择最佳方案。

3) 施工设备现代化改造的经济综合评价方法

设备现代化改造是一种广义的设备更新方式,研究现代化改造的经济性应与设备更新的其他方法相比较。在一般情况下,与现代化改造并存的可行方案有:旧设备原封不动地继续使用;对旧设备进行大修理;用相同结构新设备更换旧设备或用效率更高、结构更好的新设备更新旧设备。决策的任务就在于从中选择总费用最小的方案,一般采用最小费用法进行决策。

数字资源

8-10 微视频
设备磨损与补偿方式

8-11 知识点拓展
设备现代化改装

8-12 测试
本节测验题

8.4 施工设备租赁及其经济分析

由于设备的大型化、精密化、电子化等原因,设备的价格愈来愈昂贵。此外,科学技术的迅速发展,设备更新的速度也普遍加快。因此,为了节省设备投资,减轻承担技术落后的风险,租赁设备是一个很好的选择。

8.4.1 设备租赁概述

设备租赁是指设备的使用者(租赁者)向出租者(设备所有者)租借设备,在规定的租期内付出一定的租金以换取设备使用权而不变更设备所有权的经济活动。它是设备投资的一种方式。租赁对象主要是生产设备,也包括运输设备、建筑机械、采油和矿山的设备、电信设备、精密仪器、办公用设备,甚至成套的工业设备和服务设施等。

对于使用设备的单位来说,设备租赁可以带来如下好处:

(1) 减少设备投资,在资金短缺的情况下也能使用设备;

(2) 可加快设备更新,避免技术落后的风险;

(3) 可获得良好的技术服务,提高设备的利用率,减少维修使用人员的配备和维修费用的支出;

(4) 可缩短企业建设时间,争取早日投产;

(5) 租赁方式手续简便,到货迅速,有利于经济核算;

(6) 可避免通货膨胀的冲击,减少投资风险。

但是,租赁方式也有不足之处,主要表现在:

(1) 承租人对租用设备只有使用权,没有所有权,所以不能对设备进行处置,如抵押贷款等;

(2) 租赁设备的总费用要比购置设备的总费用高,特别是在经营效果不佳的情况下,支付租金可能成为沉重的负担;

(3) 租赁合同规定严格,毁约要赔偿损失、罚款较多。

由于租赁设备有利有弊,所以租赁设备前应进行经济分析。

设备租赁的方式主要有以下两种:

(1) 经营租赁(Operating Lease)。又称运行租赁,是一种传统的设备租赁方式,由出租方根据承租方的需要,与承租方签订租赁合同,在合同期内将设备有偿交给承租方,承租方按合同规定向出租方支付租赁费的一种租赁业务。临时使用的设备(如车辆、电子计算机和仪器等)通常采取这种方式。

(2) 融资租赁(Financial Lease),又称金融租赁或资本租赁,由出租方代其购入所需设备,然后再出租给承租方使用的一种租赁方式,是一种融资和融物相结合的租赁方式。在大多数情况下,出租方在租期内分期回收全部成本、利息和利润,租赁期满后,出租方通过收取名义货价的形式,将租赁物件的所有权转移给承租人。

8.4.2 设备租赁的选型原则

租赁设备的选型原则包括:

(1) 机型的先进性:租赁设备必须具有性能优、生产率高、工作好的特性。租用设备的效率、作业质量同工程规模、生产任务相匹配,并保证有充分的余量;

(2) 租金的经济性:租金低或费用效率高,对企业经济效益具有促进作用;

(3) 配套适用性:租用机械不仅要与工程施工中各工序用机械品种相配套,还要在性能上彼此适应,避免浪费;

(4) 工作的可靠性:正常工作时间和施工条件下,无故障运转时间越长,完成工作量越多,则相应的可靠程度越高;

(5) 节能环保性:节能型机械油耗少,能源利用率及热效率较高,要求设备的噪声及排放"三废"项目符合国家标准,不干扰和污染周围环境;

(6) 工作的灵活性:机械的灵活性,主要体现在无论工作对象变化与否,机械对燃油、润滑油、施工对象要求不严格,通用性强,在效能同等的条件下,租用设备尽可能小型化,以便工地随时调度；

（7）易维修、好保养：设备维修的难易程度直接影响设备的出勤率，维修性好的设备一般结构设计合理，零部件通用化和标准化，互换性强。

8.4.3 设备租赁的经济分析

设备租赁的经济分析是对设备租赁和设备购置进行经济比较和选择，也是互斥方案选择问题，一般要考虑资金的时间价值。如果设备寿命期相同，可以选用净现值或者费用年值指标进行比选；如果设备寿命期不同，则建议选用费用年值指标开展比较。

如采用经营租赁，其租赁费不仅有租金支出，还有租赁期内设备的正常运行成本，以及要考虑租金和年运行成本的抵税额；如果采用融资租赁，除了考虑以上因素，还要注意设备折旧的抵税作用。

购买设备也要考虑设备运行成本和折旧的抵税作用。若是用借款资金购置设备，则要以贷款利率作为决策时的贴现率，同时不能忽略利息支出的抵税作用。

1) 费用年值法

当采用租赁设备时，租赁费直接计入成本，其净现金流量为：

净现金流量＝销售收入－经营成本－租赁费－（销售收入－经营成本－租赁费）×税率

而在相同条件下购置设备的净现金流量为：

净现金流量＝销售收入－经营成本－设备购置费－（销售收入－经营成本－折旧）×税率

从以上两式可以看出，当租赁费用的现值与购置费用相等时，区别仅在于税金的大小。当采用直线折旧法时，一般租赁费用要高于折旧费用，因此所付税金较少，对企业有利。

【例 8.6】 某企业需要一台设备，其购置费为 20 000 元，使用寿命为 10 年，期末残值为 2 500 元。这种设备也可租赁得到，每年租赁费为 2 500 元，年运行费用是 1 200 元。政府规定的所得税率为 25%，采用直线折旧法，设 $i_c=10\%$，试问企业采用哪种方案有利？

解：设备的年折旧费：(20 000－2 500)/10＝1 750（元）

若企业采用购置方案，年折旧费 1 750 元计入总成本，而租赁方案每年 2 500 元计入总成本，因此，前者税金少付(2 500－1 750)×25%＝187.5（元）。

采用年值法，购买设备的年成本为：

$$AC_1 = 20\ 000 \times (A/P, 10\%, 10) - 2\ 500 \times (A/F, 10\%, 10) + 1\ 200 = 4\ 297.25(元)$$

租赁设备的年成本为：

$$AC_2 = 2\ 500 + 1\ 200 + 187.5 = 3\ 887.5(元)$$

$AC_2 < AC_1$，宜采用租赁设备。

2）净现值法

【例 8.7】 某建筑施工企业急需一台新型专用设备,现有经营租赁和贷款购买两个备选方案。若采用经营租赁方案,租期 3 年,每年租赁费为 42 000 元,每年维修费为 3 000 元;若采用贷款购买方案,设备购买价为 120 000 元,需要向银行贷款,银行贷款年利率为 12％,每年末等额归还本金并支付当年利息,设备购入后预计可使用 3 年,每年维修费为 2 500 元,3 年后预计净残值收入为 9 000 元。企业以年限平均法计提折旧,企业所得税税率为 25％。请决定设备应采用经营租赁方案还是贷款购买方案。

解:租赁或购买的设备给企业带来的收入相同,故仅需比较两个方案的现金流出量。无论租赁还是购买,应注意考虑对所得税的递减额。租赁或购买设备的寿命相同,故既可用净现值也可用净年成本指标。

首先,计算经营租赁设备的现金流量。已知年租金为 42 000 元,年维修费用为 3 000 元,那么

年抵减所得税额＝(42 000＋3 000)×25％＝11 250(元)

年净现金流出＝42 000＋3 000－11 250＝33 750(元)

净现值 NPV_1＝33 750×$(P/A,12\%,3)$＝81 060.75(元)

其次,计算贷款购买设备的现金流量,具体计算如表 8.7 所示。

表 8.7 例 8.7 计算表　　　　　　　　　　　　　　单位:元

年末	贷款余额(1)	还款额			维修费(5)	年折旧(6)	抵减所得税(7)	年净现金流(8)
		还本(2)	付息(3)	合计(4)				
0	120 000							
1	80 000	40 000	14 400	54 400	2 500	37 000	13 475	43 425
2	40 000	40 000	9 600	49 600	2 500	37 000	12 275	39 825
3		40 000	4 800	44 800	2 500	37 000	11 075	36 225

注:表中(7)＝[(3)＋(5)＋(6)]×25％,(8)＝(4)＋(5)－(7)。

净现值 NPV_2＝43 425×$(P/F,12\%,1)$＋39 825×$(P/F,12\%,2)$＋36 225×$(P/F,12\%,3)$－9 000×$(P/F,12\%,3)$＝89 901(元)

设备采用经营租赁方案比采用贷款购买方案的现金流出量的净现值少 8 840.25 元(89 901－81 060.75),故企业应采用经营租赁方案。

━━━━━━━ 数字资源 ━━━━━━━

8-13 测试

本节测验题

习题

1. 施工设备的全寿命周期费用包括哪三类？每一类又分别包括哪些费用项目？

2. 施工设备选型的综合效益包括经济效益、社会效益和环境效益，从你的角度来看，你觉得哪一个是最重要的？请说明理由。

3. 某建筑公司拟采购一套钢筋加工设备，购置费用为 80 000 元，估计可用 6 年，各年的年度使用费及年末残值见表 8.8 所示，$i_c=10\%$，试在不考虑资金时间价值情况下，计算设备的经济寿命及对应的年平均使用费（计算结果保留整数）。

表 8.8 钢筋加工设备的年度使用费及残值 单位：元

寿命期	1	2	3	4	5	6
年度使用费用	8 000	10 000	12 000	15 000	20 000	25 000
年末估计残值	50 000	45 000	35 000	24 000	15 000	5 000

4. 某企业现有一台市场残值为 5 000 元的设备，该设备是 5 年前花费 30 000 元购置的，目前考虑更新。若继续使用该设备 3 年，第一年度的使用费为 6 000 元，第二年度的使用费为 8 000 元，第三年度的使用费为 10 000 元。设备残值也会随使用年限逐渐贬值，每使用一年贬值 1 000 元。若购买一台崭新的同款设备，购置费为 40 000 元，年度使用费为 2 000 元，经济寿命为 8 年，8 年末的残值为 5 000 元。假设施工企业的基准收益率为 10%。（计算结果保留整数）

(1) 现有的设备是否应该更换？为什么？

(2) 如果更换，何时更换最经济？

5. 某施工单位需要一台施工设备，使用期为 10 年。若采用购买方案，购置费为 10 万元，年运行费用是 1.2 万元，采用年限法平均折旧，无残值；若采用租赁方案，每年租金为 1.7 万元，年运行费用也是 1.2 万元。若所得税税率为 25%，$i_c=10\%$，请决定应采用购买方案还是租赁方案。

9 价值工程原理

价值工程是第二次世界大战以后发展起来的一种现代化的科学管理技术和一种新的技术经济分析方法。它通过研究产品、服务、工程项目或系统的功能与成本之间的关系,来改进产品、服务、工程项目或系统,以提高其经济效益。它不仅广泛应用于产品设计和产品开发,而且应用于各种建设项目,甚至应用于组织机构的改革。本章从价值工程的概念出发,介绍了价值工程分析的基本思路和工作程序,以及价值工程对象选择和功能分析的方法。

9.1 价值工程的概念

价值工程(Value Engineering,VE),也称为价值分析(Value Analysis,VA)或价值管理(Value Management,VM),它于20世纪40年代末起源于美国。1947年美国通用电气公司设计工程师迈尔斯(L. D. Miles)主持采购部门的工作,当时敷设仓库用的石棉板缺乏,专家会议认为可以使用代用品,从而引起了他对产品功能的研究的兴趣。迈尔斯考虑,这种材料的功能是什么?能否用代用材料?能否在现有人力、物力资源条件下或通过其他途径来获得同样的功能?迈尔斯对产品的功能、费用与价值进行了深入的系统研究,形成了以最小成本提供必要功能且获得较大价值的科学方法,并以"价值分析"为题公开发表,价值工程正式产生。

推行价值分析带来了显著的经济效果,引起美国各部门的注意,1955年空军在物资器材供应和制造技术方面采用价值分析;1956年价值分析扩大到民间的造船业。据统计,从1964—1972年间,美国国防部由于推行价值分析所节约的资金额在10亿美元以上。

世界各工业国也迅速地推广价值工程方法。1955年日本引进了价值工程,1960年大量推行。开始时,以重型电机、汽车等行业为中心,到20世纪70年代,价值工程的应用已扩展到钢铁、设备制造等产业部门。1968年价值工程引进到日本建设业,并在造船、车辆和机械等行业中应用。

从材料代用开始,逐渐发展到改进产品设计、改进工艺、改进生产等领域,价值工程正被大量推广应用,在建筑工程领域内也被广泛采用。近年来,世界各先进国家住宅功能项目的开发和成本信息现代体系的建立,都有利于价值工程方法在建设领域中的应用。

价值工程与一般的投资决策理论不同,一般的投资决策理论研究的是项目的投资效果,强调项目的可行性,而价值工程研究的是功能与成本之间的关系,强调功能分析,以功能分析和功能改进为研究目标。

价值工程是从科研、设计、生产、准备、试制新产品的生产过程之前进行的分析,是事前分析。它是以提高产品(或服务)价值和有效利用资源为目的,通过分析产品(或服务)的功能与成本的关系,力求以最低的寿命周期成本实现产品(或服务)的必要功能的一种有组织的技术经济活动。价值工程中"工程"的含义是指为实现提高价值的目标,所进行的一系列分析研究活动。价值工程中的"价值"也是一个相对的概念,是指作为某种产品(或服务)所具有的功能与获得该功能的全部费用的比值。它不是对象的使用价值,也不是对象的交换价值,而是对象的比较价值,是作为评价事物有效程度的一种尺度。其定义可用公式表示为:

$$价值(\text{Value}) = \frac{功能(\text{Function})}{成本(\text{Cost})}$$

通常写为:

$$V = \frac{F}{C} \tag{9.1}$$

1) 价值

价值工程中的"价值"一词的含义不同于政治经济学中的价值概念,它类似于生活中常说的"合算不合算"和"值不值"的意思。人们对于同一事物有不同的利益、需要和目的,对于同一事物的"价值"会有不同的认识。例如,大多数人对手机"价值"的认识是把它作为一种通信工具,而追求时尚的人则把一款新颖漂亮的手机作为一种时尚和饰物。可以说,"价值"是事物与主体之间的一种关系,属于事物的外部联系,表现为客体的功能与主体的需要之间的一种满足关系。

2) 功能

功能是指分析对象的用途、功效或作用,它是产品的某种属性,是产品对于人们的某种需要的满足能力和程度。产品或零件的功能通过设计技术和生产技术得以实现,并凝聚了设计与生产技术的先进性和合理性。功能可分为以下几类:

(1) 按功能重要程度可分为基本功能与辅助功能。基本功能是指产品必不可少的功能,决定了产品的主要用途。辅助功能是基本功能外的附加功能,可以根据用户的需要进行增减。如手机的基本功能是无线通信,辅助功能则有无线数据传接(短信)、计时、来电显示、电子数据记录等。

(2) 按功能的用途可分为使用功能与美学功能。使用功能反映产品的物质属性,促使产品、人及外界之间发生能量和物质的交流,是动态的功能。使用功能通过产品的基本功能和辅助功能而得以实现。美学功能反映产品的精神和艺术属性,是人对产品所产生的一种内在的精神感受,是静态的功能。如手机的使用功能有上面所述的无线通信、数据传送等,美学功能则体现手机体型、色彩和装饰性。

(3) 按用户需求可分为必要功能与不必要功能。必要功能是用户需要的功能,不必要功能是指用户不需要的功能。功能是否必要,是视产品的目标对象(消费群体)而言的。如手机的数码摄像功能,对追求时尚的年轻人来说是必要的,而对一些年长的中老年用户来说则可能是不必要的功能。

(4) 按功能的强度可分为过剩功能与不足功能。过剩功能是指虽属必要功能,但功能除满足用户的需要外又有富余,功能强度超过了该产品所面对的消费群体对功能的需求。例如,手机的数码摄像功能对许多年轻的消费者来说,是必要的功能,但如果把摄像的像素配置得很高,可能就成为过剩功能了。不足功能是相对于过剩功能而言的,表现为整体或部件功能水平低于用户需求的水平,不能满足用户的需要。

3) 成本

成本是指实现分析对象功能所需要的费用,是在满足功能要求条件下的制造生产技术和维持使用技术(这里的技术是指广义的技术,包括工具、材料和技能等)的耗费支出。"价值工程"中的成本包括三个方面的内容。

(1) 寿命周期成本

价值工程中所指的成本,通常是指产品寿命周期成本。从社会角度来看,产品寿命周期成本最小的产品方案是最经济方案。对于消费者而言,要使其所购商品的价值最大化,就是在实现同等功能的前提下,商品寿命周期成本最低。即一些品质较高的产品,尽管售价可能会高些,但在使用过程中,其维护修理次数及成本可能会较低,整个寿命周期成本较小。所以,尽管消费者原则上都趋向选择价格低廉的产品,但由于信息不对称的原因,对于复杂的商品消费者往往宁愿付出更高的购价,选择购买知名品牌或企业的产品,以使得商品的寿命周期成本最低。对于目标是长远发展的企业来说,应该注重产品的寿命周期成本。企业现代生产经营理念之一的"顾客价值最大化",与"价值工程"思想殊途同归,说到底都是"价廉物美"。

(2) 功能现实成本

功能现实成本指目前实现功能的实际成本。在计算功能现实成本时,需要将产品或零部件的现实成本转换成功能的现实成本。当产品的一项功能与一个零部件之间是"一对一"的关系,即一项功能通过一个零部件得以实现,并且该零件只有一项这样的功能,则功能成本就等于零部件成本;当一个零部件具有多项功能或者与多项功能有关时,则应将零部件的成本分摊到相应的各个功能上;当一项功能是由多个零部件提供的,其功能成本是各相关零部件分摊到该功能上的成本之和。

(3) 功能目标成本

功能目标成本是指可靠地实现用户要求功能的最低成本。通常,根据国内外先进水平或市场竞争的价格,确定实现用户功能需求的产品最低成本(企业的预期成本或理想成本等),再根据各功能的重要程度(重要性系数),将产品的成本分摊到各功能,则得到功能目标成本。

9.2 价值分析的基本思路

一般来说,产品的寿命周期成本由设计、生产成本和使用、维护成本组成。在一定范围内,产品的设计、生产成本和使用、维护成本存在此消彼长的关系。设计、生产成本是随着产品功能强度(包括功能数量和功能的效果)的提高而不断增加的,产品的使用、维护成本则是随着功能强度的提高而降低的,由两类成本组成的寿命周期成本存在一个最低点,这是成本与功能的均衡点,是价值工程工作的目标。图 9.1 表明了产品寿命周期成本,设计、生产成本,使用、维护成本之间的相互关系,称为"功能-成本"特性曲线。价值中的成本与功能之间的关系指出了价值分析的基本思路。

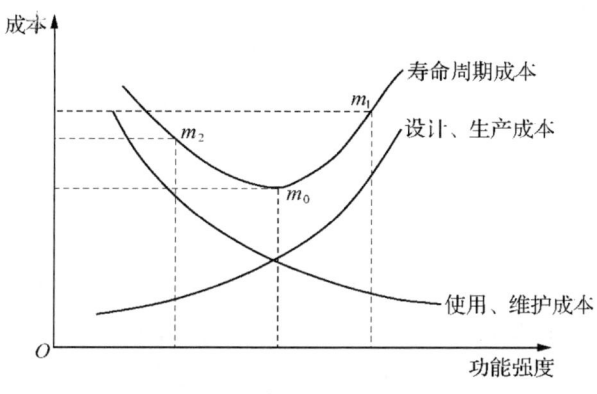

图 9.1 功能-成本关系图

1) 价值工程的目标是提高产品的价值

价值工程是以提高产品的价值为目标,这是用户的需要,也是企业追求的目标。价值工程的特点之一,就是价值分析并不单纯追求降低成本,也不片面追求较高功能,而是追求 F/C 的比值的提高,追求产品功能与成本之间的最佳匹配关系。即以最低的寿命周期成本,使产品具备它所必须具备的功能。

从价值的定义及表达式可以看出,提高产品价值的途径有五种,如表 9.1 所示。

表 9.1 提高价值的途径

类型	项目		备注
	功能 F	成本 C	
1	不变	降低	节约型
2	提高	不变	改进型
3	大幅提高	略提高	投资型
4	略降低	大幅降低	牺牲型
5	提高	降低	理想型

如图 9.1 所示,若采取一定的技术措施,使功能成本点从 m_2 移到了 m_0,则既提高了

功能又降低了成本,属于第五种途径;当由 m_0 移到 m_1,也能提高功能,但增加了成本。

总之,在产品形成的各个阶段都可以应用价值工程提高产品的价值。但在不同的阶段进行价值工程活动,其经济效果的提高幅度却是大不相同的:对于大型复杂的产品,应用价值工程的重点是在产品的研究设计阶段,一旦图纸已经设计完成并投产,产品的价值就基本决定了,这时再进行价值工程分析就变得更加复杂,不仅原来的许多工作成果要付诸东流,而且改变生产工艺、设备工具等可能会造成很大的浪费,使价值工程活动的技术经济效果大大下降。因此,价值工程活动更侧重在产品的研制与设计阶段,以寻求技术突破,取得最佳的综合效果。在建设项目中价值工程也主要应用在规划和设计阶段,因为这两个阶段是提高建设项目经济效果的关键环节。

2) 价值工程的核心是对产品进行功能分析

功能是产品的本质特征。用户购买产品主要是购买产品的功能,以满足其需求。产品若不具备必要的功能就不称其为可销售的产品。功能是产品的出发点,应该成为认真研究的对象。

功能分析就是通过分析产品资料,正确表达产品的功能,明确功能特性要求,从而弄清产品与部件各功能之间的关系,去掉不合理的功能,使产品功能结构更合理。从"功能-成本"关系图可以看出,提高产品价值有两条思路:一是从功能出发;二是从成本出发。从成本出发,并不是成本管理中的降低成本的含义,而是通过功能分析,通过方案代换,在保证功能的基础上,实现成本的降低。所以,功能分析是价值工程的核心。

功能分析的主要工作,一是区分产品的基本功能和辅助功能、使用功能和美学功能;二是在满足产品特定用户需求的同时,保证基本功能,合理选择辅助功能,取消不必要的功能和过剩功能,从而降低产品的成本,或者是增加产品的辅助功能,弥补和改进产品不足的使用功能,尤其是主要功能,从而使产品的功能得到大幅度提高,并使产品的价值也得到提高。

3) 价值工程是以集体的智慧开展的有计划、有组织的管理活动

价值工程是贯穿于产品整个寿命周期的系统的方法。从产品设计、材料选购、生产制造、交付使用,都涉及价值工程的内容。价值工程尤其强调创造性活动,只有创造才能突破原有设计水平,开拓新构思和新途径,获得新方案,创造新功能载体,从而简化产品结构,大幅度提高产品性能,降低生产成本,提高产品的技术经济效益。因此,团队的知识、经验对价值工程工作十分重要,并且只能在有组织的条件下,才能充分发挥团队的集体智慧。所以,价值工程工作通常是成立价值工程小组,组织产品寿命周期各阶段有经验的人员参加,以团队方式来开展。例如,在美国土木工程领域的价值工程活动通常是成立一个由各方面的的专家(如建筑师、结构工程师、机电工程师与机械工程师等)组成价值工程小组进行价值工程活动,并由一个来自咨询机构的价值工程专家(称之为价值工程促进员)组织和领导。

数字资源

9-1 微视频　价值工程的基本概念及内涵

9-2 测试　本节测验题

9.3　价值工程的工作程序与方法

价值工程的工作程序，实质就是针对产品的功能和成本提出问题、分析问题、解决问题的过程，可分为准备阶段、分析阶段、创新阶段、实施阶段四个阶段。其中，准备阶段的主要工作是选择价值工程对象；分析阶段的主要工作是进行功能成本分析；创新阶段的主要工作是进行方案创新设计以及方案评价。实施阶段的主要工作是对创新阶段选出的方案实施情况反馈信息，总结改进。各阶段的具体工作内容见表9.2所示。价值工程前三个阶段的主要工作（见9.4、9.5、9.6节）构成了价值工程分析的基本框架。

表9.2　价值工程各阶段工作内容

阶段	步骤	说明	解答的主要问题
准备阶段	1. 对象选择 2. 组成价值工程小组 3. 制定工作计划	1. 应明确目标、限制条件和分析范围 2. 由项目负责人、价值工程咨询专家、专业技术人员等组成 3. 确定具体执行人，执行日期，工作目标	1. 价值工程的对象是什么？
分析阶段	4. 收集整理信息资料 5. 功能系统分析 6. 功能评价	4. 贯穿于价值工程工作的全过程 5. 明确功能特性要求，绘制功能系统图 6. 确定目标成本，确定功能改进区域	2. 产品的作用，功能如何？ 3. 产品成本是多少？ 4. 产品的价值如何？
创新阶段	7. 方案创新 8. 方案评价 9. 提案编写	7. 提出各种不同的实现功能的方案 8. 从技术、经济和社会等方面综合评价各方案达到预定目标的可行性 9. 将选出的方案及有关资料编写成册	5. 有无实现同样功能的新方案？ 6. 新方案的成本是多少？ 7. 新方案能满足要求吗？还能继续改进吗？
实施阶段	10. 审批 11. 实施与检查 12. 成果鉴定	10. 委托单位或主管部门组织进行 11. 制定实施计划，组织实施并跟踪检查 12. 对实施后取得的技术经济效果进行成果鉴定	8. 新方案实施效果如何？

9.4　价值工程对象的选择

开展价值工程活动首先要明确其研究对象是什么，因为在生产、建设中技术经济问题是很多的,涉及的范围也很广。在一个企业或项目中,并不是对所有产品都进行价值分析;对一个产品来说,也不是把所有零部件功能都做价值分析。价值工程对象的选择过程就是收缩研究范围的过程。价值工程对象的选择是指在众多的产品、零部件中,从总体上选择价值分析的对象,为后续深入的价值工程活动选择工作对象。如果价值工程对象确定得当,其工作可事半功倍;确定不当,可能劳而无功。常用的选择方法有以下几种:

1) 因素分析法

因素分析法,又称经验分析法,即由价值工程小组成员根据专家经验,对影响因素进行综合分析,确定功能与成本配置不合理的产品或零部件,作为价值工程的对象。这是一种定性的方法。

为了提高产品的价值,价值工程对象的选择主要根据企业的发展方向、市场预测、用户反映、存在问题、薄弱环节及提高劳动生产率、提高质量、降低成本等方面系统考虑。选择的原则是:

（1）从设计方面看,对结构复杂、性能差或技术指标低、体积和重量大的产品或零部件进行价值工程活动,可使产品结构、性能、技术水平得到优化,从而提高价值;

（2）从施工生产方面看,对量大面广、工序繁琐、工艺复杂、原材料和能源消耗大且价格高并有可能替换的或废品率高的产品或零部件,进行价值工程活动,可以以最低的寿命周期成本可靠地实现必要功能;

（3）从经营和管理方面看,选择用户意见多的、销路不畅的、系统配套差的、利润率低的、市场竞争激烈的、社会需求量大的、发展前景好的或新开发的产品或零部件,进行价值工程活动,以赢得消费者的认同,占领更大的市场份额;

（4）从成本方面看,选择成本高或成本比重大的产品或零部件,进行价值工程活动可降低成本。

【例 9.1】 对某居住区开发设计方案进行价值工程分析时,根据专家经验,该地区的多层住宅建筑工程造价在 750~800 元/m² 之间,如果某设计方案的造价估算超过太多,就可选择其作为价值工程的对象。

2) ABC(Activity Based Classification)分析法

ABC 分析法是一种定量分析方法,它来源于帕累托分析法。意大利经济学家在研究个人收入的分布状态时,发现少数人的收入占全部人收入的大部分,而多数人的收入却只占一小部分,他将这一关系用图表示出来,就是著名的帕累托图。后来,帕累托分析法被不断应用于管理的各个方面。1951 年,管理学家戴克将其应用于库存管理,命名为 ABC 分析法。

ABC 分析法是根据事物在技术或经济方面的主要特征,进行分类排队,分清重点和一般,从而有区别地确定管理方式的一种分析方法。它是根据客观事物中普遍存在的不均匀分布规律,将其分为"关键的少数"和"次要的多数",以对象数占总数的百分比为横坐标,以对象成本占总成本的百分比为纵坐标,绘制曲线分析图,如图 9.2 所示。

ABC法将全体对象分为A,B,C三类,A类对象的数目较小,一般只占总数的10%～20%,但成本比重占70%左右;B类对象一般占40%左右,其成本比重占20%左右;C类对象占40%左右,其成本比重占10%左右。显然A类对象是关键少数,应作为价值工程的对象;C类对象是次要多数,可不加分析;B类对象则视情况予以选择,可只做一般分析。

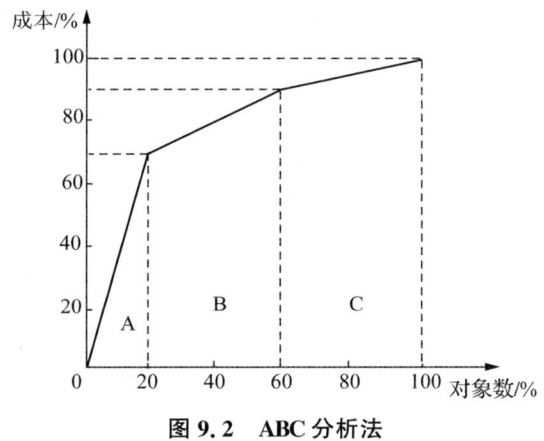

图9.2 ABC分析法

【例9.2】 某厂计划对该厂生产的某型号异步电动机开展价值工程活动,对每个零部件的成本进行分析,根据相关数据,发现44种零部件中有4种零部件(定子线圈、转子冲片、定子冲片、滑盖)的成本占总成本的71.47%,为A类零部件;基座、轴承内盖等12种零部件的成本约占总成本的20%,为B类零部件;垫圈等28种零部件的成本约占总成本的8.53%,为C类零部件。由此,从44种零部件中选出4种作为价值工程的对象。

3) 百分比分析法

百分比分析法是通过计算不同产品、不同零部件的各类技术经济指标进行比较选择,确定价值工程的对象。不同产品之间可选择成本利润率或产值资源消耗率等指标,同一产品零部件之间可选择成本所占百分比等指标。

【例9.3】 某企业生产四种产品,其成本和利润所占百分比如表9.3所示。

表9.3 例9.3成本和利润百分比表

产品名称	A	B	C	D	合计
成本比重/%	45.5	27.2	18.2	9.1	100
利润比重/%	46	20	24	10	100
利润成本比	1.01	0.74	1.32	1.10	

从表中计算结果可知,B产品利润成本比最低,应选为价值工程对象。

4) 价值指数法

该方法主要适用于从系列产品或同一产品的零部件中选择价值工程的对象,依据 $V=F/C$ 计算出每个产品或零部件的价值指数进行比较选择。对于产品系列,可直接采用功能值与产品成本计算出的价值指数,以价值指数小的产品作为价值工程对象。对于同一产品的零部件的选择方法参见 9.5 节中的相关内容。

【例 9.4】 某成片开发的居住区,提出了几种类型的单体住宅的初步设计方案,各方案单体住宅的居住面积及相应概算造价如表 9.4 所示,试选择价值工程的研究对象。

表 9.4 例 9.4 方案数据表

方案	A	B	C	D	E	F	G
功能:单体住宅居住面积/m²	9 900	3 500	3 200	5 500	8 000	7 000	4 500
成本:概算造价/万元	1 100	330	326	610	1 000	660	400
价值指数:$V=F/C$	9.00	10.61	9.82	9.02	8.00	10.61	11.25

根据价值指数计算结果,可知 A、D、E 方案价值指数明显偏低,应选为价值工程的研究对象。

上述方法在实际工作中可以综合应用,一般可先根据经验分析法进行初步的选定,再根据定量方法进行确定。

9.5 功能分析

价值工程对象确定后,需要收集开展价值工程所需的各方面的信息资料,包括产品、企业、市场、用户、技术经济指标、环境等。信息资料是价值工程实施过程中进行分析、比较、评价和决策的依据。如果没有信息资料或信息资料不可靠、不详尽、不及时,价值工程活动就无法进行。收集的信息资料一般需加以分析、整理,剔除无效资料,使用有效资料,在此基础上,进行功能分析。

9.5.1 功能定义

任何产品都具有使用价值,即任何产品的存在是由于它们具有能满足用户所需求的特有功能,这是存在于产品中的一种本质。人们购买产品的实质是为了获得产品的功能。

进行功能分析时首先要给功能下定义。功能定义就是根据收集到的信息资料,透过对象产品或部件的物理特征(或现象),找出其效用或功用的本质东西,并逐项加以区分和规定,用简洁、准确、抽象的语言描述出来。这里要求描述的是产品的"功能",而不是对象的结构、外形或材质。因此,功能定义的过程就是解剖分析的过程,如图 9.3 所示。

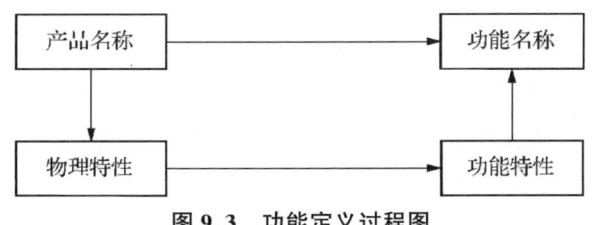

图 9.3　功能定义过程图

功能定义要注意以下几点：

(1) 简洁。多用"动词＋名词"形式，如道路功能定义为"提高通行能力"，路面功能定义为"增大摩擦系数"。

(2) 准确。使用词汇要反映功能的本质，并要求对用户的需求进行定量化，以表明功能的大小，如"提高通行能力至××万辆"。

(3) 抽象。以不违反准确性原则为度，如路面功能定义为"提高强度"，并未注明采用何种方法提高强度，这有助于开阔思路。

(4) 全面。可参照产品的结构从上到下，从主到次，顺序分析定义。注意功能与零部件之间是"一对一"的关系，还是"一对多"，或"多对多"的关系。

9.5.2　功能整理

功能整理就是用系统的观点将已经定义了的功能加以系统化，找出功能之间的逻辑关系，对功能进行分析归类，画出反映功能关系的功能系统图。通过功能整理分析，弄清哪些功能是基本的，哪些功能是辅助的，哪些功能是必要的，哪些功能是不必要的，哪些功能是需要加强的，哪些功能属于过剩的，从而为功能评价和方案构思提供依据。

功能整理的工作步骤如下：

1) 明确产品各功能（基本功能、辅助功能等）

将定义好的功能逐个填写卡片，每张卡片上只填写一个零部件的一种功能。有些功能是由多个零部件提供的，因此必然存在功能定义相同而零部件名称不同的功能卡片，应将这些功能卡片集中形成卡片组。明确其中的基本功能，并搞清楚这些基本功能是通过什么功能实现的。检查功能定义的准确程度，定义正确的就肯定下来，不正确的加以修改，遗漏的加以补充，不必要的就取消。

2) 明确各功能之间的相互关系

产品中各功能之间都是相互配合、相互联系的，都在为实现产品的整体功能而发挥各自的作用。因此，要明确各功能相互之间的逻辑关系。通过提问"为什么需要这样的功能""用什么方法实现这一功能"等问题，依次追寻每一功能的目的和手段，这样便把一组功能按目的、手段的逻辑关系联系起来，形成一个功能序列。

各功能之间的逻辑关系包括以下两种：

(1) 上下位关系。上位功能又称为目的功能，下位功能又称为手段功能。这种关系是功能之间存在的目的与手段的关系。

（2）同位关系。又称为并列关系，指同一上位功能下，有若干个并列的下位功能。

3）绘制功能系统图

功能整理的主要任务就是建立功能系统图。功能系统图是按照一定的原则方式，将定义的功能连接起来，从单个到局部，从局部到整体形成的一个完整的功能体系，是产品的设计构思。它通常从整体功能 F 出发，由左向右按树状结构逐级展开，将功能之间的上下位关系和并列关系排列出来，如图 9.4 所示。

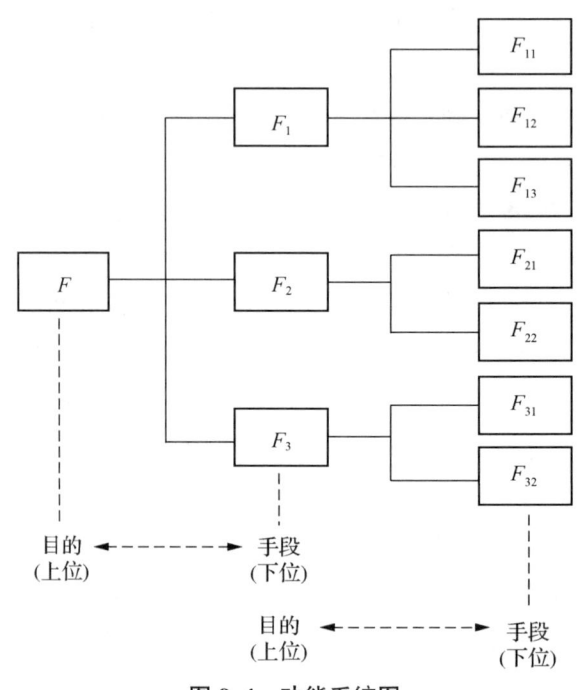

图 9.4　功能系统图

对建立的功能系统图还可以通过提问"能否去掉这个功能""该功能能否满足用户的需求""有无实现该功能的新方法"等问题，进一步优化改进功能系统图，形成一个适应用户功能需求的、没有不必要功能的最终功能系统图。如图 9.5 为平屋盖结构的功能系统图。

4）功能计量

功能计量以功能系统图为基础，依据各功能之间的关系，以对象整体功能定量为出发点，由左向右逐级分析测算，定出各功能的数量指标，揭示各级功能有无不足或过剩，从而在保证必要功能的基础上剔除过剩功能，补足不足功能。如图 9.5 中的"承受荷载"的大小、"保温隔热"的"传阻热"指标值等。

功能计量分为整体功能的量化和对各级子功能的量化。

（1）整体功能的量化。它是各级子功能量化的依据，是以用户的合理要求为出发点，确定其必要功能的数量标准，以保证无过剩功能或不足功能。

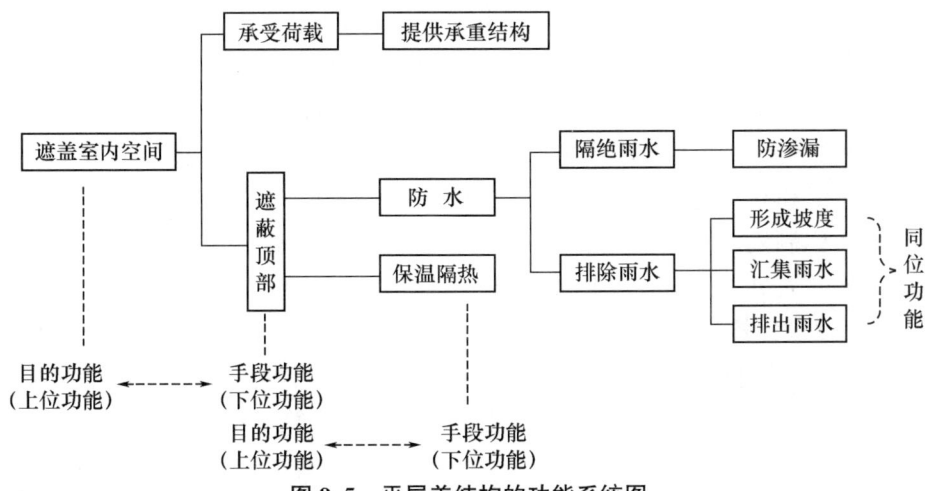

图 9.5 平屋盖结构的功能系统图

(2) 各级子功能的量化。整体功能数量标准确定后,可根据"手段功能满足目的功能"的原则,依据"目的—手段"的逻辑关系,由上而下逐级推算,测定各级手段功能的数量标准。

9.5.3 功能评价

功能评价是在功能定义和功能整理完成之后,在已定性确定问题的基础上进一步作定量的确定,即评定功能的价值。

价值工程的成本有两种:一种是现实成本,即目前的实际成本;另一种是目标成本。功能评价就是找出实现功能的最低费用作为功能的目标成本,以功能目标成本为基准,通过与功能现实成本的比较,求出两者的比值和两者的差异值,然后选择功能价值低、改善期望值大的功能作为价值工程活动的重点对象。功能评价过程如图 9.6 所示。

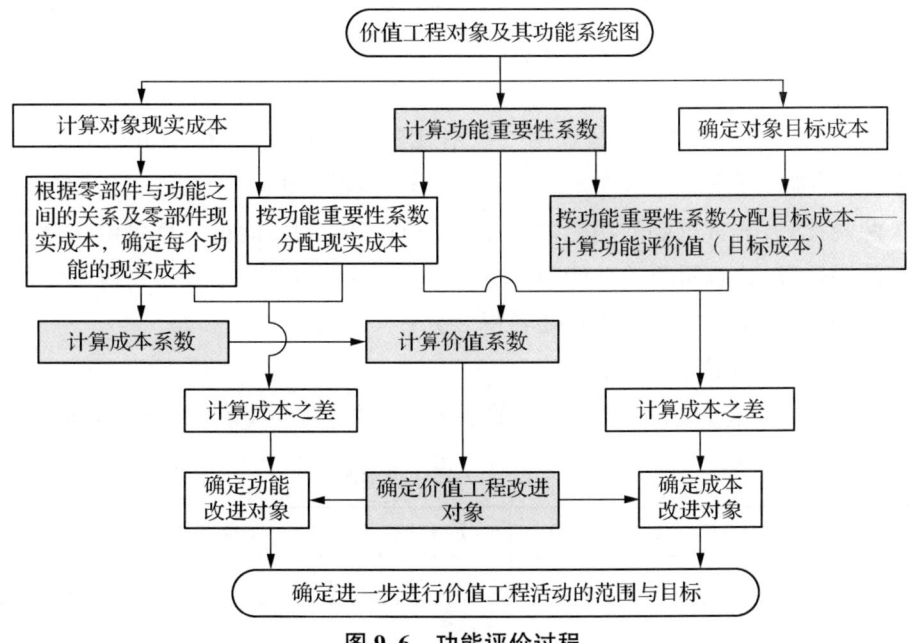

图 9.6 功能评价过程

1) 确定功能重要性系数(功能评价系数、功能系数)

功能重要性系数,或称为功能评价系数或功能系数,是从用户需求的角度确定产品或零部件中各功能重要性之间的比例关系。确定方法有强制确定法、直接打分法、多比例评分法、环比评分法和逻辑评分法等,这里主要介绍强制确定(Forced Decision,FD)法,包括0—1法和0—4法两种。

(1) 0—1强制确定法

由每一参评人员对各功能按其重要性一对一地比较,重要的得1分,不重要的得0分(表9.5)。逐次比较后,求出各功能重要性的功能得分。为避免出现功能系数为0的情况,可对功能得分进行修正,再按式(9.2)求出该参评人员评定的各功能的功能重要性系数。然后,计算所有参评人员评定的功能重要性系数的算术平均值或加权平均值作为各功能最终的功能重要性系数。

$$功能重要性系数 = \frac{某功能的功能得分}{所有功能的功能得分总分} \tag{9.2}$$

表9.5　0—1 FD法示例

功能	A	B	C	D	E	F	功能得分	修正得分	功能重要性系数
A	×	1	1	0	1	1	4	5	0.238
B	0	×	0	0	1	1	2	3	0.143
C	0	1	×	0	1	1	3	4	0.190
D	1	1	1	×	1	1	5	6	0.286
E	0	0	0	0	×	0	0	1	0.048
F	0	0	0	0	1	×	1	2	0.095
合 计							15	21	1

(2) 0—4强制确定法

0—4法和0—1法类似,也是采用一一对比的方法进行评分,但分值分为更多的级别,更能反映功能重要程度的差异(表9.6)。其评分规则如下:

(1) 两两比较,非常重要的功能得4分,另一个相比的功能很不重要得0分;
(2) 两两比较,比较重要的功能得3分,另一个相比的功能不太重要得1分;
(3) 两两比较,两个功能同等重要各得2分;
(4) 自身对比,不得分。

各参评人员的功能重要性系数和最终的各功能的功能重要性系数计算方法同0—1法。

表9.6　0—4FD法示例

功能	A	B	C	D	E	F	功能得分	功能重要度系数
A	×	2	3	2	4	3	14	0.233

续表

功能	A	B	C	D	E	F	功能得分	功能重要度系数
B	2	×	1	1	3	2	9	0.150
C	1	3	×	1	3	3	11	0.183
D	2	3	3	×	4	4	16	0.267
E	0	1	1	0	×	2	4	0.067
F	1	2	1	0	2	×	6	0.100
合计							60	1

2) 确定成本系数

成本系数按功能实际成本进行计算。功能实际成本与传统的成本核算不同之处在于：功能实际成本是以功能对象为单位，而传统的成本核算是以产品和部件为单位。进行功能分析时，需要以产品或部件的实际成本为基础，对其进行分解或汇总，从而得到某一功能的功能实际成本。

功能实际成本的计算可以按填表的方式进行。如 $F_1 \sim F_4$ 四种功能由五种构配件（A～E）来实现，其实际成本的计算步骤为：首先把与功能相对应的构配件名称及其实际成本填入表中（如表 9.7）；然后再把功能填入表中，把各构配件的实际成本逐一分摊到有关的功能上去。例如 A 构件具备 F_1、F_3、F_4 三种功能，则将 A 构件的 300 元成本根据实际情况及所起作用的重要程度分配到这三种功能上去；最后把每项功能所分摊的成本加以汇总，便得出功能 $F_1 \sim F_4$ 的实际成本，具体计算见表 9.7 所示。

表 9.7 功能实际成本计算

构配件名称	成本/元	功能/元			
		F_1	F_2	F_3	F_4
A	300	100	—	100	100
B	200	—	50	150	—
C	250	50	—	50	150
D	150	—	100	50	—
E	100	—	—	40	60
合计	1 000	150	150	390	310

确定了功能实际成本，就可以按式(9.3)计算各功能的成本系数。

$$\text{成本系数} = \frac{\text{某功能的成本}}{\text{产品成本(或所有功能成本之和)}} \quad (9.3)$$

3) 确定功能评价值（目标成本）

功能评价值指为实现某一功能所要求的最低费用，即作为实现功能的目标成本。常用的功能评价值(目标成本)的估算方法有三种：

(1) 理论计算方法。根据工程计算公式和设计规范等确定实现功能(产品)的零部件和材料组成成分，以此计算实现功能(产品)的成本，再通过几个方案的比较，以最低费用方案的成本作为功能评价值(产品目标成本)。

(2) 统计法。广泛搜集企业内外的同一功能(产品)的实际成本资料，并将各个成本资料的具体条件按目前的条件进行修正，以最低的成本作为该功能的功能评价值(产品的目标成本)。

(3) 功能评价系数法。在实际工作中，由于条件的限制，按上述两种方法可以比较容易地确定产品的目标成本，但确定产品各个功能的目标成本比较困难。在这种情况下，可根据功能与成本匹配的原则，按功能评价系数把产品目标成本分配到每一功能上，作为各功能的功能评价值。

4) 确定价值系数

各功能的价值系数按式(9.4)计算。

$$价值系数 = \frac{功能系数}{成本系数} \quad (9.4)$$

如果某功能的价值系数等于1或比较接近于1，表明功能与实现功能的实际成本匹配或比较匹配，则该功能不作为进一步价值分析的对象和范围；如某功能的价值系数偏离1较大，则说明该功能与实现该功能的现实成本之间不匹配，则应将其列为进一步价值分析的对象。

功能的价值系数有以下几种情况：

价值系数=1，表示功能评价值等于功能现实成本。这表明评价对象的功能现实成本与实现功能所必需的最低成本大致相当，说明评价对象的价值为最佳，一般无需改进；

价值系数<1，表示功能现实成本大于功能评价值。表明评价对象的现实成本偏高，而功能要求不高，这时一种可能是存在着过剩的功能，另一种可能是功能虽无过剩，但实现功能的条件或方法不佳，以致使实现功能的成本大于功能的实际需要；

价值系数>1，表示该功能比较重要，但分配的成本较少，即功能现实成本低于功能评价值。这时应具体分析，可能功能与成本分配已较理想，或者存在不必要的功能。

5) 确定价值工程对象的改进范围(价值分析)及改进目标

对价值系数偏离1较大的功能(或零部件)，进一步确定价值分析的改进对象，包括功能改进对象和成本改进对象(参见例9.5)。

(1) 计算成本差

成本差包括各功能按功能评价系数分配的实际成本与功能的实际成本之差(ΔC_1)和按功能评价系数分配的目标成本与按功能评价系数分配的实际成本之差(ΔC_2)。

(2) 确定功能的改进对象

对于 $\Delta C_1 < 0$ 的功能,如果其功能评价系数较低(一般 ΔC_2 绝对值也较小),即对于用户来说,该功能重要性比重较低,而实际成本的比重较高,则可能存在功能过剩,甚至是多余功能,应作为功能改进的对象;对于 $\Delta C_1 > 0$ 的功能,如果其功能评价系数较高(一般 ΔC_2 绝对值也较大),即对于用户来说,该功能重要性比重较高,而实际成本的比重却较低,则可能存在评价对象的功能不足,没有达到用户的功能要求,要适当提高其功能水平。

(3) 确定成本的改进对象

对于 $\Delta C_1 < 0$ 的功能中,ΔC_2 绝对值较大的为成本改进对象,这类功能通常是功能系数较高的功能,功能上可能并不存在过剩(视具体情况分析),但实现功能的手段不佳,以致实现功能的实际成本高于目标成本(功能评价值),可通过材料代换、方案替代等方法实现成本的降低。对于 $\Delta C_1 > 0$ 的功能中,ΔC_2 绝对值较小的,表示其成本分配是低的,但由于功能评价系数较低,所以没有必要去提高其成本,只要检查其功能是否能得到保证。实际上,往往在保证功能的条件下,成本仍然有可能降低。

(4) 确定价值工程改进目标

价值工程改进目标,即通过价值工程活动实现功能改进与成本改进的目标,可以统一用成本改进期望值来确定。各功能的成本改进期望值(ΔC)为按功能评价系数分配的目标成本与功能实际成本的差值,或按 $\Delta C_1 + \Delta C_2$ 计算。

【例 9.5】 某房地产开发公司拟开发某住宅小区,其智能化系统的初步设计方案除了目前住宅智能化系统的必备功能外,另有周界防越(A)、电子巡更(B)、停车管理(C)、小区闭路电视(D)、背景音乐(E)、网络信息发布(F)6 个功能。考虑这 6 个功能 20 年的长期运营费用现值为 1 000 万元,开发公司拟对其开展价值工程研究,将全寿命周期总成本降到 800 万元。

第一步:组织智能系统工程师、物业管理人员、居民、有意向购房者代表、造价工程师等五人组成价值工程小组,用 0—1 法对各功能重要程度评分,得到各成员的评分结果(表 9.8),并计算平均功能评价系数作为最终的每一个功能的评价系数。

表 9.8 功能评价系数计算表

功能	专家评分					
	甲	乙	丙	丁	戊	平均功能评价系数
A	0.186	0.194	0.193	0.189	0.188	0.190
B	0.290	0.285	0.283	0.285	0.287	0.286
C	0.235	0.233	0.240	0.243	0.239	0.238
D	0.147	0.141	0.143	0.145	0.139	0.143

续表

功能	专家评分					平均功能评价系数
	甲	乙	丙	丁	戊	
E	0.091	0.093	0.096	0.098	0.097	0.095
F	0.052	0.050	0.046	0.044	0.048	0.048

第二步：根据式(9.3)计算成本系数(表9.9)。

第三步：根据式(9.4)计算价值系数(表9.9)。

表9.9　成本、价值系数计算表

功能	功能系数	各功能全寿命周期成本/万元	成本系数	价值系数
A	0.190	100	0.100	1.900
B	0.286	120	0.120	2.383
C	0.238	180	0.180	1.322
D	0.143	300	0.300	0.477
E	0.095	200	0.200	0.475
F	0.048	100	0.100	0.480
合计	1	1000	1	—

A、B、D、E、F这5个功能的价值系数偏离1比较大，则把这5个功能列为价值工程进一步分析的对象。

第四步：确定价值工程对象的改进范围。

根据价值分析确定了A、B、D、E、F为进一步分析的对象，根据全寿命周期总成本降到800万元的要求。分别计算ΔC_1、ΔC_2和ΔC。分析确定功能改进对象、成本改进对象和成本改进期望值。计算结果见表9.10所示。

表9.10　价值分析表

功能	功能系数	目前概算/万元	成本系数	价值系数	按功能评价系数分配实际成本/万元	按功能评价系数分配目标成本/万元	ΔC_1/万元	ΔC_2/万元	成本改进期望值ΔC/万元
(1)	(2)	(3)	$(4)=\dfrac{(3)}{1\,000}$	$(5)=\dfrac{(2)}{(4)}$	$(6)=(2)\times 1\,000$	$(7)=(2)\times 800$	$(8)=(6)-(3)$	$(9)=(7)-(6)$	$(10)=(7)-(3)$
A	0.190	100	0.100	1.900	190.00	152.00	90.00	−38.00	52.00
B	0.286	120	0.120	2.383	286.00	228.80	166.00	−57.2	108.80
C	0.238	180	0.180	1.322	238.00	190.40	58.00	−47.6	10.40

续表

功能	功能系数	目前概算/万元	成本系数	价值系数	按功能评价系数分配实际成本/万元	按功能评价系数分配目标成本/万元	ΔC_1/万元	ΔC_2/万元	成本改进期望值 ΔC/万元
D	0.143	300	0.300	0.477	143.00	114.4	−157.00	−28.60	−185.60
E	0.095	200	0.200	0.475	95.00	76.00	−105.00	−19.00	−124.00
F	0.048	100	0.100	0.480	48.00	38.40	−52.00	−9.60	−61.60

从表中可以看出，B是最重要的功能，但所占成本比重却不高，可能存在功能上未达到需求的问题，应作为功能改进的对象，提高其功能水平；A是比较重要的功能，分配的成本也不足，也可作为功能改进的对象；D、E和F是不太重要的功能，但分配的成本较高，可能存在功能过剩或不必要的问题，也可作为功能改进的对象。

从改进期望值来看，A、B应增加一定的成本，提高或改进其功能，满足住户的需要；D、E、F则需要通过设计优化，去掉多余功能或不必要功能，进而大幅度降低成本。

=== 数字资源 ===

9-6 微视频
功能分析与评价

9-7 微视频
产品设计方案评价

9-8 学生课程报告
某办公楼使用功能合理性的分析

9-9 学生课程报告
自然生态建筑与人造生态建筑的功能对比分析

9-10 测试
本节测验题

9.6 方案创造与评价

价值工程能否取得成效，关键在于针对产品存在的问题提出解决的方法，创造新方案，完成产品的改进。因此，制定改进和优化方案是十分重要的。一般来说，现行方案总有改进的余地，任何事物不可能十全十美，所以说改进是无止境的。

1）方案创造

方案创造是在功能分析的基础上（有些文献中甚至直接把方案创造列为功能分析的一个阶段），根据产品存在的功能和成本上的问题，寻找使得功能与成本相匹配的实现功能的新的技术方案。这一过程将根据已建立的功能系统图和功能目标成本，运用创造性的思维方法，加工已获得的资料，在设计思想上产生质的飞跃，创造出实用效果好、经济效益高的新方案。这一过程要具备创新精神和创新能力，要依靠价值工程小组内外的集体智慧。

价值工程中方案创造的理论依据是功能载体具有替代性。为了引导和启发进行创造性的思考,常用的方法有头脑风暴(BS)法、哥顿(Gordon)法、专家意见(德尔菲、Delphi)法、专家检查法等。方案创造的方法很多,总的精神是要充分发挥各有关人员的智慧,集思广益,多提方案,从而为评价方案创造条件。

在方案创造过程中,从以下几个方面着手,可以取得较好的效果:

(1) 优先考虑上位功能;

(2) 优先考虑价值低的功能区;

(3) 优先考虑首位功能的实现手段,因为首位功能比较抽象,受限制少,更易于提出不同的构想。

2) 方案评价

方案创造阶段所产生的大量方案需要进行评价和筛选,从中找出有实用价值的方案付诸实施。方案评价需要对方案创造中的新方案进行技术、经济和社会效果等方面的评估,以便选择最佳方案。方案评价分为概略评价和详细评价两个阶段,其评价内容和步骤可以视方案的具体情况从技术、经济、社会等方面进行评价,再进行综合评价。在对方案进行评价时,无论是概略评价还是详细评价,一般可先做技术评价,再分别做经济评价和社会评价,最后做综合评价。其过程如图 9.7 所示。

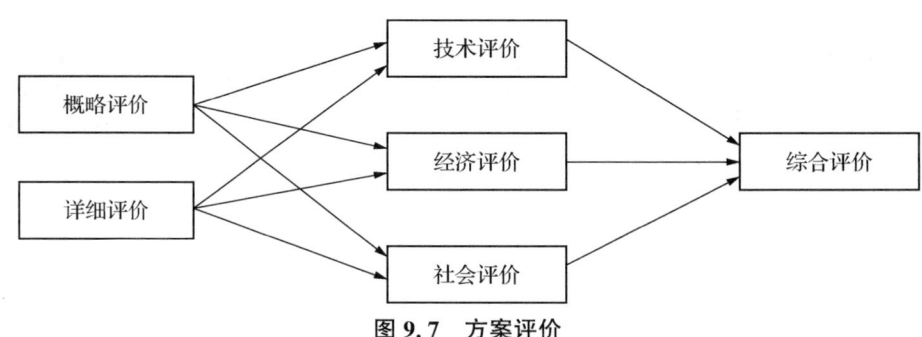

图 9.7　方案评价

概略评价是对创造出的方案从技术、经济和社会三个方面进行初步研究,其目的是从众多的方案中粗略地筛选出一些优秀的方案,为详细评价做准备。详细评价是在掌握大量数据资料的基础上,对概略评价获得的少数方案进行详尽的技术评价、经济评价、社会评价和综合评价,为提案的编写和审批提供依据。

(1) 技术评价

技术评价围绕功能进行,考察方案能否实现所需要的功能及实现程度。它是以用户的功能需要为依据,评价内容包括功能的实现程度(性能、质量、寿命等)、可靠性、可维修性、易操作性、使用安全性、与整个产品系统的匹配性、与使用环境条件的协调性等。

(2) 经济评价

经济评价是在技术评价的基础上考察方案的经济性,评价内容主要是确定新方案的成本是否满足目标成本的要求。另外,对于销售类的产品对象,还可以从市场销售量的增加、市场竞争力的增强等方面进行全面的经济评价。可采用本书介绍的其他经济评价方法对创新的方案与原方案进行经济比较分析。

（3）社会评价

社会评价是指对方案可能产生的社会影响和效果进行的评价。社会评价通常要考虑以下内容：

① 方案是否符合国家规划，方案实施与国家有关技术政策、科技发展等是否一致；

② 方案实施资源利用是否合理，企业所取得的效益与社会效益是否协调一致；

③ 方案实施是否达到国家为实现环境保护而颁布的有关规定，与节约能源、环境保护、生态平衡等是否协调；

④ 方案是否符合国家、社会的其他要求等。

对于涉及环境、生态、国家法规约束、国防、劳动保护、耗用稀缺资源、民风民俗等方面的新方案，还需要对新方案进行社会评价。

（4）综合评价

综合评价是在技术评价、经济评价和社会评价的基础上，对方案做出综合的、整体的评价。综合评价时要综合考虑各指标因素的重要程度、各方案对评价指标的满足程度，从而判断和选择出最优的方案。通常可以采用以下几种方法：

① 优缺点列举法。把每个方案的优缺点详细列出，进行综合分析，进而确定最佳方案。

② 直接打分法。根据各种方案能够达到各项功能要求的程度，按十分制或百分制打分，并汇总计算出各方案达到功能要求的总分，通过比较各方案总分，确定最优方案。

③ 加权打分法。将各种因素根据要求的不同赋予不同的权重，权重大小根据各因素在产品中所处的地位而定，打分后根据权重进行加权计算，得出综合分数，通过比较综合分数确定最优方案。

9.7 价值工程应用中应注意的问题

价值工程是一个简单、实用而灵活的技术经济分析方法和管理方法，在实际应用中要注意以下几个方面：

（1）价值工程活动的开展不仅需要掌握价值分析的方法，还需要有效的组织实施方法，包括如何组织这项研究、由谁领导这项研究、由谁参加这项研究、何时开始这项研究、用多少时间从事这项研究等。

在美国、英国等国的工程建设中，通常由业主方推动实施价值工程活动，并委托外部独立的价值工程管理咨询公司组织工程建设的价值工程活动。价值工程咨询公司委派有资格认证的价值工程专家作为价值管理促进员，负责组建价值工程团队，领导开展价值工程活动。团队的成员可以是业主方成员、设计小组内部或楼宇的使用者（或使用楼宇企业内的职员）等。价值工程活动一般在草图设计阶段（相当于我国的初步设计阶段）

进行,采用研讨会的形式(美国为 40 小时的研讨会,英国为 2 天研讨会)。

(2) 价值分析方法在实际应用中有很大的灵活性,可以根据具体应用的问题选择价值分析的全部过程或采用其中的某一方面的技术与思想。例如,应用价值系数的大小来判断技术方案的优劣。

在方法上也是可以灵活运用的,按价值工程的思想,功能的重要性比重与实现其功能的最低费用(目标成本)的比重是匹配的(即其系数比值为 1),因此功能评价系数和最低成本系数之间可以互相替代,这就是前面所述的可以用功能系数将产品的目标成本分配到每个功能上,也可以用功能的目标成本作为功能评价值。

(3) 前面所述的价值工程方法一般都是以功能为对象的分析过程,它对于产品的零件的功能比较单一(即功能与零部件之间的关系为"一对一"或"一对多")且功能的目前成本比较容易确定时是比较适用的。

而对于产品的各功能的目前成本难以确定,或者功能与零部件之间的关系为"多对多"的关系(这种情况下功能成本对比关系可能并不突出,因而不易从功能成本对应关系中确定价值工程对象)的情况,直接以功能作为价值工程对象就比较困难,这时可以评估产品或各组成产品部件对产品功能总体的重要程度,以此作为功能评价系数,或者将各功能的功能评价系数按各零部件对该功能所起的作用的程度分解到相关零部件上,从而得到各零部件的功能评价系数,再以这种相关的产品或零部件功能评价系数与其成本来确定价值工程对象。

(4) 在价值工程活动开展过程中,一个易犯的错误就是将价值工程与成本管理、成本控制或成本减少相混淆,实际上成本的降低只是价值工程活动的一个可能的结果而不是目标(有时甚至恰恰相反,其结果是要增加成本),价值工程的过程是一个与产品设计过程密切联系的产品优化过程。

===== 数字资源 =====

9-11 测试

本节测验题

习题

1. 从功能与成本之间的关系,分析价值工程工作的基本思路。
2. 价值工程对象选择的目的是什么?有哪些主要方法?
3. 简述功能分析的基本过程。
4. 选择你所熟悉的生产或生活中一件产品或物品,画出其功能系统图。

5. 方案创造的方法主要有哪些？

6. 价值工程模拟实验：组成价值分析小组，选择生产或生活中的某一产品或服务，开展价值工程活动，并提交分析报告。

7. 某产品有 A、B、C、D、E 五项功能，各项功能重要性按 0—4 法比较结果及目前成本测算见表 9.11 所示，目标成本为 1 600 元。试确定其价值工程改进目标。

表 9.11　功能重要性比较

功能	功能重要性比较	目前成本/元
A	A 与 B、C 相比比较重要，与 D、E 相比非常重要	750
B	B 与 C 相比不太重要，与 D、E 同等重要	240
C	C 与 D 相比同等重要，与 E 相比比较重要	400
D	D 与 E 相比同等重要	300
E		110
合计		1 800

创新实践案例库

在当今教育理念不断革新的浪潮中,我们深知理论知识与实践能力的深度融合对于学生成长的重要性。本案例库正是在这样的教育理念指引下应运而生的珍贵成果。

这些案例并非来自传统的理论推导或书本摘录,而是源于学生在课程学习过程中的亲身实践。他们在掌握了课程核心知识后,走出理论的舒适区,将所学知识综合运用于实际问题的解决之中。通过团队合作、头脑风暴、实地调研等多种方式,学生们对一个个鲜活的实践案例进行了深入分析。在编写教材的过程中,我们从众多优秀报告中精心挑选出最具代表性和启发性的案例,编入了本案例库。

通过阅读这些案例,读者能够更加深刻地理解课程知识在实际情境中的应用,激发自己的创新思维和实践热情。同时,这些案例也能够为教师的教学提供丰富的素材和参考,帮助他们更好地引导学生将理论与实践相结合。

在此,衷心感谢提供案例的各位同学!由于学生的学习时间和学习深度有限,在案例分析中难免有不足之处,还请各位读者予以包容,多多指正。

案例名称	学生作者
举办奥运会的经济性评价与分析	袁怡宁　黄云霓
地铁工程项目经济性分析	金　月　乔萌淇
低碳建筑全周期成本效益分析	冯嘉会　刘　林
共享单车的功能经济分析	李依桐　郭祺玥
乡村振兴价值工程分析	王盼盼　张曼齐
数字建造经济学分析	黄廷轩　王　霏

―― 数字资源 ――

创新实践案例1

举办奥运会的经济性评价与分析

创新实践案例2

地铁工程项目经济性分析

创新实践案例3

低碳建筑全周期成本效益分析

创新实践案例4

共享单车的功能经济分析

创新实践案例5

乡村振兴价值工程分析

创新实践案例6

数字建造经济学分析

参考文献

[1] 黄有亮. 工程经济学原理及应用[M]. 北京:机械工业出版社,2022.

[2] 刘晓君,张炜,李玲燕,等. 工程经济学[M]. 4版. 北京:中国建筑工业出版社,2020.

[3] 黄有亮,张星,杜静,等. 土木工程经济分析导论[M]. 南京:东南大学出版社,2012.

[4] 黄有亮,徐向阳,谈飞,等. 工程经济学[M]. 4版. 南京:东南大学出版社,2021.

[5] 何元斌,杜永林,罗倩蓉,等. 工程经济学[M]. 2版. 成都:西南交通大学出版社,2021.

[6] 住房城乡建设部办公厅. 关于征求《建设项目总投资费用项目组成》《建设项目工程总承包费用项目组成》意见的函(建办标函〔2017〕621号)[EB/OL]. (2017-09-08)[2025-02-24]. https://www.cnwb.net/list/newscontent/24376.html.

[7] 中华人民共和国中央人民政府. 中华人民共和国企业所得税法实施条例[EB/OL]. (2019-04-23)[2025-02-24]. https://www.gov.cn/gongbao/content/2019/content_5468940.htm.

[8] 中华人民共和国财政部. 我国消费税基本情况[EB/OL]. (2009-08-25)[2025-02-24]. https://www.mof.gov.cn/zhuantihuigu/zhongguocaizhengjibenqingkuang/gerensuodeshuizi/200908/t20090825_198372.htm.

[9] 李南,楚岩枫,周志鹏,等. 工程经济学[M]. 6版. 北京:科学出版社,2024.

[10] 李相然. 工程经济学[M]. 3版. 北京:中国电力出版社,2022.

[11] 郭献芳,申淑娟. 工程经济学[M]. 3版. 北京:机械工业出版社,2022.

[12] 何亚佰,张海涛. 工程经济学[M]. 北京:机械工业出版社,2007.

[13] 刘晓君. 技术经济学[M]. 北京:高等教育出版社,2014.

[14] 武献华,宋维佳,屈哲. 工程经济学[M]. 5版. 大连:东北财经大学出版社,2020.

[15] 中国大百科全书编委会. 中国大百科全书[M]. 2版. 北京:中国大百科全书出版社,2009.

[16] International Organization for Standardization. Risk management —Guidelines:ISO 31000:2018[S]. Geneva:International Organization for Standardization,2018.

[17] 温素彬,刘欢欢. 敏感性分析:解读与应用案例[J]. 会计之友,2020(15):147-152.

[18] 国家市场监督管理总局,国家标准化管理委员会. 风险管理 指南:GB/T 24353—2022[S]. 北京:中国标准出版社,2022.

[19] 宋国策,王高磊,卢大玮,等. 基于 ISM-ANP 的铁路外部环境安全隐患风险评价模型及应用[J]. 铁道运输与经济,2024,46(6):161-168.

[20] 张兵,刘芳,查晓庭. 装配式建筑质量风险评价:基于 ISM-ANP 灰色聚类模型[J]. 建筑经济,2023,44(S2):101-107.

[21] 张璐,许开立,葛及,等. 基于 DEMATEL-ANP-可拓云模型的铜冶炼企业安全生产风险评价[J]. 安全与环境工程,2023,30(1):1-8.

[22] 沈阳建筑大学管理学院. 张石高速工程风险管理案例研究:风险管理与工程保险[EB/OL]. (2024-02-26)[2025-02-16]. https://mpacc.sjzu.edu.cn/info/1093/1424.htm.

[23] 黄宏伟,朱琳,谢雄耀. 上海地铁 11 号线关键节点工可阶段工程风险评估[EB/OL]. (2008-09-09)[2025-01-16]. http://www.pipcn.com/research/200809/8983.htm.

[24] 高晓燕. 金融风险管理[M]. 3 版. 北京:清华大学出版社,2024.

[25] 李忠富,张明媛,杨晓冬. 工程经济学[M]. 3 版. 北京:科学出版社,2023.

[26] 苟志远,张贵华. 工程经济学[M]. 北京:科学出版社,2020.

[27] 赵镭屹. 产销不平衡的生产性投资项目盈亏平衡分析[J]. 现代经济信息,2012(1):63-64.

[28] 张兵,张正政. 基于学习曲线的盈亏平衡分析探讨[J]. 经营管理者,2010(20):54.

[29] 王珍莲. 盈亏平衡分析在房地产开发项目经济评价中的应用研究[J]. 广西财经学院学报,2014,27(4):93-98.

[30] 蔡毅,邢岩,胡丹. 敏感性分析综述[J]. 北京师范大学学报(自然科学版),2008,44(1):9-16.

[31] 邵希娟,朱天霖. 项目投资决策敏感性分析的常见问题[J]. 财会月刊,2012(31):82-83.

[32] 刘晓峰,陈通. 投资项目因素敏感性分析方法的新探索[J]. 统计与决策,2008,258(6):38-40.

[33] Behrens W, Hawranek P M. Manual for the preparation of Industrial Feasibility Studies[R]. United Nations Industrial Development Organization,1991.

[34] 国家发展改革委. 关于投资项目可行性研究报告编写大纲的说明(2023 年版)[Z]. 北京:国家发展改革委,2023.

[35] 孔凡文,邹红艳,张晓明.基于投入产出模型的我国建筑业与相关产业关联度分析[J].沈阳建筑大学学报(社会科学版),2018,20(4):365-370.

[36] 孙翊,胡敏,王铮.中国房地产行业的产业关联度的测算[J].统计与决策,2015(4):41-45.

[37] 程云洁,刘娴.智能制造对绿色全要素生产率的影响研究[J].技术经济与管理研究,2024(12):77-82.

[38] 刘炳胜.工程项目经济分析与评价[M].北京:中国建筑工业出版社,2020.

[39] 柯丽华.工程经济学分析方法及应用[M].北京:冶金工业出版社,2021.

[40] 王艳丽,李长花,段宗志,等.工程经济学[M]. 2版.武汉:武汉大学出版社,2021.

[41] 国家发展改革委,建设部.建设项目经济评价方法与参数[M]. 3版.北京:中国计划出版社,2006.

[42] 黄有亮,张星,杜静,等.土木工程经济分析导论[M]. 2版.南京:东南大学出版社,2022.

[43] 黄有亮.工程经济学习题集及解析[M].南京:东南大学出版社,2016.

附录　复利系数表

$i=1\%$

n	$(F/P,i,n)$	$(P/F,i,n)$	$(F/A,i,n)$	$(A/F,i,n)$	$(P/A,i,n)$	$(A/P,i,n)$	$(A/G,i,n)$	$(P/G,i,n)$
1	1.0100	0.9901	1.0000	1.0000	0.9901	1.0100	0.0000	0.0000
2	1.0201	0.9803	2.0100	0.4975	1.9704	0.5075	0.4975	0.9803
3	1.0303	0.9706	3.0301	0.3300	2.9410	0.3400	0.9934	2.9215
4	1.0406	0.9610	4.0604	0.2463	3.9020	0.2563	1.4876	5.8044
5	1.0510	0.9515	5.1010	0.1960	4.8534	0.2060	1.9801	9.6103
6	1.0615	0.9420	6.1520	0.1625	5.7955	0.1725	2.4710	14.3205
7	1.0721	0.9327	7.2135	0.1386	6.7282	0.1486	2.9602	19.9168
8	1.0829	0.9235	8.2857	0.1207	7.6517	0.1307	3.4478	26.3812
9	1.0937	0.9143	9.3685	0.1067	8.5660	0.1167	3.9337	33.6959
10	1.1046	0.9053	10.4622	0.0956	9.4713	0.1056	4.4179	41.8435
11	1.1157	0.8963	11.5668	0.0865	10.3676	0.0965	4.9005	50.8067
12	1.1268	0.8874	12.6825	0.0788	11.2551	0.0888	5.3815	60.5687
13	1.1381	0.8787	13.8093	0.0724	12.1337	0.0824	5.8607	71.1126
14	1.1495	0.8700	14.9474	0.0669	13.0037	0.0769	6.3384	82.4221
15	1.1610	0.8613	16.0969	0.0621	13.8651	0.0721	6.8143	94.4810
16	1.1726	0.8528	17.2579	0.0579	14.7179	0.0679	7.2886	107.2734
17	1.1843	0.8444	18.4304	0.0543	15.5623	0.0643	7.7613	120.7834
18	1.1961	0.8360	19.6147	0.0510	16.3983	0.0610	8.2323	134.9957
19	1.2081	0.8277	20.8109	0.0481	17.2260	0.0581	8.7017	149.8950
20	1.2202	0.8195	22.0190	0.0454	18.0456	0.0554	9.1694	165.4664
21	1.2324	0.8114	23.2392	0.0430	18.8570	0.0530	9.6354	181.6950
22	1.2447	0.8034	24.4716	0.0409	19.6604	0.0509	10.0998	198.5663
23	1.2572	0.7954	25.7163	0.0389	20.4558	0.0489	10.5626	216.0660
24	1.2697	0.7876	26.9735	0.0371	21.2434	0.0471	11.0237	234.1800
25	1.2824	0.7798	28.2432	0.0354	22.0232	0.0454	11.4831	252.8945
26	1.2953	0.7720	29.5256	0.0339	22.7952	0.0439	11.9409	272.1957
27	1.3082	0.7644	30.8209	0.0324	23.5596	0.0424	12.3971	292.0702
28	1.3213	0.7568	32.1291	0.0311	24.3164	0.0411	12.8516	312.5047
29	1.3345	0.7493	33.4504	0.0299	25.0658	0.0399	13.3044	333.4863
30	1.3478	0.7419	34.7849	0.0287	25.8077	0.0387	13.7557	355.0021
31	1.3613	0.7346	36.1327	0.0277	26.5423	0.0377	14.2052	377.0394
32	1.3749	0.7273	37.4941	0.0267	27.2696	0.0367	14.6532	399.5858
33	1.3887	0.7201	38.8690	0.0257	27.9897	0.0357	15.0995	422.6291
34	1.4026	0.7130	40.2577	0.0248	28.7027	0.0348	15.5441	446.1572
35	1.4166	0.7059	41.6603	0.0240	29.4086	0.0340	15.9871	470.1583
40	1.4889	0.6717	48.8864	0.0205	32.8347	0.0305	18.1776	596.8561
45	1.5648	0.6391	56.4811	0.0177	36.0945	0.0277	20.3273	733.7037
50	1.6446	0.6080	64.4632	0.0155	39.1961	0.0255	22.4363	879.4176

$i = 2\%$

n	$(F/P,i,n)$	$(P/F,i,n)$	$(F/A,i,n)$	$(A/F,i,n)$	$(P/A,i,n)$	$(A/P,i,n)$	$(A/G,i,n)$	$(P/G,i,n)$
1	1.0200	0.9804	1.0000	1.0000	0.9804	1.0200	0.0000	0.0000
2	1.0404	0.9612	2.0200	0.4950	1.9416	0.5150	0.4950	0.9612
3	1.0612	0.9423	3.0604	0.3268	2.8839	0.3468	0.9868	2.8458
4	1.0824	0.9238	4.1216	0.2426	3.8077	0.2626	1.4752	5.6173
5	1.1041	0.9057	5.2040	0.1922	4.7135	0.2122	1.9604	9.2403
6	1.1262	0.8880	6.3081	0.1585	5.6014	0.1785	2.4423	13.6801
7	1.1487	0.8706	7.4343	0.1345	6.4720	0.1545	2.9208	18.9035
8	1.1717	0.8535	8.5830	0.1165	7.3255	0.1365	3.3961	24.8779
9	1.1951	0.8368	9.7546	0.1025	8.1622	0.1225	3.8681	31.5720
10	1.2190	0.8203	10.9497	0.0913	8.9826	0.1113	4.3367	38.9551
11	1.2434	0.8043	12.1687	0.0822	9.7868	0.1022	4.8021	46.9977
12	1.2682	0.7885	13.4121	0.0746	10.5753	0.0946	5.2642	55.6712
13	1.2936	0.7730	14.6803	0.0681	11.3484	0.0881	5.7231	64.9475
14	1.3195	0.7579	15.9739	0.0626	12.1062	0.0826	6.1786	74.7999
15	1.3459	0.7430	17.2934	0.0578	12.8493	0.0778	6.6309	85.2021
16	1.3728	0.7284	18.6393	0.0537	13.5777	0.0737	7.0799	96.1288
17	1.4002	0.7142	20.0121	0.0500	14.2919	0.0700	7.5256	107.5554
18	1.4282	0.7002	21.4123	0.0467	14.9920	0.0667	7.9681	119.4581
19	1.4568	0.6864	22.8406	0.0438	15.6785	0.0638	8.4073	131.8139
20	1.4859	0.6730	24.2974	0.0412	16.3514	0.0612	8.8433	144.6003
21	1.5157	0.6598	25.7833	0.0388	17.0112	0.0588	9.2760	157.7959
22	1.5460	0.6468	27.2990	0.0366	17.6580	0.0566	9.7055	171.3795
23	1.5769	0.6342	28.8450	0.0347	18.2922	0.0547	10.1317	185.3309
24	1.6084	0.6217	30.4219	0.0329	18.9139	0.0529	10.5547	199.6305
25	1.6406	0.6095	32.0303	0.0312	19.5235	0.0512	10.9745	214.2592
26	1.6734	0.5976	33.6709	0.0297	20.1210	0.0497	11.3910	229.1987
27	1.7069	0.5859	35.3443	0.0283	20.7069	0.0483	11.8043	244.4311
28	1.7410	0.5744	37.0512	0.0270	21.2813	0.0470	12.2145	259.9392
29	1.7758	0.5631	38.7922	0.0258	21.8444	0.0458	12.6214	275.7064
30	1.8114	0.5521	40.5681	0.0246	22.3965	0.0446	13.0251	291.7164
31	1.8476	0.5412	42.3794	0.0236	22.9377	0.0436	13.4257	307.9538
32	1.8845	0.5306	44.2270	0.0226	23.4683	0.0426	13.8230	324.4035
33	1.9222	0.5202	46.1116	0.0217	23.9886	0.0417	14.2172	341.0508
34	1.9607	0.5100	48.0338	0.0208	24.4986	0.0408	14.6083	357.8817
35	1.9999	0.5000	49.9945	0.0200	24.9986	0.0400	14.9961	374.8826
40	2.2080	0.4529	60.4020	0.0166	27.3555	0.0366	16.8885	461.9931
45	2.4379	0.4102	71.8927	0.0139	29.4902	0.0339	18.7034	551.5652
50	2.6916	0.3715	84.5794	0.0118	31.4236	0.0318	20.4420	642.3606

$i=3\%$

n	(F/P,i,n)	(P/F,i,n)	(F/A,i,n)	(A/F,i,n)	(P/A,i,n)	(A/P,i,n)	(A/G,i,n)	(P/G,i,n)
1	1.0300	0.9709	1.0000	1.0000	0.9709	1.0300	0.0000	0.0000
2	1.0609	0.9426	2.0300	0.4926	1.9135	0.5226	0.4926	0.9426
3	1.0927	0.9151	3.0909	0.3235	2.8286	0.3535	0.9803	2.7729
4	1.1255	0.8885	4.1836	0.2390	3.7171	0.2690	1.4631	5.4383
5	1.1593	0.8626	5.3091	0.1884	4.5797	0.2184	1.9409	8.8888
6	1.1941	0.8375	6.4684	0.1546	5.4172	0.1846	2.4138	13.0762
7	1.2299	0.8131	7.6625	0.1305	6.2303	0.1605	2.8819	17.9547
8	1.2668	0.7894	8.8923	0.1125	7.0197	0.1425	3.3450	23.4806
9	1.3048	0.7664	10.1591	0.0984	7.7861	0.1284	3.8032	29.6119
10	1.3439	0.7441	11.4639	0.0872	8.5302	0.1172	4.2565	36.3088
11	1.3842	0.7224	12.8078	0.0781	9.2526	0.1081	4.7049	43.5330
12	1.4258	0.7014	14.1920	0.0705	9.9540	0.1005	5.1485	51.2482
13	1.4685	0.6810	15.6178	0.0640	10.6350	0.0940	5.5872	59.4196
14	1.5126	0.6611	17.0863	0.0585	11.2961	0.0885	6.0210	68.0141
15	1.5580	0.6419	18.5989	0.0538	11.9379	0.0838	6.4500	77.0002
16	1.6047	0.6232	20.1569	0.0496	12.5611	0.0796	6.8742	86.3477
17	1.6528	0.6050	21.7616	0.0460	13.1661	0.0760	7.2936	96.0280
18	1.7024	0.5874	23.4144	0.0427	13.7535	0.0727	7.7081	106.0137
19	1.7535	0.5703	25.1169	0.0398	14.3238	0.0698	8.1179	116.2788
20	1.8061	0.5537	26.8704	0.0372	14.8775	0.0672	8.5229	126.7987
21	1.8603	0.5375	28.6765	0.0349	15.4150	0.0649	8.9231	137.5496
22	1.9161	0.5219	30.5368	0.0327	15.9369	0.0627	9.3186	148.5094
23	1.9736	0.5067	32.4529	0.0308	16.4436	0.0608	9.7093	159.6566
24	2.0328	0.4919	34.4265	0.0290	16.9355	0.0590	10.0954	170.9711
25	2.0938	0.4776	36.4593	0.0274	17.4131	0.0574	10.4768	182.4336
26	2.1566	0.4637	38.5530	0.0259	17.8768	0.0559	10.8535	194.0260
27	2.2213	0.4502	40.7096	0.0246	18.3270	0.0546	11.2255	205.7309
28	2.2879	0.4371	42.9309	0.0233	18.7641	0.0533	11.5930	217.5320
29	2.3566	0.4243	45.2189	0.0221	19.1885	0.0521	11.9558	229.4137
30	2.4273	0.4120	47.5754	0.0210	19.6004	0.0510	12.3141	241.3613
31	2.5001	0.4000	50.0027	0.0200	20.0004	0.0500	12.6678	253.3609
32	2.5751	0.3883	52.5028	0.0190	20.3888	0.0490	13.0169	265.3993
33	2.6523	0.3770	55.0778	0.0182	20.7658	0.0482	13.3616	277.4642
34	2.7319	0.3660	57.7302	0.0173	21.1318	0.0473	13.7018	289.5437
35	2.8139	0.3554	60.4621	0.0165	21.4872	0.0465	14.0375	301.6267
40	3.2620	0.3066	75.4013	0.0133	23.1148	0.0433	15.6502	361.7499
45	3.7816	0.2644	92.7199	0.0108	24.5187	0.0408	17.1556	420.6325
50	4.3839	0.2281	112.7969	0.0089	25.7298	0.0389	18.5575	477.4803

$i=4\%$

n	(F/P,i,n)	(P/F,i,n)	(F/A,i,n)	(A/F,i,n)	(P/A,i,n)	(A/P,i,n)	(A/G,i,n)	(P/G,i,n)
1	1.0400	0.9615	1.0000	1.0000	0.9615	1.0400	0.0000	0.0000
2	1.0816	0.9246	2.0400	0.4902	1.8861	0.5302	0.4902	0.9246
3	1.1249	0.8890	3.1216	0.3203	2.7751	0.3603	0.9739	2.7025
4	1.1699	0.8548	4.2465	0.2355	3.6299	0.2755	1.4510	5.2670
5	1.2167	0.8219	5.4163	0.1846	4.4518	0.2246	1.9216	8.5547
6	1.2653	0.7903	6.6330	0.1508	5.2421	0.1908	2.3857	12.5062
7	1.3159	0.7599	7.8983	0.1266	6.0021	0.1666	2.8433	17.0657
8	1.3686	0.7307	9.2142	0.1085	6.7327	0.1485	3.2944	22.1806
9	1.4233	0.7026	10.5828	0.0945	7.4353	0.1345	3.7391	27.8013
10	1.4802	0.6756	12.0061	0.0833	8.1109	0.1233	4.1773	33.8814
11	1.5395	0.6496	13.4864	0.0741	8.7605	0.1141	4.6090	40.3772
12	1.6010	0.6246	15.0258	0.0666	9.3851	0.1066	5.0343	47.2477
13	1.6651	0.6006	16.6268	0.0601	9.9856	0.1001	5.4533	54.4546
14	1.7317	0.5775	18.2919	0.0547	10.5631	0.0947	5.8659	61.9618
15	1.8009	0.5553	20.0236	0.0499	11.1184	0.0899	6.2721	69.7355
16	1.8730	0.5339	21.8245	0.0458	11.6523	0.0858	6.6720	77.7441
17	1.9479	0.5134	23.6975	0.0422	12.1657	0.0822	7.0656	85.9581
18	2.0258	0.4936	25.6454	0.0390	12.6593	0.0790	7.4530	94.3498
19	2.1068	0.4746	27.6712	0.0361	13.1339	0.0761	7.8342	102.8933
20	2.1911	0.4564	29.7781	0.0336	13.5903	0.0736	8.2091	111.5647
21	2.2788	0.4388	31.9692	0.0313	14.0292	0.0713	8.5779	120.3414
22	2.3699	0.4220	34.2480	0.0292	14.4511	0.0692	8.9407	129.2024
23	2.4647	0.4057	36.6179	0.0273	14.8568	0.0673	9.2973	138.1284
24	2.5633	0.3901	39.0826	0.0256	15.2470	0.0656	9.6479	147.1012
25	2.6658	0.3751	41.6459	0.0240	15.6221	0.0640	9.9925	156.1040
26	2.7725	0.3607	44.3117	0.0226	15.9828	0.0626	10.3312	165.1212
27	2.8834	0.3468	47.0842	0.0212	16.3296	0.0612	10.6640	174.1385
28	2.9987	0.3335	49.9676	0.0200	16.6631	0.0600	10.9909	183.1424
29	3.1187	0.3207	52.9663	0.0189	16.9837	0.0589	11.3120	192.1206
30	3.2434	0.3083	56.0849	0.0178	17.2920	0.0578	11.6274	201.0618
31	3.3731	0.2965	59.3283	0.0169	17.5885	0.0569	11.9371	209.9556
32	3.5081	0.2851	62.7015	0.0159	17.8736	0.0559	12.2411	218.7924
33	3.6484	0.2741	66.2095	0.0151	18.1476	0.0551	12.5396	227.5634
34	3.7943	0.2636	69.8579	0.0143	18.4112	0.0543	12.8324	236.2607
35	3.9461	0.2534	73.6522	0.0136	18.6646	0.0536	13.1198	244.8768
40	4.8010	0.2083	95.0255	0.0105	19.7928	0.0505	14.4765	286.5303
45	5.8412	0.1712	121.0294	0.0083	20.7200	0.0483	15.7047	325.4028
50	7.1067	0.1407	152.6671	0.0066	21.4822	0.0466	16.8122	361.1638

$i=5\%$

n	$(F/P,i,n)$	$(P/F,i,n)$	$(F/A,i,n)$	$(A/F,i,n)$	$(P/A,i,n)$	$(A/P,i,n)$	$(A/G,i,n)$	$(P/G,i,n)$
1	1.0500	0.9524	1.0000	1.0000	0.9524	1.0500	0.0000	0.0000
2	1.1025	0.9070	2.0500	0.4878	1.8594	0.5378	0.4878	0.9070
3	1.1576	0.8638	3.1525	0.3172	2.7232	0.3672	0.9675	2.6347
4	1.2155	0.8227	4.3101	0.2320	3.5460	0.2820	1.4391	5.1028
5	1.2763	0.7835	5.5256	0.1810	4.3295	0.2310	1.9025	8.2369
6	1.3401	0.7462	6.8019	0.1470	5.0757	0.1970	2.3579	11.9680
7	1.4071	0.7107	8.1420	0.1228	5.7864	0.1728	2.8052	16.2321
8	1.4775	0.6768	9.5491	0.1047	6.4632	0.1547	3.2445	20.9700
9	1.5513	0.6446	11.0266	0.0907	7.1078	0.1407	3.6758	26.1268
10	1.6289	0.6139	12.5779	0.0795	7.7217	0.1295	4.0991	31.6520
11	1.7103	0.5847	14.2068	0.0704	8.3064	0.1204	4.5144	37.4988
12	1.7959	0.5568	15.9171	0.0628	8.8633	0.1128	4.9219	43.6241
13	1.8856	0.5303	17.7130	0.0565	9.3936	0.1065	5.3215	49.9879
14	1.9799	0.5051	19.5986	0.0510	9.8986	0.1010	5.7133	56.5538
15	2.0789	0.4810	21.5786	0.0463	10.3797	0.0963	6.0973	63.2880
16	2.1829	0.4581	23.6575	0.0423	10.8378	0.0923	6.4736	70.1597
17	2.2920	0.4363	25.8404	0.0387	11.2741	0.0887	6.8423	77.1405
18	2.4066	0.4155	28.1324	0.0355	11.6896	0.0855	7.2034	84.2043
19	2.5270	0.3957	30.5390	0.0327	12.0853	0.0827	7.5569	91.3275
20	2.6533	0.3769	33.0660	0.0302	12.4622	0.0802	7.9030	98.4884
21	2.7860	0.3589	35.7193	0.0280	12.8212	0.0780	8.2416	105.6673
22	2.9253	0.3418	38.5052	0.0260	13.1630	0.0760	8.5730	112.8461
23	3.0715	0.3256	41.4305	0.0241	13.4886	0.0741	8.8971	120.0087
24	3.2251	0.3101	44.5020	0.0225	13.7986	0.0725	9.2140	127.1402
25	3.3864	0.2953	47.7271	0.0210	14.0939	0.0710	9.5238	134.2275
26	3.5557	0.2812	51.1135	0.0196	14.3752	0.0696	9.8266	141.2585
27	3.7335	0.2678	54.6691	0.0183	14.6430	0.0683	10.1224	148.2226
28	3.9201	0.2551	58.4026	0.0171	14.8981	0.0671	10.4114	155.1101
29	4.1161	0.2429	62.3227	0.0160	15.1411	0.0660	10.6936	161.9126
30	4.3219	0.2314	66.4388	0.0151	15.3725	0.0651	10.9691	168.6226
31	4.5380	0.2204	70.7608	0.0141	15.5928	0.0641	11.2381	175.2333
32	4.7649	0.2099	75.2988	0.0133	15.8027	0.0633	11.5005	181.7392
33	5.0032	0.1999	80.0638	0.0125	16.0025	0.0625	11.7566	188.1351
34	5.2533	0.1904	85.0670	0.0118	16.1929	0.0618	12.0063	194.4168
35	5.5160	0.1813	90.3203	0.0111	16.3742	0.0611	12.2498	200.5807
40	7.0400	0.1420	120.7998	0.0083	17.1591	0.0583	13.3775	229.5452
45	8.9850	0.1113	159.7002	0.0063	17.7741	0.0563	14.3644	255.3145
50	11.4674	0.0872	209.3480	0.0048	18.2559	0.0548	15.2233	277.9148

$i=6\%$

n	$(F/P,i,n)$	$(P/F,i,n)$	$(F/A,i,n)$	$(A/F,i,n)$	$(P/A,i,n)$	$(A/P,i,n)$	$(A/G,i,n)$	$(P/G,i,n)$
1	1.0600	0.9434	1.0000	1.0000	0.9434	1.0600	0.0000	0.0000
2	1.1236	0.8900	2.0600	0.4854	1.8334	0.5454	0.4854	0.8900
3	1.1910	0.8396	3.1836	0.3141	2.6730	0.3741	0.9612	2.5692
4	1.2625	0.7921	4.3746	0.2286	3.4651	0.2886	1.4272	4.9455
5	1.3382	0.7473	5.6371	0.1774	4.2124	0.2374	1.8836	7.9345
6	1.4185	0.7050	6.9753	0.1434	4.9173	0.2034	2.3304	11.4594
7	1.5036	0.6651	8.3938	0.1191	5.5824	0.1791	2.7676	15.4497
8	1.5938	0.6274	9.8975	0.1010	6.2098	0.1610	3.1952	19.8416
9	1.6895	0.5919	11.4913	0.0870	6.8017	0.1470	3.6133	24.5768
10	1.7908	0.5584	13.1808	0.0759	7.3601	0.1359	4.0220	29.6023
11	1.8983	0.5268	14.9716	0.0668	7.8869	0.1268	4.4213	34.8702
12	2.0122	0.4970	16.8699	0.0593	8.3838	0.1193	4.8113	40.3369
13	2.1329	0.4688	18.8821	0.0530	8.8527	0.1130	5.1920	45.9629
14	2.2609	0.4423	21.0151	0.0476	9.2950	0.1076	5.5635	51.7128
15	2.3966	0.4173	23.2760	0.0430	9.7122	0.1030	5.9260	57.5546
16	2.5404	0.3936	25.6725	0.0390	10.1059	0.0990	6.2794	63.4592
17	2.6928	0.3714	28.2129	0.0354	10.4773	0.0954	6.6240	69.4011
18	2.8543	0.3503	30.9057	0.0324	10.8276	0.0924	6.9597	75.3569
19	3.0256	0.3305	33.7600	0.0296	11.1581	0.0896	7.2867	81.3062
20	3.2071	0.3118	36.7856	0.0272	11.4699	0.0872	7.6051	87.2304
21	3.3996	0.2942	39.9927	0.0250	11.7641	0.0850	7.9151	93.1136
22	3.6035	0.2775	43.3923	0.0230	12.0416	0.0830	8.2166	98.9412
23	3.8197	0.2618	46.9958	0.0213	12.3034	0.0813	8.5099	104.7007
24	4.0489	0.2470	50.8156	0.0197	12.5504	0.0797	8.7951	110.3812
25	4.2919	0.2330	54.8645	0.0182	12.7834	0.0782	9.0722	115.9732
26	4.5494	0.2198	59.1564	0.0169	13.0032	0.0769	9.3414	121.4684
27	4.8223	0.2074	63.7058	0.0157	13.2105	0.0757	9.6029	126.8600
28	5.1117	0.1956	68.5281	0.0146	13.4062	0.0746	9.8568	132.1420
29	5.4184	0.1846	73.6398	0.0136	13.5907	0.0736	10.1032	137.3096
30	5.7435	0.1741	79.0582	0.0126	13.7648	0.0726	10.3422	142.3588
31	6.0881	0.1643	84.8017	0.0118	13.9291	0.0718	10.5740	147.2864
32	6.4534	0.1550	90.8898	0.0110	14.0840	0.0710	10.7988	152.0901
33	6.8406	0.1462	97.3432	0.0103	14.2302	0.0703	11.0166	156.7681
34	7.2510	0.1379	104.1838	0.0096	14.3681	0.0696	11.2276	161.3192
35	7.6861	0.1301	111.4348	0.0090	14.4982	0.0690	11.4319	165.7427
40	10.2857	0.0972	154.7620	0.0065	15.0463	0.0665	12.3590	185.9568
45	13.7646	0.0727	212.7435	0.0047	15.4558	0.0647	13.1413	203.1096
50	18.4202	0.0543	290.3359	0.0034	15.7619	0.0634	13.7964	217.4574

$i=7\%$

n	$(F/P,i,n)$	$(P/F,i,n)$	$(F/A,i,n)$	$(A/F,i,n)$	$(P/A,i,n)$	$(A/P,i,n)$	$(A/G,i,n)$	$(P/G,i,n)$
1	1.0700	0.9346	1.0000	1.0000	0.9346	1.0700	0.0000	0.0000
2	1.1449	0.8734	2.0700	0.4831	1.8080	0.5531	0.4831	0.8734
3	1.2250	0.8163	3.2149	0.3111	2.6243	0.3811	0.9549	2.5060
4	1.3108	0.7629	4.4399	0.2252	3.3872	0.2952	1.4155	4.7947
5	1.4026	0.7130	5.7507	0.1739	4.1002	0.2439	1.8650	7.6467
6	1.5007	0.6663	7.1533	0.1398	4.7665	0.2098	2.3032	10.9784
7	1.6058	0.6227	8.6540	0.1156	5.3893	0.1856	2.7304	14.7149
8	1.7182	0.5820	10.2598	0.0975	5.9713	0.1675	3.1465	18.7889
9	1.8385	0.5439	11.9780	0.0835	6.5152	0.1535	3.5517	23.1404
10	1.9672	0.5083	13.8164	0.0724	7.0236	0.1424	3.9461	27.7156
11	2.1049	0.4751	15.7836	0.0634	7.4987	0.1334	4.3296	32.4665
12	2.2522	0.4440	17.8885	0.0559	7.9427	0.1259	4.7025	37.3506
13	2.4098	0.4150	20.1406	0.0497	8.3577	0.1197	5.0648	42.3302
14	2.5785	0.3878	22.5505	0.0443	8.7455	0.1143	5.4167	47.3718
15	2.7590	0.3624	25.1290	0.0398	9.1079	0.1098	5.7583	52.4461
16	2.9522	0.3387	27.8881	0.0359	9.4466	0.1059	6.0897	57.5271
17	3.1588	0.3166	30.8402	0.0324	9.7632	0.1024	6.4110	62.5923
18	3.3799	0.2959	33.9990	0.0294	10.0591	0.0994	6.7225	67.6219
19	3.6165	0.2765	37.3790	0.0268	10.3356	0.0968	7.0242	72.5991
20	3.8697	0.2584	40.9955	0.0244	10.5940	0.0944	7.3163	77.5091
21	4.1406	0.2415	44.8652	0.0223	10.8355	0.0923	7.5990	82.3393
22	4.4304	0.2257	49.0057	0.0204	11.0612	0.0904	7.8725	87.0793
23	4.7405	0.2109	53.4361	0.0187	11.2722	0.0887	8.1369	91.7201
24	5.0724	0.1971	58.1767	0.0172	11.4693	0.0872	8.3923	96.2545
25	5.4274	0.1842	63.2490	0.0158	11.6536	0.0858	8.6391	100.6765
26	5.8074	0.1722	68.6765	0.0146	11.8258	0.0846	8.8773	104.9814
27	6.2139	0.1609	74.4838	0.0134	11.9867	0.0834	9.1072	109.1656
28	6.6488	0.1504	80.6977	0.0124	12.1371	0.0824	9.3289	113.2264
29	7.1143	0.1406	87.3465	0.0114	12.2777	0.0814	9.5427	117.1622
30	7.6123	0.1314	94.4608	0.0106	12.4090	0.0806	9.7487	120.9718
31	8.1451	0.1228	102.0730	0.0098	12.5318	0.0798	9.9471	124.6550
32	8.7153	0.1147	110.2182	0.0091	12.6466	0.0791	10.1381	128.2120
33	9.3253	0.1072	118.9334	0.0084	12.7538	0.0784	10.3219	131.6435
34	9.9781	0.1002	128.2588	0.0078	12.8540	0.0778	10.4987	134.9507
35	10.6766	0.0937	138.2369	0.0072	12.9477	0.0772	10.6687	138.1353
40	14.9745	0.0668	199.6351	0.0050	13.3317	0.0750	11.4233	152.2928
45	21.0025	0.0476	285.7493	0.0035	13.6055	0.0735	12.0360	163.7559
50	29.4570	0.0339	406.5289	0.0025	13.8007	0.0725	12.5287	172.9051

$i=8\%$

n	$(F/P,i,n)$	$(P/F,i,n)$	$(F/A,i,n)$	$(A/F,i,n)$	$(P/A,i,n)$	$(A/P,i,n)$	$(A/G,i,n)$	$(P/G,i,n)$
1	1.0800	0.9259	1.0000	1.0000	0.9259	1.0800	0.0000	0.0000
2	1.1664	0.8573	2.0800	0.4808	1.7833	0.5608	0.4808	0.8573
3	1.2597	0.7938	3.2464	0.3080	2.5771	0.3880	0.9487	2.4450
4	1.3605	0.7350	4.5061	0.2219	3.3121	0.3019	1.4040	4.6501
5	1.4693	0.6806	5.8666	0.1705	3.9927	0.2505	1.8465	7.3724
6	1.5869	0.6302	7.3359	0.1363	4.6229	0.2163	2.2763	10.5233
7	1.7138	0.5835	8.9228	0.1121	5.2064	0.1921	2.6937	14.0242
8	1.8509	0.5403	10.6366	0.0940	5.7466	0.1740	3.0985	17.8061
9	1.9990	0.5002	12.4876	0.0801	6.2469	0.1601	3.4910	21.8081
10	2.1589	0.4632	14.4866	0.0690	6.7101	0.1490	3.8713	25.9768
11	2.3316	0.4289	16.6455	0.0601	7.1390	0.1401	4.2395	30.2657
12	2.5182	0.3971	18.9771	0.0527	7.5361	0.1327	4.5957	34.6339
13	2.7196	0.3677	21.4953	0.0465	7.9038	0.1265	4.9402	39.0463
14	2.9372	0.3405	24.2149	0.0413	8.2442	0.1213	5.2731	43.4723
15	3.1722	0.3152	27.1521	0.0368	8.5595	0.1168	5.5945	47.8857
16	3.4259	0.2919	30.3243	0.0330	8.8514	0.1130	5.9046	52.2640
17	3.7000	0.2703	33.7502	0.0296	9.1216	0.1096	6.2037	56.5883
18	3.9960	0.2502	37.4502	0.0267	9.3719	0.1067	6.4920	60.8426
19	4.3157	0.2317	41.4463	0.0241	9.6036	0.1041	6.7697	65.0134
20	4.6610	0.2145	45.7620	0.0219	9.8181	0.1019	7.0369	69.0898
21	5.0338	0.1987	50.4229	0.0198	10.0168	0.0998	7.2940	73.0629
22	5.4365	0.1839	55.4568	0.0180	10.2007	0.0980	7.5412	76.9257
23	5.8715	0.1703	60.8933	0.0164	10.3711	0.0964	7.7786	80.6726
24	6.3412	0.1577	66.7648	0.0150	10.5288	0.0950	8.0066	84.2997
25	6.8485	0.1460	73.1059	0.0137	10.6748	0.0937	8.2254	87.8041
26	7.3964	0.1352	79.9544	0.0125	10.8100	0.0925	8.4352	91.1842
27	7.9881	0.1252	87.3508	0.0114	10.9352	0.0914	8.6363	94.4390
28	8.6271	0.1159	95.3388	0.0105	11.0511	0.0905	8.8289	97.5687
29	9.3173	0.1073	103.9659	0.0096	11.1584	0.0896	9.0133	100.5738
30	10.0627	0.0994	113.2832	0.0088	11.2578	0.0888	9.1897	103.4558
31	10.8677	0.0920	123.3459	0.0081	11.3498	0.0881	9.3584	106.2163
32	11.7371	0.0852	134.2135	0.0075	11.4350	0.0875	9.5197	108.8575
33	12.6760	0.0789	145.9506	0.0069	11.5139	0.0869	9.6737	111.3819
34	13.6901	0.0730	158.6267	0.0063	11.5869	0.0863	9.8208	113.7924
35	14.7853	0.0676	172.3168	0.0058	11.6546	0.0858	9.9611	116.0920
40	21.7245	0.0460	259.0565	0.0039	11.9246	0.0839	10.5699	126.0422
45	31.9204	0.0313	386.5056	0.0026	12.1084	0.0826	11.0447	133.7331
50	46.9016	0.0213	573.7702	0.0017	12.2335	0.0817	11.4107	139.5928

$i=9\%$

n	(F/P,i,n)	(P/F,i,n)	(F/A,i,n)	(A/F,i,n)	(P/A,i,n)	(A/P,i,n)	(A/G,i,n)	(P/G,i,n)
1	1.0900	0.9174	1.0000	1.0000	0.9174	1.0900	0.0000	0.0000
2	1.1881	0.8417	2.0900	0.4785	1.7591	0.5685	0.4785	0.8417
3	1.2950	0.7722	3.2781	0.3051	2.5313	0.3951	0.9426	2.3860
4	1.4116	0.7084	4.5731	0.2187	3.2397	0.3087	1.3925	4.5113
5	1.5386	0.6499	5.9847	0.1671	3.8897	0.2571	1.8282	7.1110
6	1.6771	0.5963	7.5233	0.1329	4.4859	0.2229	2.2498	10.0924
7	1.8280	0.5470	9.2004	0.1087	5.0330	0.1987	2.6574	13.3746
8	1.9926	0.5019	11.0285	0.0907	5.5348	0.1807	3.0512	16.8877
9	2.1719	0.4604	13.0210	0.0768	5.9952	0.1668	3.4312	20.5711
10	2.3674	0.4224	15.1929	0.0658	6.4177	0.1558	3.7978	24.3728
11	2.5804	0.3875	17.5603	0.0569	6.8052	0.1469	4.1510	28.2481
12	2.8127	0.3555	20.1407	0.0497	7.1607	0.1397	4.4910	32.1590
13	3.0658	0.3262	22.9534	0.0436	7.4869	0.1336	4.8182	36.0731
14	3.3417	0.2992	26.0192	0.0384	7.7862	0.1284	5.1326	39.9633
15	3.6425	0.2745	29.3609	0.0341	8.0607	0.1241	5.4346	43.8069
16	3.9703	0.2519	33.0034	0.0303	8.3126	0.1203	5.7245	47.5849
17	4.3276	0.2311	36.9737	0.0270	8.5436	0.1170	6.0024	51.2821
18	4.7171	0.2120	41.3013	0.0242	8.7556	0.1142	6.2687	54.8860
19	5.1417	0.1945	46.0185	0.0217	8.9501	0.1117	6.5236	58.3868
20	5.6044	0.1784	51.1601	0.0195	9.1285	0.1095	6.7674	61.7770
21	6.1088	0.1637	56.7645	0.0176	9.2922	0.1076	7.0006	65.0509
22	6.6586	0.1502	62.8733	0.0159	9.4424	0.1059	7.2232	68.2048
23	7.2579	0.1378	69.5319	0.0144	9.5802	0.1044	7.4357	71.2359
24	7.9111	0.1264	76.7898	0.0130	9.7066	0.1030	7.6384	74.1433
25	8.6231	0.1160	84.7009	0.0118	9.8226	0.1018	7.8316	76.9265
26	9.3992	0.1064	93.3240	0.0107	9.9290	0.1007	8.0156	79.5863
27	10.2451	0.0976	102.7231	0.0097	10.0266	0.0997	8.1906	82.1241
28	11.1671	0.0895	112.9682	0.0089	10.1161	0.0989	8.3571	84.5419
29	12.1722	0.0822	124.1354	0.0081	10.1983	0.0981	8.5154	86.8422
30	13.2677	0.0754	136.3075	0.0073	10.2737	0.0973	8.6657	89.0280
31	14.4618	0.0691	149.5752	0.0067	10.3428	0.0967	8.8083	91.1024
32	15.7633	0.0634	164.0370	0.0061	10.4062	0.0961	8.9436	93.0690
33	17.1820	0.0582	179.8003	0.0056	10.4644	0.0956	9.0718	94.9314
34	18.7284	0.0534	196.9823	0.0051	10.5178	0.0951	9.1933	96.6935
35	20.4140	0.0490	215.7108	0.0046	10.5668	0.0946	9.3083	98.3590
40	31.4094	0.0318	337.8824	0.0030	10.7574	0.0930	9.7957	105.3762
45	48.3273	0.0207	525.8587	0.0019	10.8812	0.0919	10.1603	110.5561
50	74.3575	0.0134	815.0836	0.0012	10.9617	0.0912	10.4295	114.3251

$i=10\%$

n	$(F/P,i,n)$	$(P/F,i,n)$	$(F/A,i,n)$	$(A/F,i,n)$	$(P/A,i,n)$	$(A/P,i,n)$	$(A/G,i,n)$	$(P/G,i,n)$
1	1.1000	0.9091	1.0000	1.0000	0.9091	1.1000	0.0000	0.0000
2	1.2100	0.8264	2.1000	0.4762	1.7355	0.5762	0.4762	0.8264
3	1.3310	0.7513	3.3100	0.3021	2.4869	0.4021	0.9366	2.3291
4	1.4641	0.6830	4.6410	0.2155	3.1699	0.3155	1.3812	4.3781
5	1.6105	0.6209	6.1051	0.1638	3.7908	0.2638	1.8101	6.8618
6	1.7716	0.5645	7.7156	0.1296	4.3553	0.2296	2.2236	9.6842
7	1.9487	0.5132	9.4872	0.1054	4.8684	0.2054	2.6216	12.7631
8	2.1436	0.4665	11.4359	0.0874	5.3349	0.1874	3.0045	16.0287
9	2.3579	0.4241	13.5795	0.0736	5.7590	0.1736	3.3724	19.4215
10	2.5937	0.3855	15.9374	0.0627	6.1446	0.1627	3.7255	22.8913
11	2.8531	0.3505	18.5312	0.0540	6.4951	0.1540	4.0641	26.3963
12	3.1384	0.3186	21.3843	0.0468	6.8137	0.1468	4.3884	29.9012
13	3.4523	0.2897	24.5227	0.0408	7.1034	0.1408	4.6988	33.3772
14	3.7975	0.2633	27.9750	0.0357	7.3667	0.1357	4.9955	36.8005
15	4.1772	0.2394	31.7725	0.0315	7.6061	0.1315	5.2789	40.1520
16	4.5950	0.2176	35.9497	0.0278	7.8237	0.1278	5.5493	43.4164
17	5.0545	0.1978	40.5447	0.0247	8.0216	0.1247	5.8071	46.5819
18	5.5599	0.1799	45.5992	0.0219	8.2014	0.1219	6.0526	49.6395
19	6.1159	0.1635	51.1591	0.0195	8.3649	0.1195	6.2861	52.5827
20	6.7275	0.1486	57.2750	0.0175	8.5136	0.1175	6.5081	55.4069
21	7.4002	0.1351	64.0025	0.0156	8.6487	0.1156	6.7189	58.1095
22	8.1403	0.1228	71.4027	0.0140	8.7715	0.1140	6.9189	60.6893
23	8.9543	0.1117	79.5430	0.0126	8.8832	0.1126	7.1085	63.1462
24	9.8497	0.1015	88.4973	0.0113	8.9847	0.1113	7.2881	65.4813
25	10.8347	0.0923	98.3471	0.0102	9.0770	0.1102	7.4580	67.6964
26	11.9182	0.0839	109.1818	0.0092	9.1609	0.1092	7.6186	69.7940
27	13.1100	0.0763	121.0999	0.0083	9.2372	0.1083	7.7704	71.7773
28	14.4210	0.0693	134.2099	0.0075	9.3066	0.1075	7.9137	73.6495
29	15.8631	0.0630	148.6309	0.0067	9.3696	0.1067	8.0489	75.4146
30	17.4494	0.0573	164.4940	0.0061	9.4269	0.1061	8.1762	77.0766
31	19.1943	0.0521	181.9434	0.0055	9.4790	0.1055	8.2962	78.6395
32	21.1138	0.0474	201.1378	0.0050	9.5264	0.1050	8.4091	80.1078
33	23.2252	0.0431	222.2515	0.0045	9.5694	0.1045	8.5152	81.4856
34	25.5477	0.0391	245.4767	0.0041	9.6086	0.1041	8.6149	82.7773
35	28.1024	0.0356	271.0244	0.0037	9.6442	0.1037	8.7086	83.9872
40	45.2593	0.0221	442.5926	0.0023	9.7791	0.1023	9.0962	88.9525
45	72.8905	0.0137	718.9048	0.0014	9.8628	0.1014	9.3740	92.4544
50	117.3909	0.0085	1163.9085	0.0009	9.9148	0.1009	9.5704	94.8889

$i=12\%$

n	(F/P,i,n)	(P/F,i,n)	(F/A,i,n)	(A/F,i,n)	(P/A,i,n)	(A/P,i,n)	(A/G,i,n)	(P/G,i,n)
1	1.1200	0.8929	1.0000	1.0000	0.8929	1.1200	0.0000	0.0000
2	1.2544	0.7972	2.1200	0.4717	1.6901	0.5917	0.4717	0.7972
3	1.4049	0.7118	3.3744	0.2963	2.4018	0.4163	0.9246	2.2208
4	1.5735	0.6355	4.7793	0.2092	3.0373	0.3292	1.3589	4.1273
5	1.7623	0.5674	6.3528	0.1574	3.6048	0.2774	1.7746	6.3970
6	1.9738	0.5066	8.1152	0.1232	4.1114	0.2432	2.1720	8.9302
7	2.2107	0.4523	10.0890	0.0991	4.5638	0.2191	2.5515	11.6443
8	2.4760	0.4039	12.2997	0.0813	4.9676	0.2013	2.9131	14.4714
9	2.7731	0.3606	14.7757	0.0677	5.3282	0.1877	3.2574	17.3563
10	3.1058	0.3220	17.5487	0.0570	5.6502	0.1770	3.5847	20.2541
11	3.4785	0.2875	20.6546	0.0484	5.9377	0.1684	3.8953	23.1288
12	3.8960	0.2567	24.1331	0.0414	6.1944	0.1614	4.1897	25.9523
13	4.3635	0.2292	28.0291	0.0357	6.4235	0.1557	4.4683	28.7024
14	4.8871	0.2046	32.3926	0.0309	6.6282	0.1509	4.7317	31.3624
15	5.4736	0.1827	37.2797	0.0268	6.8109	0.1468	4.9803	33.9202
16	6.1304	0.1631	42.7533	0.0234	6.9740	0.1434	5.2147	36.3670
17	6.8660	0.1456	48.8837	0.0205	7.1196	0.1405	5.4353	38.6973
18	7.6900	0.1300	55.7497	0.0179	7.2497	0.1379	5.6427	40.9080
19	8.6128	0.1161	63.4397	0.0158	7.3658	0.1358	5.8375	42.9979
20	9.6463	0.1037	72.0524	0.0139	7.4694	0.1339	6.0202	44.9676
21	10.8038	0.0926	81.6987	0.0122	7.5620	0.1322	6.1913	46.8188
22	12.1003	0.0826	92.5026	0.0108	7.6446	0.1308	6.3514	48.5543
23	13.5523	0.0738	104.6029	0.0096	7.7184	0.1296	6.5010	50.1776
24	15.1786	0.0659	118.1552	0.0085	7.7843	0.1285	6.6406	51.6929
25	17.0001	0.0588	133.3339	0.0075	7.8431	0.1275	6.7708	53.1046
26	19.0401	0.0525	150.3339	0.0067	7.8957	0.1267	6.8921	54.4177
27	21.3249	0.0469	169.3740	0.0059	7.9426	0.1259	7.0049	55.6369
28	23.8839	0.0419	190.6989	0.0052	7.9844	0.1252	7.1098	56.7674
29	26.7499	0.0374	214.5828	0.0047	8.0218	0.1247	7.2071	57.8141
30	29.9599	0.0334	241.3327	0.0041	8.0552	0.1241	7.2974	58.7821
31	33.5551	0.0298	271.2926	0.0037	8.0850	0.1237	7.3811	59.6761
32	37.5817	0.0266	304.8477	0.0033	8.1116	0.1233	7.4586	60.5010
33	42.0915	0.0238	342.4294	0.0029	8.1354	0.1229	7.5302	61.2612
34	47.1425	0.0212	384.5210	0.0026	8.1566	0.1226	7.5965	61.9612
35	52.7996	0.0189	431.6635	0.0023	8.1755	0.1223	7.6577	62.6052
40	93.0510	0.0107	767.0914	0.0013	8.2438	0.1213	7.8988	65.1159
45	163.9876	0.0061	1358.2300	0.0007	8.2825	0.1207	8.0572	66.7342
50	289.0022	0.0035	2400.0182	0.0004	8.3045	0.1204	8.1597	67.7624

$i=15\%$

n	(F/P,i,n)	(P/F,i,n)	(F/A,i,n)	(A/F,i,n)	(P/A,i,n)	(A/P,i,n)	(A/G,i,n)	(P/G,i,n)
1	1.1500	0.8696	1.0000	1.0000	0.8696	1.1500	0.0000	0.0000
2	1.3225	0.7561	2.1500	0.4651	1.6257	0.6151	0.4651	0.7561
3	1.5209	0.6575	3.4725	0.2880	2.2832	0.4380	0.9071	2.0712
4	1.7490	0.5718	4.9934	0.2003	2.8550	0.3503	1.3263	3.7864
5	2.0114	0.4972	6.7424	0.1483	3.3522	0.2983	1.7228	5.7751
6	2.3131	0.4323	8.7537	0.1142	3.7845	0.2642	2.0972	7.9368
7	2.6600	0.3759	11.0668	0.0904	4.1604	0.2404	2.4498	10.1924
8	3.0590	0.3269	13.7268	0.0729	4.4873	0.2229	2.7813	12.4807
9	3.5179	0.2843	16.7858	0.0596	4.7716	0.2096	3.0922	14.7548
10	4.0456	0.2472	20.3037	0.0493	5.0188	0.1993	3.3832	16.9795
11	4.6524	0.2149	24.3493	0.0411	5.2337	0.1911	3.6549	19.1289
12	5.3503	0.1869	29.0017	0.0345	5.4206	0.1845	3.9082	21.1849
13	6.1528	0.1625	34.3519	0.0291	5.5831	0.1791	4.1438	23.1352
14	7.0757	0.1413	40.5047	0.0247	5.7245	0.1747	4.3624	24.9725
15	8.1371	0.1229	47.5804	0.0210	5.8474	0.1710	4.5650	26.6930
16	9.3576	0.1069	55.7175	0.0179	5.9542	0.1679	4.7522	28.2960
17	10.7613	0.0929	65.0751	0.0154	6.0472	0.1654	4.9251	29.7828
18	12.3755	0.0808	75.8364	0.0132	6.1280	0.1632	5.0843	31.1565
19	14.2318	0.0703	88.2118	0.0113	6.1982	0.1613	5.2307	32.4213
20	16.3665	0.0611	102.4436	0.0098	6.2593	0.1598	5.3651	33.5822
21	18.8215	0.0531	118.8101	0.0084	6.3125	0.1584	5.4883	34.6448
22	21.6447	0.0462	137.6316	0.0073	6.3587	0.1573	5.6010	35.6150
23	24.8915	0.0402	159.2764	0.0063	6.3988	0.1563	5.7040	36.4988
24	28.6252	0.0349	184.1678	0.0054	6.4338	0.1554	5.7979	37.3023
25	32.9190	0.0304	212.7930	0.0047	6.4641	0.1547	5.8834	38.0314
26	37.8568	0.0264	245.7120	0.0041	6.4906	0.1541	5.9612	38.6918
27	43.5353	0.0230	283.5688	0.0035	6.5135	0.1535	6.0319	39.2890
28	50.0656	0.0200	327.1041	0.0031	6.5335	0.1531	6.0960	39.8283
29	57.5755	0.0174	377.1697	0.0027	6.5509	0.1527	6.1541	40.3146
30	66.2118	0.0151	434.7451	0.0023	6.5660	0.1523	6.2066	40.7526
31	76.1435	0.0131	500.9569	0.0020	6.5791	0.1520	6.2541	41.1466
32	87.5651	0.0114	577.1005	0.0017	6.5905	0.1517	6.2970	41.5006
33	100.6998	0.0099	664.6655	0.0015	6.6005	0.1515	6.3357	41.8184
34	115.8048	0.0086	765.3654	0.0013	6.6091	0.1513	6.3705	42.1033
35	133.1755	0.0075	881.1702	0.0011	6.6166	0.1511	6.4019	42.3586
40	267.8635	0.0037	1779.0903	0.0006	6.6418	0.1506	6.5168	43.2830
45	538.7693	0.0019	3585.1285	0.0003	6.6543	0.1503	6.5830	43.8051
50	1083.6574	0.0009	7217.7163	0.0001	6.6605	0.1501	6.6205	44.0958